国家卫生健康委员会"十四五"规划教材

全国高等职业教育专科教材

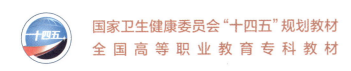

供护理、助产专业用

精神科护理学

第 5 版

主　编　王荣俊

副主编　曾　艳　邓菲菲

编　者　（以姓氏笔画为序）

马文华（沧州医学高等专科学校）

王荣俊（合肥职业技术学院）

邓菲菲（重庆三峡医药高等专科学校）

权　苑（曲靖医学高等专科学校）

任　燕（山西省人民医院）

苏　红（哈尔滨医科大学大庆校区）

张莹莹（滁州城市职业学院）

周　月（合肥职业技术学院）（编写秘书）

惠亚娟（山东医学高等专科学校）

曾　艳（黑龙江护理高等专科学校）

新形态教材

人民卫生出版社
·北　京·

图书在版编目（CIP）数据

精神科护理学 / 王荣俊主编. -- 5 版. -- 北京 ：人民卫生出版社，2025. 2. --（高等职业教育专科护理类专业教材）. -- ISBN 978-7-117-37620-4

Ⅰ. R473. 74

中国国家版本馆 CIP 数据核字第 2025GE5199 号

人卫智网	www.ipmph.com	医学教育、学术、考试、健康，购书智慧智能综合服务平台
人卫官网	www.pmph.com	人卫官方资讯发布平台

精神科护理学
Jingshenke Hulixue
第 5 版

主　　编：王荣俊
出版发行：人民卫生出版社（中继线 010-59780011）
地　　址：北京市朝阳区潘家园南里 19 号
邮　　编：100021
E - mail：pmph @ pmph.com
购书热线：010-59787592　010-59787584　010-65264830
印　　刷：人卫印务（北京）有限公司
经　　销：新华书店
开　　本：850×1168　1/16　印张：10.5
字　　数：296 千字
版　　次：2002 年 8 月第 1 版　2025 年 2 月第 5 版
印　　次：2025 年 3 月第 1 次印刷
标准书号：ISBN 978-7-117-37620-4
定　　价：49.00 元
打击盗版举报电话：010-59787491　E-mail：WQ @ pmph.com
质量问题联系电话：010-59787234　E-mail：zhiliang @ pmph.com
数字融合服务电话：4001118166　E-mail：zengzhi @ pmph.com

高等职业教育专科护理类专业教材是由原卫生部教材办公室依据原国家教育委员会"面向 21 世纪高等教育教学内容和课程体系改革"课题研究成果规划并组织全国高等医药院校专家编写的"面向 21 世纪课程教材"。本套教材是我国高等职业教育专科护理类专业的第一套规划教材,于 1999 年出版后,分别于 2005 年、2012 年和 2017 年进行了修订。

随着《国家职业教育改革实施方案》《关于深化现代职业教育体系建设改革的意见》《关于加快医学教育创新发展的指导意见》等文件的实施,我国卫生健康职业教育迈入高质量发展的新阶段。为更好地发挥教材作为新时代护理类专业技术技能人才培养的重要支撑作用,在全国卫生健康职业教育教学指导委员会指导下,经广泛调研启动了第五轮修订工作。

第五轮修订以习近平新时代中国特色社会主义思想为指导,全面落实党的二十大精神,紧紧围绕立德树人根本任务,以打造"培根铸魂、启智增慧"的精品教材为目标,满足服务健康中国和积极应对人口老龄化国家战略对高素质护理类专业技术技能人才的培养需求。本轮修订重点:

1. **强化全流程管理**。履行"尺寸教材、国之大者"职责,成立由行业、院校等参与的第五届教材建设评审委员会,在加强顶层设计的同时,积极协同和发挥多方面力量。严格执行人民卫生出版社关于医学教材修订编写的系列管理规定,加强编写人员资质审核,强化编写人员培训和编写全流程管理。

2. **秉承三基五性**。本轮修订秉承医学教材编写的优良传统,以专业教学标准等为依据,基于护理类专业学生需要掌握的基本理论、基本知识和基本技能精选素材,体现思想性、科学性、先进性、启发性和适用性,注重理论与实践相结合,适应"三教"改革的需要。各教材传承白求恩精神、红医精神、伟大抗疫精神等,弘扬"敬佑生命、救死扶伤、甘于奉献、大爱无疆"的崇高精神,契合以人的健康为中心的优质护理服务理念,强调团队合作和个性化服务,注重人文关怀。

3. **顺应数字化转型**。进入数字时代,国家大力推进教育数字化转型,探索智慧教育。近年来,医学技术飞速发展,包括电子病历、远程监护、智能医疗设备等的普及,护理在技术、理念、模式等方面发生了显著的变化。本轮修订整合优质数字资源,形成更多可听、可视、可练、可互动的数字资源,通过教学课件、思维导图、线上练习等引导学生主动学习和思考,提升护理类专业师生的数字化技能和数字素养。

第五轮教材全部为新形态教材,探索开发了活页式教材《助产综合实训》,供高等职业教育专科护理类专业选用。

王荣俊

教授

高级"双师型"教师，安徽省优秀教师，安徽省首批高职高专护理专业带头人。主要研究方向：神经精神病学及护理。主编、主审、参编高职教材 20 部，其中主编"十四五"国家规划教材 1 部、安徽省规划教材 2 部，主审"十二五"规划教材 1 部，参编"十二五"规划教材 1 部。主持或参与安徽省教科研和质量工程项目 20 余项，发表学术论文 10 篇。先后获安徽省教学成果奖特等奖 1 项、一等奖 3 项、二等奖 1 项、三等奖 2 项。

同学们，通过对精神科护理学的学习，能使我们更好地理解人的精神健康的重要性。衷心祝愿同学们保持正确的认知、适当的情感、合理的意志、积极的态度、恰当的行为和良好的适应状态，尽快成长为一名合格的新时代护理工作者。

为深入贯彻落实全国教育大会精神和《关于深化新时代学校思想政治理论课改革创新的若干意见》，深入实施《高等学校课程思政建设指导纲要》，准确把握课程思政建设的内涵，深化课程学习目标、内容、结构、模式等方面的改革，把政治认同、国家意识、文化自信、人格养成、职业素养等思政元素与教材有机地融合起来，坚持立德树人为根本，促进学生的全面发展。同时，为适应我国护理专业的发展趋势和数字化时代学习者学习方式的改变，以护理专业培养目标为导向，以职业技能培养为根本，突出高职专科护理类专业的教育特色，强调学生临床思维能力的培养，注重与岗位需求密切结合、与全国护士执业资格考试接轨，体现强化实践、贴近临床、方便教学的基本原则，在参考国内多个版本精神科护理教材的基础上，修订编写了全国高等职业教育专科护理类专业规划教材《精神科护理学》第 5 版。本教材供高等职业教育专科护理、助产专业学生使用，也可供护理教学及临床护理工作者参考。

全书共十五章，包括绪论、精神障碍的病因及症状学、精神障碍病人的治疗环境、精神障碍治疗过程的护理等内容。全书坚持"三基五性"，突出"以人为本"和"以人的健康为中心"的理念，依据高职专科学生的认知特点，按照整体护理程序的基本框架进行编写。每章在最前面设有学习目标，通过"教学课件""思维导图"富媒体模块概括本章重点，便于学生预习。设"导入情境"，导入临床真实情境，根据情境内容提出问题，体现"学习内容与工作内容相对接"，帮助学生逐步建立临床护理工作思维模式。根据需要设置"知识链接""微课""考点提示"等，拓展延伸知识内容，与护士执业资格考试紧密联系。章末设有案例思考题和案例思路解析，培养学生临床思维能力；设有练习题，可进一步强化和巩固护士执业资格考试考点、重要知识点和基本概念的掌握。

编写过程中，我们参考了大量的国内外有关资料，在此对有关作者及出版单位表示诚恳的感谢。书中难免有不妥之处，恳请有关专家及读者提出宝贵意见，以便今后修订完善。

教学大纲
（参考）

王荣俊

2025 年 2 月

目 录

第一章 ｜ 绪 论

教学课件

思维导图

学习目标

1. 掌握精神科护理治疗性护患关系中各阶段的工作要点。
2. 熟悉精神科护理发展的历史,建立治疗性护患关系的要求。
3. 了解精神、精神健康、精神疾病及精神科护理的概念。
4. 学会运用所学知识,处理治疗性护患关系各个阶段的问题。
5. 具备慎独精神,重视自身职业素养的培养和提升。

第一节 精神科护理的基本概念

导入情境

病人,男性,22 岁,因失眠、焦虑 3 个月就诊。病人自述 3 个月前因与人发生冲突,每天焦虑不安,夜不能寐。近 1 周来经常喃喃自语,有时侧耳倾听,精神极度紧张和恐惧。入院时该病人被诊断为精神分裂症。

工作任务:

1. 当与病人见面前,护士应做哪些准备工作?
2. 在入院介绍期内,护士应为病人提供哪些护理?

精神科护理与精神病学和护理学密切相关,还与心理学、社会学、行为医学以及相关的伦理、法学等内容有着广泛的联系。本章主要介绍精神科护理的相关概念、精神科护理发展简史、治疗性护患关系和精神科护理的发展展望等。

一、精神

精神(phychology)是人脑在反映客观环境时所进行的功能活动总称,又称心理。精神是通过精神活动表现出来的,它是人的意识、思维活动和心理状态的总称。大脑的功能结构健全是产生精神活动的基础,如果因某种原因脑组织被破坏或发生改变,精神活动也就随之发生障碍。

二、精神健康

精神健康是指个体的生理、心理与社会处于相互协调的和谐状态,是自我与他人之间的一种良好的人际关系的维持。在精神健康状态下,个体不仅能获得自我安定感和安全感,还能自我实现,具有为他人的健康贡献和服务的能力。

精神健康的标志包括:

1.对自我的肯定态度 精神健康的人能客观地看待自我,准确地认识到自身的价值,能对自我的能力、体验、情感和欲望等作出正确的判断和认知。

2. 具有健全的人格 精神健康者人格结构的诸多方面都能平衡发展。如有较好的思考问题的方式和反映自身特色的精神风貌；待人接物时具有恰当的态度；平时能够保持良好的情绪和行为，能够与社会的节奏合拍；当自己的欲望或要求未能得到满足时，具有较高的抗压能力和忍耐力。

3. 不断地成长和发展，达到自我实现 一个精神健康的人总是乐观地面对人生，对未来充满希望和信心，不怕困难和挫折，踏踏实实地向着自己既定的目标前进，成功地度过人生的每个发展阶段，努力去实现自己内在的潜能。

4. 具有一定自我调控能力 一个精神健康的人智力活动正常，有较强的独立性，有判断力和决定能力，不盲目依附他人，能果断地决定自己的发展方向。

5. 具有良好的社会适应能力 一个精神健康的人能够面对现实，适应环境，审时度势，客观地认识和评价周围的环境和事物，并以积极的态度对待现实环境；乐于与他人交往，保持良好的人际关系，能有效地处理和解决问题，并从中体会人生的快乐。精神健康的人当发现自己处于不利境地时，能够冷静地面对和处理困难。

知识拓展

世界卫生组织关于精神健康的定义

世界卫生组织（WHO）于 2007 年给精神（心理）健康下的定义："精神健康是一种舒适状态，个体能够认识到自己的潜能，处理生活中的常见应激现象，工作效率高，能为社区（社会）创造价值。"

三、精神疾病

精神障碍（psychiatric disorder）是指在各种因素（包括生物、心理、社会环境因素）作用下造成大脑功能失调，出现以感知觉、思维、情感、意志行为等障碍为主的一类疾病。精神疾病发病机制极其复杂，多与遗传、神经生物化学因素以及社会和心理因素等有关。

四、精神科护理

精神科护理（psychiatric nursing）是建立在护理学基础上，对人群和精神障碍病人进行预防、维护、促进、恢复精神健康的一门护理学，是精神医学不可缺少的一个重要组成部分；以病人为中心，围绕个体、家庭、社区以及社会等具体情况，运用治疗性理论和技术，对病人实施系统化整体护理，帮助他们形成健康的思维和行为模式，增进其适应社会的能力，达到促进精神状况至最佳状态的目的。精神科护理的主要任务包括以下几个方面：

1. 研究对精神障碍病人科学护理的理论和方法并及时将上述理论和方法应用于临床，以及探讨护士在预防精神障碍方面的作用。

2. 研究和实施接触、观察精神障碍病人的有效途径，通过各项护理工作及护士的语言、行为与病人建立良好的治疗性护患关系，保证护理措施的有效实施。

3. 研究和实施对不同种类精神障碍病人各种治疗的护理，确保医疗任务的顺利实施。

4. 研究与实施如何维护精神障碍病人的权利与尊严，使其得到应有的尊重与合适的治疗；培养和训练病人的生活自理能力、社会交往能力、心理承受能力，在精神障碍好转后能及时重返社会。

5. 研究与实施如何密切观察有关精神心理方面的病情变化，详细记录，协助诊断，防止意外事件的发生；并为医疗、教学、科研、法律和劳动鉴定等积累重要的资料。

6. 研究与实施在病人家庭、社区中开展精神卫生宣传教育工作，对精神障碍病人做到防治结合，医院与社区结合，为病人回归社会作出贡献。

第二节　精神科护理发展简史

过去由于人们对精神疾病的认识不足和长期存在的偏见，精神科护理的发展较其他护理学科的发展经历了更加漫长和艰辛的历程。正式的精神科护理的形成相对比较晚。

19世纪中叶南丁格尔在伦敦开设了第一所护士学校，由此开创了专业性的护理工作。1873年，美国的琳达·理查兹女士首次提出评估病人时应注重身体和精神（心理）两方面内容，主张精神障碍病人应该与内科疾病病人一样得到完善的护理与照顾，并制订了一整套精神科护理的基本模式。因此，她被称为美国精神科护理的先驱者。1882年，美国麻省（马萨诸塞州）的马克林医院建立了第一所培养精神科护士的学校，两年的课程主要学习保护病人和管理病房的技巧，精神科方面的课程很少。尽管这一时期的精神科护理仅限于照顾病人的身体和改善病人的生活环境，但此期为精神科护理的建立和发展奠定了良好的基础。

19世纪末20世纪初，精神医学得到蓬勃发展。首先，克雷不林将精神疾病进行了有系统的描述和分类，创立了"描述性精神病学"，由此精神科护理工作也由单纯的照顾病人的生活，保护病人的安全，扩展为协助医师观察病人的症状行为，并进行详细的描述和记录，以提供医师作为诊断的依据。

20世纪初期，精神疾病的治疗学有了巨大的进步，如睡眠疗法、胰岛素休克疗法、电痉挛治疗、精神外科治疗的出现，接着就是精神药物的相继问世。这些治疗手段的发展使精神科护理开始将护理学的知识和技术应用于临床。在此阶段，苏联医师普希金撰写了《精神病护理》一书，该书详细地描述了精神病院的组织管理，介绍了精神障碍病人的基础护理、精神症状的护理方法等，并强调要尊重病人的权利，关心、爱护病人等，从此开始了精神障碍病人的对症护理。随着1977年恩格尔提出的生物-心理-社会医学模式，现代精神科护理学也逐渐从责任制护理模式发展到兼顾生物-心理-社会三方面的整体护理模式。罗伊、奥瑞姆等是这一护理模式的代表人物。整体护理模式被迅速应用于精神科护理。这种模式要求在非精神科也要重视病人精神方面的护理，以及在精神科要注重躯体方面的护理，同时更要关注病人的社会功能的康复。

我国一直有"三分治疗，七分护理"的说法。古代的精神障碍病人虽然有机会得到依据中医理论作出的诊断与相应治疗，但是关于精神科专科护理的记载极少。清朝末年，精神医学传入我国。随着广州、天津、上海、长沙等大城市逐渐建立专门的护士培训机构与精神障碍病人收容机构，受过专门培训的护士进入收容机构提供专业的护理服务。中华人民共和国成立后，精神科护理学事业逐渐受到重视，全国各地相继建立了各级精神病院，部分地区（如上海、南京等）陆续建立起了系统的精神障碍防治网。1958年我国各主要精神病医院实行了开放式和半开放式管理制度；1990年中华护理学会精神科护理专业委员会成立，定期举行全国性精神护理工作的学术交流。随着社会的发展，我国精神科护理界与国际护理界的交流日益增多，精神科护理理念、临床实践及基础研究逐渐与国际接轨，并取得了丰硕的成果。

第三节　治疗性护患关系

一、治疗性护患关系的概念及特点

治疗性护患关系（therapeutic nurse-client relationship）是佩普劳（Peplau）精神科护理中人际关

系理论的主要内容,是一种以护士和病人人际关系建立过程为基础的、有一定界限的、持续性的照护互动关系。建立一种良好的、互相信任的治疗性护患关系,是临床有效护理的前提和保证,其目的是保护病人的最佳利益和改善其疾病结局。

二、建立治疗性护患关系的要求

(一)掌握病人病情及基本情况

1. **一般情况** 病人的姓名、性别、年龄、文化程度、职业、兴趣爱好、个性特征、成长经历、婚姻家庭情况、经济状况、民族、信仰、生活习惯等。

2. **疾病情况** 病人的精神症状、病史、诊断、阳性检查结果、主要治疗护理要点、特殊注意事项、病人及家属对疾病的认识及关注情况等。

(二)尊重和理解病人

1. **尊重病人的人格和权利** 精神科护士应熟悉病人享有的权利,如病情和治疗的知情权、通信自由权、会客权、隐私保护权等。在落实各项治疗和护理措施之前,应尽可能地向病人介绍或说明情况,以取得病人的合作,同时应尊重病人对治疗或护理方案提出的意见。在护理和教学过程中应注意病人的病史、肖像等隐私保护。

2. **理解病人的症状和心境** 精神障碍病人因大脑功能紊乱通常表现出一些荒诞言语或离奇行为,就像躯体疾病所对应的症状和体征一样,护士不应以此来判定病人的道德品质。护士应理解病人异常言谈举止的意义,体会病人的心境,尽量满足其合理需求,减轻病人的痛苦。

(三)良好的人文与专业素养

护士的人文与专业素养将直接影响治疗性护患关系的建立与维持,因此护士应加强人文知识和专业技能的学习,提高自身素养。在工作中护士应保持良好的态度和稳定的情绪,及时为病人提供有效的护理措施,使病人感到安全与信任。

三、建立治疗性护患关系的过程

(一)介绍期

介绍期是护士与病人的初次见面,是护患信任建立的基础。在这一阶段,护士应做好入院评估,了解病人就医的原因,制订护理计划,同时与病人沟通下次会谈的计划,建立彼此可接受的约定。在这一阶段,护士不断了解和评估病人,而病人同样会根据护士的语言、行为来判定是否愿意信任和配合该护士开展各种治疗和护理。

(二)认同期和工作期

认同期与工作期是病人治疗护理计划落实的重要阶段,此期的主要目标是确认和解决病人的问题。护士和病人及家属一起制订治疗目标,达成一致协议。在此阶段护士表现出来的态度、责任心、工作能力等是取得病人信任的关键。随着病人对护士信任的加深,护士可进一步理解病人的想法、行为和感受,针对病人的具体问题,如幻听、焦虑、睡眠、药物不良反应等,可以深入了解病人的想法、期望,及时减少或去除导致病人健康问题的诱因。根据病人的病情变化及时调整护理计划和措施,同时护患双方都应遵守相关的护理计划与协议,肯定病人的能力,帮助其恢复对治疗的信心。

ER 1-3
建立信任关系
(视频)

(三)结束期

结束期是治疗性护患关系的最后阶段。经过前期的治疗与护理,结束期的病人原有的症状或问题得到缓解,社会功能改善,自知力改善。此阶段护士的工作包括与病人共同回顾和评价目标实现情况,与病人共同制订出关于出院后进一步的护理计划,与病人共同讨论整个治疗过程中护患关系的感受和收获等。

知识拓展

护患沟通中的人文关怀

恰当的沟通能够给病人带来精神上的关怀。护士在与精神障碍病人的沟通中应遵循以下几项原则:

1. 保密　沟通获得的有关病人病情及相关资料,护士应给予保密,不能在非医疗护理范围中扩散。

2. 以病人为中心　护士在与精神障碍病人之间的沟通中,应当以病人的利益为中心,最大程度地保护病人的利益。

3. 接纳病人　在沟通过程中有些病人因精神症状的影响,无法顺利沟通,甚至带有暴力倾向,护士应理解病人的行为,不以批判的态度对待病人。

4. 专业限制　护士与精神障碍病人之间的沟通是建立在护患关系基础上的沟通。护患沟通应有时间限制,同时内容应限于与病人健康相关的,护士也不宜过多自我暴露,否则不利于治疗和护理的开展,甚至导致医患纠纷。

四、精神障碍病人的知情同意权

精神障碍病人的知情同意权是指在精神疾病诊疗关系当中精神障碍病人的知情同意权,与躯体疾病诊疗关系中的知情同意权相似,医务人员应当向病人提供其行使自己决定权所需要的医学情报,精神障碍病人在理解的基础上自己作出决定。但是精神障碍病人又不同于躯体疾病病人,其权利在被忽略多年之后才终于为人们所关注。2018年修正的《中华人民共和国精神卫生法》第三十七条规定:医疗机构及其医务人员应当将精神障碍患者在诊断、治疗过程中享有的权利,告知患者或者其监护人。第三十九条规定:医疗机构及其医务人员应当遵循精神障碍诊断标准和治疗规范,制定治疗方案,并向精神障碍患者或者其监护人告知治疗方案和治疗方法、目的以及可能产生的后果。第四十三条规定:医疗机构对精神障碍病人实施下列治疗措施,应当向患者或者其监护人告知医疗风险、替代医疗方案等情况,并取得患者的书面同意;无法取得患者意见的,应当取得其监护人的书面同意,并经本医疗机构伦理委员会批准。①导致人体器官丧失功能的外科手术;②与精神障碍治疗有关的实验性临床医疗。

第四节　精神科护理的发展趋势及存在的问题

一、既重视重症也重视轻症精神障碍病人的护理

随着社会的进步和文明程度的增加，人们在追求物质需要的同时，对社会地位、荣誉、价值等精神心理方面的要求也愈来愈高。当人们的需求与现实发生矛盾时，便容易产生心理障碍，如人格障碍、应激相关障碍、神经症以及神经性厌食症等。因此，精神科护理在重视重症精神疾病护理的同时，也将注重轻症精神障碍病人的护理以及对疾病的预防保健。

二、从传统的对疾病的护理转向以人为中心的护理

根据世界卫生组织（WHO）对健康以及精神健康的最新定义，人们对健康的追求已经不再是传统的没有躯体疾病，而是要求有舒适感，很少有焦虑感等。因此，护士在满足对精神障碍病人生活以及生理需求的基础上，更应注重病人人格的恢复和发展。精神科护士将根据病人生活的环境和文化背景等情况，以病人为中心，为病人提供相关的心理、认知、行为等方面的干预，加强康复训练，提升病人的社会适应能力以及沟通技巧。

三、加强医院、社区、家庭、社会的配合

精神障碍病人比躯体疾病病人更需要家庭的温暖，他们更喜欢在家庭和社区接受治疗和护理。因此，大力发展社区精神护理及家庭健康教育将是目前精神科护理的主要任务之一。自 20 世纪末开始，国外兴起大量的自助组织。这些组织由有过类似不幸经历的人员组成，如嗜酒者互戒协会、赌友互戒协会、反对酒后驾车的母亲协会及离异的父母亲协会等。自助组织的创建者和成员认为，目前的社会机构不能够满足他们的需要，而自助组织则既能提供信息也能提供心理援助。在我国，精神障碍病人走出医院，回归社会和家庭，同样也面临着挑战。例如，家庭和社区是否有良好的治疗环境，家庭成员是否有一定的精神卫生知识，医护人员的技术水平是否达标，管理是否正规有效等。目前最需要确定的是，走出精神病医院的病人，其生活及健康是否真正能得到改善。

四、加强抗精神病药物及病因学研究

精神科护理学伴随着精神医学的发展不断增添新的内容。自 20 世纪 50 年代第一个抗精神病药物氯丙嗪问世，科学家们一直没有间断对神经医学和抗精神病药物的研究，人们试图用生物学的理论来解释精神病现象。因此，现代护士需要了解神经医学与精神病的关系，从生物、抗精神病药物等多方面了解和解释精神疾病。

五、加大对精神卫生事业的管理

精神疾病的防治及护理工作往往是一个容易被人们忽视的领域。精神病医院盈利少，医护人员工作量大，因此需要在政策及资金等方面给予支持和援助，从而确保精神医学和精神科护理学在实践和研究等方面正常运行，以满足新形势下人们对精神健康的需要。

（王荣俊）

思考题

1. 病人，男性，29 岁，因失恋后沉默少语 1 年入院，诊断为"精神分裂症偏执型"。服用一段时间药物后症状好转，自行停药。1 个月前出现沮丧，觉得生活没有意义；近期症状加重，整天躺在床

上,目光呆滞,不语不动,有时拒食,不能料理个人卫生。病人于昨日由家属护送入院,护士已完成与病人家属的交谈,了解有关病人的相关信息。

请思考:

此时护士在下一个阶段需要具体完成哪些工作?

2.病人,女性,43岁,6个月前因重症抑郁入院治疗。经过半年的治疗和护理,病人的心境低落、失眠、自杀倾向等症状得到了有效控制。护士认为已经实现了预期的护理目标,准备与病人商量有关近期出院事宜。

请思考:

在结束期,护士的主要工作是什么?

思考题
解析思路

练习题

第二章 | 精神障碍的病因及症状学

教学课件

思维导图

ER 2-1 ER 2-2

学习目标

1. 掌握常见精神症状的概念。
2. 熟悉常见精神症状的临床意义。
3. 了解精神障碍的病因、分类系统及诊断标准。
4. 学会正确运用所学知识，识别病人的精神症状。
5. 具备敬业精神，充分识别精神障碍病人的精神和心理状况，尊重病人的人格。

导入情境

病人，男性，4年前无明显诱因出现情绪低落，整日高兴不起来，自觉脑子反应变慢，有时觉得活着没意思，持续约3个月后症状减轻。2年前无明显诱因出现情绪高涨，自觉脑子灵活，学习效率高，言辞吹牛，爱管闲事，精力旺盛，交友活跃，大手大脚花钱，易发脾气，持续2个月后缓解。近3个月病人再次出现情绪低落，闷闷不乐，乏力懒动，兴趣减退，无心做事，不愿与人交流，外出减少，觉得周围人在议论自己，周围人咳嗽是故意针对自己，凭空听到有人说自己坏话，具体内容听不清晰，为此痛苦，感到自己一无是处，整日唉声叹气，感到活着毫无希望，暗自查了好几种自杀的方法，未曾实施。

工作任务：
请思考该病人出现了哪些精神症状？

第一节　精神障碍的病因

精神障碍是一类病因复杂的脑疾病，其确切的病因与发病机制迄今未明，也缺乏敏感、特异的体征及实验室异常指标。目前认为精神障碍与其他躯体疾病一样，是生物因素、心理因素和社会因素相互作用的结果。

一、生物因素

影响精神障碍的生物因素主要有遗传、神经发育异常、感染、躯体疾病、创伤、化学物质等，这里仅列举遗传因素、神经发育异常、感染因素与精神障碍的关系。

（一）遗传因素

目前已经证明，遗传因素在精神障碍的发病中发挥作用。流行病学研究发现，精神分裂症具有显著的家族聚集性，在一般人群中精神分裂症的患病率约为1%，但病人亲属的终身预期患病率则远高于一般人群，且与病人血缘关系越近的亲属，预期患病率越高。精神分裂症断裂基因1（disrupted in schizophrenia 1，DISC1）是目前研究较明确的精神分裂症易感基因之一，该基因首次在一个苏格兰精神疾病高发家系中被发现，后续研究显示，该基因除与精神分裂症有关外，还与抑郁障碍、双相障碍等的发病存在明显相关。脆性 X 染色体不仅可导致精神发育迟滞，而且与儿童学习困难、儿童行为障碍和儿童孤独症有关。

多年来，研究者利用连锁分析、全基因组扫描研究、全基因组关联研究等手段，仍然没有找到精神障碍确切的致病基因。目前较为一致的观点是，精神障碍不是单基因疾病，而属于典型的多基因复杂遗传疾病，其发病由遗传因素与环境因素共同作用导致，遗传因素所产生的影响程度称为遗传度。如孤独症的遗传度可高达 90%（根据不同研究，该病遗传度为 38%~90%），也就是说高达 90% 的病因与遗传因素有关，精神分裂症的遗传度也高达 80%。需要强调的是，即使有较高的遗传度，环境因素（营养、健康保健等）、心理社会因素在疾病的发生发展、严重程度、预后等方面仍然起着非常重要的作用。

（二）神经发育异常

神经发育异常可能是多种精神障碍的共同发病机制。遗传因素以及早期环境因素干扰了神经系统的正常发育，导致神经元增殖、分化异常等，共同表现为脑结构和功能发生可塑性改变，包括额叶、颞叶内侧及海马等脑区的灰质和白质减少以及体积缩小等。不同脑区发育异常可能发展为不同的精神障碍，表现出不同的临床特征，在早期可能仅表现为轻度认知功能损害，青春期后表现为较为严重的异常改变。神经组织器官的发育机制是一个复杂而又远未解决的难题，神经调控过程、神经环路的机制、神经元与胶质等关键问题是神经科学研究的重点。

（三）感染因素

目前已知由病毒、细菌、寄生虫、螺旋体等导致的全身感染、中枢神经系统感染和其他系统感染均可引起精神障碍。例如通过性传播的梅毒螺旋体首先引起生殖系统症状，经多年潜伏后进入脑内可导致神经梅毒，神经梅毒主要表现为神经系统的退行性病变，表现为痴呆、精神病性症状及麻痹。人类免疫缺陷病毒（HIV）也被证实能产生进行性的认知行为损害，早期表现为记忆受损、注意力不集中及情感淡漠等，随着时间的推移，出现更为广泛的损害，如缄默症、截瘫等，约 15%~44% 的 HIV 感染者可出现痴呆样表现。

二、心理因素

心理因素包括内在的心理素质和来自外界的精神刺激。心理素质主要表现为人格特征，以及对有害因素的承受能力和对困难处境的应对能力。精神刺激主要表现为心理和生理的应激反应。

（一）人格特征与精神障碍

人格又称个性，是个人带有倾向性的、本质的、比较稳定的心理特征（兴趣、爱好、能力、气质、性格等）的总和。许多当代人格心理学家认为，人格有五个基本维度，通常被称为"Big 5"人格特质，该理论描述的五个广泛的人格特征是外向性、开放性、尽责性、宜人性、神经质。

抑郁障碍的病人以高神经质和低外向性倾向的个体为主，他们更容易沉浸在负面消极情绪中，瞻前顾后，缺乏决断力和活力，与外界互动少。躁狂发作的病人以高神经质和高外向性为主，他们倾向于外向，好交际，渴望刺激和冒险，情感易于冲动，以致常出现不够理智的行为。强迫障碍的病人做事犹豫不决，反复检查，穷思竭虑，易焦虑、紧张、苦恼，具有明显的高神经质特征。遗传因素或不良的成长环境会使人格明显偏离正常、适应不良，给个人或社会带来不良影响，我们称之为人格障碍。有些人格障碍与精神障碍关系十分密切，如表演型人格障碍容易导致分离障碍，分裂样人格障碍容易导致精神分裂症。

（二）应激与精神障碍

应激是一种体内平衡不协调或内环境稳态受到威胁的状态，当个体经认知评价而察觉到应激源的威胁后，就会引起机体适应性反应，包括心理反应与生理反应。应激源包括突发自然灾害或公共卫生事件、战争等社会事件，也包括个人重大生活事件如失恋、罹患重病、亲人离世等；除外来的事件外，个体内部需要得不到满足、动机受挫，也会产生应激反应。应激引起的心理反应可分为积极的心理反应和消极的心理反应，后者常包括过度唤醒、焦虑、紧张、情绪激动或低落、认知能力降低、自我概念不清等。对应激的反应并不一定都异常，只是在反应过度时才属于病理性的。应激被认为是包括焦虑障碍、抑郁障碍和创伤后应激障碍等在内的精神障碍发病机制的主要因素。

三、社会因素

研究表明，社会结构、经济、政治、战争、重大自然灾害等都会导致精神障碍的发生。原有价值观念、信仰和行为准则破坏，使人们产生一种价值失落感和精神沮丧；原有生活基础遭受破坏，失业导致经济安全感的缺乏，犯罪行为增加导致社会安全感的缺乏；原有社会支持系统破坏，个人应对精神应激的能力下降；原有卫生保健系统破坏，病人不能得到及时有效的治疗；遭遇动乱造成的财产损失、亲人和人际关系的缺失、角色定位困难、人身自由失去保障、痛苦场面等强烈刺激都会引起应激水平升高。

现代化进程中出现的环境污染、生活节奏加快、高强度脑力劳动等也会损害精神健康，导致人群中焦虑障碍、抑郁障碍多发。随着医疗技术提高和人口结构的改变，疾病谱也在发生变化，如梅毒引起的器质性精神障碍逐渐减少，而人工透析、器官移植相关的器质性精神障碍发病率则逐步增加。

第二节　精神障碍的症状学

研究精神症状及其机制的学科称为精神障碍的症状学或精神病理学。它是精神科护理学的一个基本内容，为护理诊断的确立提供具体依据，学习症状学是熟悉和掌握精神障碍的前提。通常按照心理过程来对精神症状进行归类和分析，精神障碍的症状可概括为感知觉障碍、思维障碍、注意障碍、记忆障碍、智力障碍、情感障碍、意志行为障碍、意识障碍、自我意识障碍、自知力障碍等。

一、感知觉障碍

（一）感觉障碍

感觉是人对外界客观事物个别属性的感知（如光，声，物体的形状、软硬）和躯体的各种感觉（如疼痛感、温度感等）。

1. 感觉过敏（hyperesthesia）　是对刺激的感受性增强，感觉阈值降低，表现为对外界一般强度的刺激产生强烈的感觉体验，如感到阳光特别刺眼、轻柔的音乐特别刺耳、轻微地触摸皮肤就感到疼痛难忍等。多见于神经系统疾病，也见于分离障碍、躯体体验障碍等。

2. 感觉减退（hypoesthesia）　是对刺激的感受性降低，感觉阈值增高，表现为对外界强烈的刺激只产生轻微的感觉体验，严重时对外界刺激不产生任何感觉，称为感觉消失（anesthesia）。多见于抑郁障碍、木僵状态、意识障碍、分离障碍以及一些神经系统疾病。

3. 感觉倒错（paraesthesia）　指对外界刺激产生与正常人相反或不同性质的异常感觉，如对冷刺激产生灼热感。多见于分离障碍。

4. 内感性不适（senestopathia）　又称体感异常，指躯体内部产生的不舒适或难以忍受的异样感觉。这种不适感难以表达，定位描述相对模糊。如感到某种牵拉、挤压、撕扯、游走、溢出、虫爬等特殊感觉，往往伴有焦虑情绪。多见于精神分裂症、抑郁障碍、躯体体验障碍。

(二) 知觉障碍

知觉是在感觉基础上，大脑对事物的各种不同属性进行整合，并结合以往经验形成的整体印象。如根据桃子的形状、气味、颜色等，结合既往对桃子的认识，在大脑中产生的桃子的印象就是一种知觉。知觉障碍分为错觉、幻觉、感知综合障碍三部分。

1. 错觉（illusion） 是对客观事物歪曲的知觉。错觉可见于正常人，如在光线暗淡的环境中看错物体，在恐惧、紧张和期待等心理状态下产生错听等，如杯弓蛇影、风声鹤唳、草木皆兵等，但正常人的错觉经过验证后可以认识到错误并加以纠正。病理性错觉常在有意识障碍时出现，多表现为错视和错听，并常带有恐怖色彩，如病人把输液管看成一条蛇，多见于谵妄状态。

2. 幻觉（hallucination） 是在没有客观现实刺激作用于感官的情况下而出现的虚幻的知觉。如在周围无人的情况下，病人会听到有人命令他出去的声音或看到有人在窗外。幻觉是常见的知觉障碍，常与妄想同时出现。临床上常见以下几种幻觉：

（1）**幻听**（auditory hallucination）：是最常见的一种幻觉。如幻觉内容为言语交谈，称为言语性幻听，言语性幻听可以是几个单词、一段话、几个句子。幻听的声音可以直接与病人对话，也可以是以病人作为第三者听到他人的对话，如言语内容是评论病人的言行，称为评论性幻听，如言语内容为命令病人做某事，称为命令性幻听。言语性幻听，尤其是评论性幻听、命令性幻听多见于精神分裂症。幻听内容有时十分清晰，有时非常模糊。幻听的内容通常与病人有关且多对其不利，因此病人常为之苦恼和不安，情绪不稳定，并可产生自言自语、对空谩骂、拒饮拒食、自伤自杀或伤人毁物等行为，造成严重不良后果。

> **案例**
>
> ### 言语性幻听
>
> 病人，男性，35 岁，工人。精神检查时，病人常常手捂双耳，诉太吵了，说能听到有很多不同的人在议论自己，说自己坏话。

（2）**幻视**（visual hallucination）：病人看到了并不存在的事物，幻视的内容可以是单调的光、色或者片段的形象，也可以是复杂的人物、景象、场面等。意识清晰状态下出现的幻视多见于精神分裂症，意识障碍时的幻视常见于谵妄状态，此时幻视的内容常常生动鲜明，多具有恐怖性质，如病人看到房顶或墙上有昆虫、猛兽、毒蛇等。

（3）**幻嗅**（olfactory hallucination）：病人闻到环境中并不存在的某种难闻的气味，如化学物品的烧焦味、浓烈刺鼻的药物气味以及体内发出的怪味等。幻嗅和幻味往往同时出现，并经常与被害妄想结合在一起，多见于精神分裂症。单一出现的幻嗅，多见于颞叶癫痫或颞叶器质性损害。

（4）**幻味**（gustatory hallucination）：病人尝到食物或水中并不存在的某种特殊的怪味，因而常常拒饮拒食。幻味经常与被害妄想同时存在，如病人认为食物中的"怪味道"是被人投了毒，多见于精神分裂症。

（5）**幻触**（tactile hallucination）：指在没有任何刺激时，病人感到皮肤上有虫爬感、针刺感、麻木感等，也可有性接触感。可见于精神分裂症、分离障碍等。

> **考点提示**
>
> 精神分裂症最常见的幻觉是什么？

（6）**内脏性幻觉**（visceral hallucination）：是病人身体内部某一部位或某一脏器虚幻的知觉体验，如感到骨头里的虫爬感、血管的拉扯感、肠道的扭转感、肺叶的被挤压感等。内脏性幻觉常与疑病妄想等伴随出现，多见于精神分裂症和抑郁障碍。

幻觉的分类

幻觉还可以根据其所涉及的感觉器官、来源和产生条件进行不同的分类。根据产生的条件，幻觉可分为功能性幻觉、反射性幻觉、心因性幻觉和入睡前幻觉。例如，功能性幻觉是一种伴随现实刺激而出现的幻觉，即病人同时有两个知觉，一真一幻，两者都是同一感官获得的，并且同生同灭，如病人听到钟表声的同时听到有人骂他，将钟表拿走，幻听也消失，多见于精神分裂症。而反射性幻觉指病人的某一感觉器官感受到现实的刺激时，他（她）的另外一个感觉器官产生了幻觉，如病人看见有人在前面几米的地方，就听见别人在议论自己，多见于精神分裂症。

3. 感知综合障碍（psychosensory disorder）　指对事物的本质能够正确感知，但对它们的个别属性产生了与实际情况不相符合的知觉，如形状、大小、比例、距离等。临床上常见以下几种表现形式：

（1）**视物变形症**（metamorphopsia）：指病人看到周围的人或物体的形状、大小、体积等方面发生了变化。看到物体的形象比实际增大称为视物显大症，如看到家中的宠物猫就像老虎一样大；看到物体的形象比实际缩小称为视物显小症，如看到母亲就像小布娃娃一样小。

（2）**空间感知综合障碍**（disturbance of space sensorial synthesis）：病人对事物空间距离或事物大小的判断出现障碍。如等候地铁时，地铁已驶进站台，而病人仍感觉地铁离自己很远。多见于癫痫和精神分裂症等。

（3）**时间感知综合障碍**（disturbance of time sensorial synthesis）：病人对时间体验的判断出现障碍。如病人感到时间凝固了，岁月不再流逝，外界事物停滞不前；或者感到时间在飞逝，似乎身处于"时空隧道"中。多见于颞叶癫痫和精神分裂症等。

（4）**自身感知综合障碍**（disturbance of self-sensorial synthesis）：病人觉得自己的体形改变。如病人感到自己的脸变长、变大，鼻子变宽等。其多见于器质性精神障碍、癫痫和精神分裂症等。

（5）**非真实感**（derealization）：病人感到周围事物和环境变得不真实，犹如隔了一层纱。如感到周围的房屋、树木等像是纸板糊成的，毫无生气；周围人就像没有生命的木偶一样等。多见于抑郁障碍、精神分裂症等。

二、思维障碍

思维是人脑对客观事物间接和概括的反映，是人类精神活动的重要特征，是认识过程的高级阶段。正常人的思维具有目的性、连贯性、逻辑性和实践性。思维障碍是精神障碍病人的常见症状，临床表现多种多样，主要可分为思维形式障碍和思维内容障碍。

（一）思维形式障碍

思维形式障碍主要为思维过程的联想和逻辑障碍。常见的症状如下：

1. 思维奔逸（flight of thought）　指思维活动量的增多和转变快速。表现为说话滔滔不绝，口若悬河，感到脑子特别灵活，就像机器加了"润滑油"一样难以停顿下来。病人的思维有一定的目的性和完整性，但思维主题极易受环境的吸引而改变（又称随境转移）；也可出现音韵联想（音联）或字意联想（意联）。多见于躁狂发作。

思维奔逸

病人，男性，23岁，入院后见人就打招呼，并自我介绍说："我叫张小林，张是张三丰的张，林是林则徐的林。他们的优良品质在我身上也得到了充分体现，勇敢、聪明……"当医生问其家庭住址时，病人答："中国济南，南部山区……"

2. 思维迟缓（retardation of thought） 指思维联想速度减慢、数量减少和转换困难。表现为语量少、语速慢、语音低和反应迟缓。病人感到脑子就像生锈了的机器一样，变笨了，反应变慢了，思考问题困难。多见于抑郁障碍。

3. 思维贫乏（poverty of thought） 指联想概念与词汇贫乏，病人感到脑子空空荡荡，没有什么思想。表现为寡言少语，谈话时言语内容空洞单调或词穷句短，回答问题简单，严重者对什么都回答"不知道"。多见于精神分裂症、痴呆及智力发育障碍等。

4. 思维散漫（looseness of thought）、**思维破裂**（splitting of thought） 指思维的连贯性障碍，即联想概念之间缺乏必要的联系。如病人说话东拉西扯，东一句、西一句，以至于别人弄不懂病人要阐述的是什么主题思想，可见于精神分裂症。严重的思维散漫称为思维破裂，表现为病人的言语或书写内容有结构完整的句子，但各句含义互不相关，变成了语句堆积，整段内容令人不能理解。严重时，病人的每句话也不成句子，而是表现为语词的堆积，称为语词杂拌（word salad）。如问病人："你叫什么名字？"病人说："鸡叫了，雨后彩虹，举手发言，看见他了。"可见于精神分裂症，为该病所具有的特征性症状。

5. 思维不连贯（incoherence of thought） 表现与语词杂拌类似，但产生背景不同，它是在意识障碍背景下出现的言语支离破碎和杂乱无章状态。多见于谵妄状态。

6. 思维中断（blocking of thought） 指思维联想过程突然发生中断。表现为病人在无意识障碍，又无外界干扰时，言语突然停顿，片刻之后又重新开始，但所谈主题已经转换，有明显的不自主性。多见于精神分裂症。

7. 思维被夺（thought deprivation）、**思维插入**（thought insertion） 属于思维联想障碍，前者表现为病人感到自己的思想被某种外力突然抽走，而后者则表现为病人感到有某种不属于自己的思想被强行塞入自己的脑中。两者均不受个人意志所支配。多见于精神分裂症。

8. 强制性思维（forced thinking） 是思维联想的自主性障碍。表现为病人感到脑内涌现大量无现实意义、不属于自己的联想，是被外力强加的，这些联想常常突然出现，突然消失，内容多变。多见于精神分裂症。

9. 病理性赘述（circumstantiality） 表现为在叙述事物时，对细节问题做不必要的、过分详细的赘述，以致主题不突出，一些无意义的细节掩盖了主题，讲半天讲不到主题上，但最终能够回答出有关问题。如医生问病人通过什么交通工具来医院的？病人回答："我乘49路公交，从终点站，经人民广场，到淮海路，车上有两个人为一点小事争吵，别人劝了还吵，后来一个人先下去了总算不吵了。我是乘到肿瘤医院下车走过来的。"常见于癫痫、阿尔茨海默病等。

10. 思维化声（audible thought） 是同时包含思维障碍和感知觉障碍两种成分的一种症状。病人在思考时，同时感到自己的思想在脑子里变成了言语声，自己和他人均能听到。多见于精神分裂症。

11. 病理性象征性思维（pathological symbolic thinking） 是病人用无关的、不被共同理解的具体概念来代表抽象概念，不经病人解释，别人无法理解。例如，病人经常反穿衣服，表示自己"表里合一、心地坦白"，病人将手表戴在脚踝上走起来，称这是"与时俱进"。多见于精神分裂症。

12. 语词新作（neologism）　是指病人自创一些奇特的文字、图形或符号，并赋予它们只有自己能够理解的特殊含义。有时病人把无关的词拼凑在一起成为新的词，以代表某种新的含义。如病人指"尖"为心，因为心脏是上面小下面大，与"尖"字一样；又如病人自创文字，左边一个"美"字去掉下面的大字，右边一个"男"字，合成字，发音"美男"，形容他漂亮。多见于精神分裂症。

13. 逻辑倒错性思维（paralogic thinking）　逻辑推理过程非常荒谬、离奇古怪，缺乏逻辑根据，让人不可理解，甚至因果颠倒。如病人不吃荤菜，理由是："人是动物，肉类是动物的尸体，人不能吃自己的尸体，所以我不能吃肉"（混淆动物的尸体与人的尸体的概念）。多见于精神分裂症、某些病态人格等。

14. 强迫思维（obsessive thinking）　是在病人脑中反复出现的某一概念或相同内容的思维，明知不合理和没有必要，但又无法摆脱，常伴有痛苦体验。多见于强迫障碍。

强迫思维与强制性思维不同：前者是自己的思想，往往同一内容的思维反复持续出现，多见于强迫障碍；后者则是外力强加的不属于自己的思想，内容变化多端，且突然出现，突然消失，多见于精神分裂症。

（二）思维内容障碍

思维内容障碍中最常见的症状是妄想。

妄想（delusion）是一种在病理基础上产生的歪曲的信念、病态的推理和判断。其特点为既不符合客观现实，也与病人所受的教育程度及处境不相符，但病人对此深信不疑，不接受事实与理性的纠正，妄想的内容是和个人切身相关的，是个人独有的。

临床上常见的妄想有以下几种：

1. 被害妄想（delusion of persecution）　病人无端地坚信周围的人对他不利，自己或其亲人遭受迫害。如认为有人对他进行监视、打击、陷害，或用放毒、仪器照射等伤害其身体。在妄想的支配下病人可出现拒食、拒药、逃跑、控告、自卫、自杀、伤人等。多见于精神分裂症。

> **案例**
>
> ### 被害妄想
>
> 病人，男性，26岁，近半年来，病人不敢在家里吃饭喝水，总是买袋装的食品吃。晚上睡觉时总要反复检查自己的房间，认为有人安装了监控器在监视自己。进行精神状况检查时，病人解释称："我父母和我单位上的人合伙要毒害我，在饭里放了迷幻药，所以我只能自己买袋装食品。他们还在我的房间里安装了监视器，想监控我的一言一行，所以我得处处小心。"

2. 关系妄想（delusion of reference）　病人认为周围环境中与自己无关的现象都与自己有关，甚至是针对自己的。如别人在一旁谈话是在议论他；别人在咳嗽是冲他而来的；人们的一举一动都是针对他的。关系妄想常伴随被害妄想出现，多见于精神分裂症。

> **案例**
>
> ### 关系妄想
>
> 病人，男性，25岁。病人描述称，上初中时，有女同学擤鼻涕，他就觉得是针对自己，其他同学咳嗽是看不起自己，他能听出同学谈话时含沙射影贬低自己，有时认为陌生人在骂他、嘲笑他，周围人在议论他。

3. 夸大妄想（delusion of grandeur） 病人认为自己拥有非凡的才能、智慧、财富、权利、地位等，如称自己是著名的科学家、发明家、富豪、领导等，常发生在情绪高涨的背景下。多见于躁狂发作、精神分裂症等。

> **案例**
>
> 夸大妄想
>
> 病人，男性，22 岁，称自己发明了比课本上更好的公式，能获得诺贝尔全部奖项。自己是工会书记，逢人便要人家手机号，宣称他们是自己的会员。

4. 罪恶妄想（delusion of guilt） 又称自罪妄想。病人毫无根据地坚信自己犯了严重的错误或不可宽恕的罪恶，罪大恶极，死有余辜，应受到严厉的惩罚，为此可出现拒食、自杀等。如病人说："我对不起孩子，孩子 2 岁时发热，我没有带他去医院，是他爸爸带去的，虽然孩子没有事，但说明我不是一个称职的妈妈。还有一次，3 岁时他不听话，我打了他屁股一下，打得挺厉害，我真不该这样，打人犯法，我应该去自首。"多见于各种抑郁障碍、精神分裂症。

5. 疑病妄想（hypochondriacal delusion） 病人在无任何根据的情况下坚信自己患了某种严重的躯体疾病或不治之症，因而到处求医，各种详细的检查和反复的医学验证也不能纠正。多见于精神分裂症、抑郁障碍和躯体体验障碍。

6. 钟情妄想（delusion of being loved） 病人坚信某异性钟情于自己，对方的一言一行都是对自己爱的表达。有时病人会对这种"爱的表达"做出相应的反应而去追求对方，即使遭到对方严词拒绝仍毫不置疑，认为对方是在考验自己。多见于精神分裂症。

> **案例**
>
> 钟情妄想
>
> 病人，女性，18 岁，认为班里有多个男生在追求自己，并且说，"班里有那么多男生都在追我，我不知道该和谁谈恋爱，真是太烦了。"当医生问如何知道男生喜欢她时，病人答："有一天放学后，有一个男生朝我笑了一下，还有一个男生是跟在我后面出教室，虽然他们没有说什么，但肯定是喜欢我。那天，我旁边的一个男生读《简爱》这本书，也说明他喜欢我。"医生问其有何打算时，病人答："有一天，我对其中一个男生说我也喜欢他，谁知他骂我脑子进水了，我想他是在考验我，我会一直等着他。"

7. 嫉妒妄想（delusion of jealousy） 无中生有地认为自己的配偶对自己不忠诚、有外遇，因此，对配偶的物品加以检查，或对其进行跟踪，以寻觅证据。多见于妄想性障碍及精神分裂症等。

8. 非血统妄想（delusion of non-blood relation） 病人毫无根据地坚信自己不是父母亲生的，虽经反复解释和证实，仍坚信不疑。病人有时认为自己是被抱养或被寄养的，但又说不清从何时、为什么与现在的父母生活在一起。多见于精神分裂症。

9. 物理影响妄想（delusion of physical influence） 又称被控制感，病人感到自己的思想、情感和意志行为受到某种外界力量的控制而身不由己，如病人常诉肢体或内脏受到来自外界事物如电波、超声波、射线等的影响。多见于精神分裂症。

物理影响妄想

病人,男性,48岁,认为有人用仪器控制自己的大脑,他们想让他干什么他就得干什么,自己像一个傀儡一样,没有自主权。

10. 内心被揭露感(experience of being revealed) 病人确信自己内心所想的事,未经言语表达却已人尽皆知。病人并不知道是怎么被人知道的,但确信所有人都知道。多见于精神分裂症。

内心被揭露感

病人,女性,30岁。病人坚信她的思想不说出来别人都已经知道了,查房时回应医生表示"你肯定知道,你们都知道,我一有什么想法,所有的人就都知道了,你们医生都明白的,何必故意来问我。"

三、注意障碍

注意(attention)是指个体的精神活动集中地指向于一定对象的过程。注意有主动注意和被动注意。有目的的、自觉的、努力的注意,称为主动注意,而无目的的、不自觉的、无需努力的注意,称为被动注意。如开会时听讲属于主动注意,而有的人突然把注意力转向室外的脚步声则为被动注意。

注意障碍通常有以下表现:

1. 注意增强(hyperprosexia) 主动注意的兴奋性增强,表现为过分关注某些事物。如有妄想观念的病人,对环境保持高度的警惕,过分地注意别人的一举一动;有疑病观念的病人注意增强,指向身体的各种细微变化,过分地注意自己的健康状态。多见于精神分裂症和躯体体验障碍等。

2. 注意减退(hypoprosexia) 主动及被动注意兴奋性减弱,稳定性也显著下降。表现为注意力难以唤起和维持。多见于精神分裂症、意识障碍等。

3. 注意涣散(divergence of attention) 主动注意的减弱,注意稳定性降低所致,病人不能把注意力集中于某一事物并保持较长时间,以致注意力很容易分散,即使看了很长时间的书,仍然不知所云,像没读过一样。多见于精神分裂症和注意缺陷多动障碍。

4. 注意转移(transference of attention) 主要表现为注意不能持久,注意稳定性降低,很容易受到外界环境的影响而使注意的对象不断转换。例如,躁狂的病人,注意力易受周围环境中别的新现象所吸引而转移(随境转移),以致不断改变话题和活动内容,而这种注意力又不能持久,外界的偶然变动又会将病人的注意力吸引过去。

5. 注意狭窄(narrowing of attention) 指注意广度和范围的显著缩小,当注意集中于某一事物时,不能再注意与之有关的其他事物。如盯着人家的眉毛、头发、皱纹看,而不看人家的眼睛,也不看整个人。多见于意识障碍或智力障碍病人。

四、记忆障碍

记忆是储藏在脑内的信息或经历的再现,包括识记、保存、再认、回忆四个过程。识记是记忆过程的开始，是事物通过感知在大脑中留下痕迹的过程。保存是把识记了的事物储藏在脑内，使信息存储免于消失。再认是过去的经验或识记过的事物再次呈现时的辨认过程，即原刺激物再现时能认识它是过去已感知过的事物。回忆是在必要的时候将保存在脑内的痕迹重现出来。

记忆障碍可以发生在上述记忆的不同过程，往往是同时受损，受损的严重程度可以不同。临床上常见的记忆障碍如下：

（一）记忆增强

记忆增强（hypermnesia）为病理性的记忆增强，表现为对病前不能回忆的且并不重要的事情又重新回忆起来。如病人能回忆起童年时期的某件事情，甚至连细微的情节也不遗漏。多见于躁狂症、精神分裂症。

（二）记忆减退

记忆减退（hypomnesia）是指记忆各个基本过程的普遍减退，临床上比较多见。症状轻者表现为近记忆减退，严重时远记忆也减退。多见于抑郁障碍、精神分裂症和痴呆的病人，也可见于许多正常老年人。

（三）遗忘

遗忘（amnesia）又称为"记忆的空白"，是指局限于某一事件或某一时期内经历的遗忘。它不是记忆普遍性的减弱，而是一种回忆的丧失。常见的有：

1. 顺行性遗忘（anterograde amnesia）　病人回忆不起疾病发生后一段时间内所经历的事件。遗忘的时间和疾病同时开始，如脑挫伤的病人，对于受伤后如何被送入医院、住院期间如何抢救等一切情况均不能回忆。多见于脑震荡、脑挫伤。

2. 逆行性遗忘（retrograde amnesia）　病人回忆不起疾病发生前一段时间内所经历的事件。如某人车祸导致颅脑损伤，经抢救意识恢复后，不能回忆车祸前发生的事。多见于脑卒中发作后病人、颅脑损伤伴有意识障碍者、自缢后经抢救意识恢复者、老年性精神障碍及一氧化碳中毒者。

3. 进行性遗忘（progressive amnesia）　主要见于阿尔茨海默病。影响较大的是再认和回忆。病人遗忘日趋严重，由近事遗忘发展到远事遗忘，同时伴有日益严重的痴呆和淡漠。

4. 心因性遗忘（psychogenic amnesia）　指严重且强烈的心理创伤性情感体验引起的遗忘。遗忘的内容多是与痛苦体验相关的事情，如创伤、丧亲、被羞辱、犯严重错误等。多见于分离障碍。

（四）错构

错构（paramnesia）指在遗忘的基础上，病人对过去所经历过的事件，在发生的时间、地点、人物等方面出现错误回忆，并坚信不疑，且伴有相应的情感反应。多见于各种原因引起的痴呆和酒精中毒所致精神障碍。

（五）虚构

虚构（confabulation）指在遗忘的基础上，病人以想象的、未曾经历的事件来填补记忆的缺损，其内容生动、多变，并带有荒诞的色彩，常瞬间即忘。多见于酒精中毒性精神障碍及各种原因引起的痴呆。

五、智力障碍

智力（intelligence）是人们获得和运用知识解决实际问题的能力，包括在经验中学习或理解的能力，获得和保持知识的能力，迅速而又成功地对新情境做出反应的能力，运用推理有效地解决问题的能力等。它涉及感知、记忆、注意和思维等一系列认知过程。临床上常常通过检查病人的一般常识、理解力、判断力、分析概括力、计算力、记忆力等对智力水平进行初步判断，也可以通过智力测验方法对其智力水平进行定量评价。

临床上，智力障碍可分为精神发育迟滞和痴呆两大类型。

(一) 精神发育迟滞

精神发育迟滞（mental retardation）是指个体在先天或生长发育成熟（18岁）之前，由于各种原因影响智力发育所造成的智力低下和社会适应困难状态。随着年龄增长其智力明显低于正常同龄人的智力水平。影响智力发育的原因包括遗传、感染、中毒、缺氧等。

(二) 痴呆

痴呆（dementia）是指大脑智力发育成熟以后，由于各种因素损害原有智力所造成的智力低下状态。痴呆的发生往往具有脑器质性病变基础，如脑外伤、颅脑感染、脑缺氧、脑血管病变等。临床主要表现为记忆力、计算力、理解力、判断力下降，工作和学习能力下降，后天获得的知识与技能丧失等，严重时甚至生活不能自理。常见的痴呆有：

1. 全面性痴呆 表现为大脑弥散性损害，智力活动的各个方面均受累及，从而影响病人全部的精神活动。病人常出现人格改变和定向力障碍及自知力缺乏。

2. 部分性痴呆 大脑病变仅限于某些限定的区域。病人可只表现为记忆力、理解力及分析综合能力等发生障碍，但其人格保持完整，具有良好的定向力，有一定的自知力。多见于脑血管疾病所致痴呆、颅脑损伤所致痴呆等。

3. 假性痴呆 指由强烈的精神创伤所导致的一种类似痴呆的表现，大脑组织结构无任何器质性损害，通过适当的心理及药物治疗能够恢复，预后良好。多见于分离障碍及应激相关障碍等。假性痴呆有以下特殊类型：

(1) **心因性假性痴呆**：又称甘瑟综合征（Ganser syndrome），表现为对简单的问题给予近似而错误的问答，给人以故意或开玩笑的感觉。如当问病人问题"2+2=?"时，病人会给出答案为"2+2=5"，再如将钥匙倒过来开锁。但对某些复杂问题，病人却往往能正确应对，如上网、下棋、打牌等，一般生活也能够自理。

(2) **童样痴呆**（puerilism）：以行为幼稚、模拟幼儿的言行为特征。表现为成人病人的言行类似儿童一样，学幼童讲话的声调，自称是"小宝宝，才五岁"，逢人就称叔叔阿姨。

六、情感障碍

情感是指个体对客观事物的主观态度和相应的内心体验。情感障碍通常表现为三种形式：情感性质障碍、情感诱发障碍、情感协调性障碍。

(一) 情感性质障碍

1. 情绪高涨（elation） 指正性情感活动显著增强。表现为不同程度、与周围环境不相符的病态喜悦，病人自我感觉良好，整日喜笑颜开，谈话时语音高昂，滔滔不绝，别人难以打断。病人喜欢与人交往，对任何事都感兴趣，感到非常乐观，高度自信，甚至夸大自我。因其内心体验与周围环境协调保持完好，故可产生共鸣，具有很大的感染力。多见于躁狂发作。

> **案例**
>
> #### 情绪高涨
>
> 病人，男性，18岁，因"兴奋躁动，活动增多2周"来医院就诊。2周前受批评后，病人突然情绪兴奋，和同学讲话时眉飞色舞，表情丰富，喜形于色，自称是"乐天派""高兴极了，没有任何烦恼""生活充满阳光，绚丽多彩"，称自己有一个想法可以解决石油危机，并和同学们四处推广介绍。

2. 欣快（euphoria） 是在智力障碍基础上出现与周围环境不协调的愉快体验。面部表情也有似乎满意和幸福愉快的表现，但大多单调刻板，给人以呆傻的感觉，且难以引起正常人的共鸣，同时病人自己也说不清高兴的原因。多见于痴呆。

3. 情绪低落（depression） 指负性情感活动显著增强，也称情感低落，表现为闷闷不乐、唉声叹气、暗自落泪等，有时感到前途暗淡、没有希望，严重时可因悲观厌世出现自伤和自杀念头或行为，是抑郁发作的典型表现之一。

4. 焦虑（anxiety） 是指在缺乏相应的客观刺激情况下出现的内心不安状态。表现为心烦意乱、提心吊胆、紧张恐惧、坐立不安，严重时可表现为惊恐发作。焦虑常伴有心悸、出汗、手抖等自主神经功能紊乱症状。多见于焦虑障碍。

5. 恐惧（phobia） 病态的恐惧是指与现实威胁不相符的恐惧反应，表现为过分害怕、提心吊胆，且常伴有明显的自主神经功能紊乱症状，如心悸、气促、出汗、四肢发抖，甚至大小便失禁等，往往伴有回避行为。多见于各种恐惧相关障碍。

（二）情感诱发障碍

情感诱发障碍是指情绪反应阈值发生了变化。

1. 易激惹（irritability） 指病人情绪激惹性增高，轻微刺激即可产生强烈而不愉快的情感反应，持续时间较短。表现为极易生气、易激动、愤怒甚至大发雷霆，与人争吵不止。多见于分离障碍、躁狂发作、器质性精神障碍。

2. 情感迟钝（dullness, emotional blunting） 指对能引起常人鲜明情感反应的刺激给予平淡的情感反应，同时缺乏相应的内心体验，细微情感逐渐消退。如对亲人不体贴，对工作不认真负责，情感反应不鲜明、不生动。多见于早期精神分裂症和某些脑器质性精神障碍。

3. 情感淡漠（apathy） 病人对客观事物和自身情况漠不关心，缺乏应有的内心体验和情感反应，对生离死别、久别重逢等重大事情却表现出表情冷淡、呆板，内心体验极为贫乏。多见于精神分裂症晚期及严重脑器质性疾病导致的痴呆。

4. 病理性激情（pathological passion） 指病人骤然发生的、强烈而短暂的情感暴发状态，常伴有冲动和破坏行为，事后不能完全回忆。多见于脑器质性精神障碍、酒精中毒、急性应激反应等。

（三）情感协调性障碍

1. 情感倒错（parathymia） 指情感表现与内心体验或所处的处境不相协调。如对令人悲痛的事情感到高兴愉快，遇到愉快的事反而表现得悲痛、痛哭流涕。多见于精神分裂症。

2. 情感矛盾（ambivalence） 病人在同一时间对同一人或事物产生两种截然不同的情感反应，但病人并不感到这两种情感的矛盾和对立，没有痛苦和不安。多见于精神分裂症。

ER 2-3
情感低落与情感淡漠（视频）

七、意志行为障碍

意志是指人们自觉确定目标，并克服困难，用自己的行动去实现心理目标的心理过程。运动是单纯的肌肉收缩，简单、随意和不随意的运动称为动作，有动机、有目的进行的复杂随意运动称为行为。

（一）意志障碍

1. 意志增强（hyperbulia） 指意志活动增多。此症状常与其他精神症状相关。例如病人因感被害，不断控告；因嫉妒妄想不断跟踪配偶；因疑病到处看病，这种意志增强的目标固定不变。躁狂病人因精力充沛，对周围的一切事物都感兴趣，觉得什么都有意义，什么事都去做，终日忙碌，丝毫不感到疲惫，这种意志增强的目标在不断改变。

2. 意志减退（hypobulia） 指意志活动显著减少。表现为精力不足，对任何事物兴趣减退，不愿参加任何活动，可整日呆坐或卧床不起；可同时出现思维迟缓、情绪低落以及食欲、性欲的下降。

此症状是抑郁障碍的主要症状之一。

3. 意志缺乏（abulia）　指意志活动缺乏。病人对任何活动都缺乏明显的动机和要求，不关心事业，也不学习和工作，缺乏主动性与积极性，行为被动，生活懒散，并不会为此着急。严重时生活本能缺失，常与思维贫乏、情感淡漠同时出现，为精神分裂症的常见症状之一。

4. 矛盾意向（ambitendency）　指对同一事物同时产生对立、相互矛盾的意志活动，病人对此毫无自觉，不能意识到行为之间的矛盾性，因此不能自我纠正。例如当医生伸手去握病人的手时，病人将右手伸向医生的手，停下，再伸出，再停下，如此反复多次，最终停下来，还是没握到医生的手。多见于精神分裂症。

（二）动作行为障碍

1. 精神运动性兴奋（psychomotor excitement）　指病人的行为动作和言语活动明显增加，临床上分为协调性精神运动性兴奋和不协调性精神运动性兴奋两大类。

（1）**协调性精神运动性兴奋**（coherent psychomotor excitement）：指病人行为动作、言语活动的增加与其思维、情感活动内容、量的增加相协调，并和环境密切联系。病人的行为是有目的的、可被他人理解的，身体动作与整个精神活动是协调的。例如情绪激动时的兴奋、轻躁狂时的兴奋、焦虑时的坐立不安。

（2）**不协调性精神运动性兴奋**（incoherent psychomotor excitement）：指病人行为动作和言语活动的增加与其思维、情感活动不相协调。行为动作往往单调、杂乱无章，无动机与目的，使人难以理解，与周围环境也无任何联系。如高声怪叫、扮鬼脸等。多见于精神分裂症及谵妄状态。

2. 精神运动性抑制（psychomotor inhibition）　指病人整个精神活动的抑制，表现为行为动作和言语活动明显减少。它包括木僵、蜡样屈曲、缄默症、违拗症。

（1）**木僵**（stupor）：言语和运动行为完全抑制。表现为不语、不动、不食，肌张力增高，表情固定刻板，对刺激缺乏反应，身体保持一定的姿态僵住不动，甚至大小便潴留。可见于精神分裂症、抑郁障碍、急性应激反应、脑器质性精神障碍。

（2）**蜡样屈曲**（waxy flexibility）：指在木僵的基础上，病人出现肢体任人摆布，即使是极不舒服的姿势，也能较长时间维持不动，形似蜡塑，故称为蜡样屈曲。如病人平躺时将枕头拿走，仍能长时间保持头部悬空的姿势不变，就像头下枕着"空气枕头"一样。可见于精神分裂症。

（3）**缄默症**（mutism）：指言语活动的明显抑制。表现为病人缄默不语，不回答任何问题，有时仅用手势或书写交流。多见于分离障碍和精神分裂症。

（4）**违拗症**（negativism）：指病人对于他人的要求加以抵制或反抗。临床上违拗症又分为主动违拗和被动违拗。前者是不但拒绝执行他人要求，并且做出与对方要求全然相反的行为，如让病人睁眼时，病人把眼睛闭得更紧。后者则是对别人的要求一概拒绝执行。可见于精神分裂症。

3. 刻板动作（stereotyped act）　指病人不断地、无目的地重复简单的动作或言语。可自发产生，也可因提示而引起，如反复将衣服上的纽扣解开又扣上、反复摇头等。多见于精神分裂症。

4. 模仿动作（echopraxia）　指对他人的动作和言语无目的、无意义地模仿。如问病人姓名，病人重复道"叫什么名字?"多见于器质性精神障碍和精神分裂症。

5. 强迫动作（compulsive act）　指病人明知不必要，却难以克制地重复某个动作。若不重复会感到焦虑不安。如长时间的反复洗手、检查门锁、强迫计数等。多见于强迫障碍。

6. 作态（posturing）　指病人用一种异常的表情、姿势或动作来表达某一有目的的行为。病人往往做出古怪的、愚蠢的、幼稚的动作、姿势、步态或表情。可见于器质性精神障碍和精神分裂症。

八、意识障碍

意识是指一个人对周围环境和自身的认识和反应能力。意识障碍可表现为意识清晰度降低、意识范围缩小及意识内容的变化。意识清晰度下降时，病人出现感知觉迟钝，注意力不集中、理解困难、判断力降低、记忆减退、情感反应迟钝、行为缺乏目的性、定向力障碍等。其中定向力障碍是指一个人对时间、地点、人物以及自身状态的认识能力丧失或认识错误，是判断意识障碍的重要指标。意识障碍主要见于脑器质性精神障碍、躯体疾病所致精神障碍、中毒所致精神障碍。

（一）意识清晰度降低

1. 嗜睡（drowsiness） 意识清晰度水平降低较轻微。表现为在安静环境下病人经常昏昏入睡，轻声呼叫或推动其肢体可立即清醒，且能进行交谈或做一些简单的动作，刺激一旦消失便又入睡。病人生理反射存在。

2. 混浊（confusion） 意识清晰度轻度受损，表现为病人反应迟钝，思维缓慢，注意、记忆、理解困难，能回答简单问题，但对复杂问题则表现为茫然不知所措，存在时间、地点、人物等周围环境定向障碍。

3. 昏睡（sopor） 意识清晰度水平明显降低，周围环境及自我意识均丧失，只有在强烈的刺激下（如用力压迫眶上缘内侧）方可有简单或轻度反射。可见有深反射亢进、病理反射阳性、手足震颤及不自主运动，角膜、睫毛反射均减弱，对光反射、吞咽反射迟钝。

4. 昏迷（coma） 是意识障碍的最严重阶段。意识完全丧失，对任何刺激均无反应，无任何自发性运动，生理反射消失，可引出病理反射。

（二）意识范围及内容改变

1. 朦胧状态（twilight state） 在意识清晰度轻度降低的情况下，意识范围明显缩小。表现为病人在狭小的意识范围内，可有相对正常的感知觉，以及协调连贯的复杂行为，但除此范围以外的事物却不能进行正确感知。突发突止，持续数小时至数日，事后遗忘。朦胧状态有多种原因，其中器质性原因有癫痫、脑外伤、脑血管疾病、中毒等；心因性原因为分离障碍。

2. 谵妄状态（delirium） 其特点是意识清晰度水平降低，并伴有记忆障碍和定向障碍，同时可产生大量的错觉和幻觉，内容丰富、生动逼真，以幻视多见，大多为恐怖性的，如猛兽、血淋淋的激烈战争场面等，因而病人可伴有紧张、恐惧、兴奋不安甚至冲动行为。病人思维不连贯，理解困难，可有片段妄想。谵妄具有昼轻夜重的规律，一般持续数小时至数日，意识恢复后仅有部分回忆甚至完全遗忘。多见于躯体疾病所致精神障碍。

3. 梦样状态（dream-like state） 病人意识清晰度降低，同时出现梦样体验。表现为病人像做梦一样，完全沉湎于幻觉、妄想中，对外界环境毫不在意，但外表好像清醒。意识恢复后对梦样内容并不完全遗忘。一般持续数日或数月，多见于精神分裂症。

九、自我意识障碍

1. 人格解体（depersonalization） 指对自身和周围环境感到陌生或有不真实的体验。狭义的人格解体是指对于自我的不真实感而言。如一病人说"我是谁，我在哪里，我一点也感觉不到"。单纯对周围环境的不真实感又称为非真实感，病人感到周围环境好像离自己很远，都像在云雾中。人格解体多是突然产生的，并常伴有昏厥感和面临灾难的惶恐紧张感。可见于颞叶癫痫、器质性精神障碍、抑郁障碍及精神分裂症。

2. 人格转换（transformation of personality） 指否认原来的自身，而自称是另一个人或某种动物，但不一定伴有相应的行为和言语的转变。如称自己是"玉皇大帝"，或自称是"狐仙下凡"。主要见于分离障碍，亦可见于精神分裂症。

3. 交替人格 同一病人在不同时间内可表现为两种完全不同的个性特点和内心体验，在不同时间内可交替出现。多见于分离障碍，也可见于精神分裂症。

4. 双重人格和多重人格 在同一时间内表现为完全不同的两种人格，称为双重人格。除了自我以外,病人感到还有另一个"我"存在,或者病人认为自己已经变成了另一个人。有的病人同一时间出现两种以上的人格,称为多重人格。

十、自知力障碍

自知力(insight)又称领悟力或内省力,是病人对自己精神状态的认识和判断能力。不同精神疾病自知力的损害程度是不同的,如焦虑障碍病人的自知力一般保持完整,即病人能够认识到自己的异常精神活动,并为此感到痛苦和积极寻求医疗帮助;精神分裂症等重性精神障碍病人的自知力一般是缺乏的,即病人不能认识到自身的病态表现,否认存在精神方面的问题,故往往拒绝就医、治疗。自知力的完整与否是评定精神障碍严重程度的标准之一,也是病情变化的一个敏感指标。因此,在治疗和护理过程中要经常评定自知力,以确定效果。判断有无自知力的四条标准:①病人是否意识到别人认为他 / 她有异常现象;②病人是否自己认识到这些现象是异常的;③病人是否认识到这些异常现象是自己的精神障碍所致;④病人是否意识到这些异常现象需要治疗。

> **知识拓展**
>
> ### 关注精神健康,关爱精神障碍病人
>
> 1992 年由世界精神病学协会发起,将每年的 10 月 10 日定为"世界精神卫生日",它的设立是重视精神心理健康的体现,其目的在于号召全社会共同关注精神健康,给予精神障碍病人平等的尊重和共情。提及精神障碍病人,我们看到的是他们时常处在孤独恐惧、失落痛苦、敏感无助、惶恐不安的状态,可能因为疾病无法形成稳定的人际关系,无法正常学习、工作及生活,甚至因为"病耻感"而回避社会及人群。我们需要全面地了解与核实病人的症状,发现症状背后的生物、心理、社会等多层面原因,理解并体谅病人所承受的痛苦,充分地接纳和尊重病人,给予病人鼓励、支持、共情,以及尽可能地进行帮助,真正做到用"心"守护病人。

第三节　精神障碍的分类与诊断标准

疾病分类学的目的是把种类繁多的不同疾病按各自的特点和从属关系,划分为类、种、型,并归成系统。这可加深对疾病之间关系的认识,为临床护理工作、疾病的诊断和鉴别诊断提供依据。

当前,对世界精神病学影响最大且为许多国家所采用的分类系统有两个,包括国际疾病分类(International Classification of Diseases,ICD)和美国《精神障碍诊断和统计手册》(*Diagnostic and Statistical Manual of Mental Disorders*,DSM)。ICD 是世界卫生组织(WHO)依据疾病的某些特征,按照规则将疾病分门别类,并用编码的方法来表示的系统,目前最新版本为《国际疾病分类(第十一次修订本)》,简称 ICD-11。DSM 是美国第一个精神病学疾病分类学标准,由美国医学 - 心理学协会制定,共列出了 22 个障碍,在所有精神服务机构收集统一的统计数据,每 5 年修订一次,目前已修订到第 5 版,简称 DSM-5。早在 1958 年,我国的精神病学专家就提出了较为完整的精神疾病分类方案,并划分了各类精神疾病的类型和亚型,作为《中国精神障碍分类方案与诊断标准》(CCMD)发布,鉴于与国际疾病分类系统接轨的学科发展趋势,我国目前已不再对 CCMD 系统进行修订。

目前临床及科研主要采用 ICD-11 的诊断标准,最新 ICD-11 精神与行为、神经发育和睡眠 - 觉醒障碍分类目录编码如下:

第 6 章　精神、行为或神经发育障碍

L1-6A0　神经发育障碍

L1-6A2　精神分裂症及其他原发性精神病性障碍

L1-6A4　紧张症

L1-6A6　心境障碍

L1-6B0　焦虑与恐惧相关障碍

L1-6B2　强迫及相关障碍

L1-6B4　应激相关障碍

L1-6B6　分离障碍

L1-6B8　喂养及进食障碍

L1-6C0　排泄障碍

L1-6C2　躯体不适或躯体体验障碍

L1-6C4　物质使用所致障碍

L1-6C7　冲动控制障碍

L1-6C9　破坏性行为及品行障碍

L1-6D1　人格障碍及相关人格特质

L1-6D3　性欲倒错障碍

L1-6D5　做作性障碍

L1-6D7　神经认知障碍

L1-6E2　与妊娠、分娩和产褥期有关的精神或行为障碍

L1-6E6　与分类与他处的障碍或疾病相关的继发性精神或者行为综合征

第 7 章　睡眠 - 觉醒障碍

L1-7A0　失眠障碍

L1-7A2　过度嗜睡障碍

L1-7A4　睡眠相关呼吸障碍

L1-7A6　睡眠 - 觉醒昼夜节律障碍

L1-7A8　睡眠相关运动障碍

L1-7B0　异态睡眠障碍

由于大多数精神障碍的病因与发病机制尚不明了，所以当今精神障碍的分类与诊断方法仍停留在症状学的水平，而不是像其他躯体疾病一样按病因或病理学特征分类。精神障碍的各种诊断标准主要依靠精神症状间的组合、病程的演变和病情的严重程度等特点来制订，所以精神障碍的诊断易受其他因素（如病史采集的方法、对症状认识的水平等）影响，加之缺乏生物学标志，精神障碍较其他躯体疾病诊断的一致性相对要低。鉴于此，世界上一些国家和组织（如世界卫生组织、美国精神病学会、中华医学会精神病学分会等）建立了分类工作组，长期搜集文献资料和进行实验室及现场研究，朝着分类和诊断标准的合理性、精确性和实用性而不懈努力。

知识拓展

精神障碍分类的意义

　　20 世纪中叶以前，精神障碍没有国际公认的分类，各国所采用的诊断体系不一，名词繁多而易混淆，研究无法相互比较，学术成果难以交流。在精神障碍中，诊断标准的制定与分类学原则的制定，对整个学科的发展具有划时代的重大意义，使各国之间及一国各地之间，各种学术观点流派有了相互交流的共同语言。用描述性的或纪实的方法将临床表现与病程基本相同的病例集为一类，将临床表现与病程显著不同的病例划分为不同的类别，有利于探索不同疾

病的病因,制订不同的治疗方案,也有助于预测不同的疗效和预后。采用统一的诊断标准与分类方案,有助于教学方案与教学计划的趋同,科研资料收集的一致性与科研结果及发现的可比性。

(任 燕)

思考题

1.病人,女性,26岁,因"情绪低落、敏感多疑4年,加重2个月"来医院就诊。病人4年来逐渐出现情绪低落,注意力不能集中,工作力不从心,工作效率明显下降,因此认为自己不如其他同事,认为同事在背后议论她,病人经常哭泣,发脾气,摔东西,认为家人也不理解自己,感到生活没意义。两年前病人至当地医院就诊,诊断为"抑郁障碍",未规范治疗。两个月前症状加重,病人整日哭泣,动辄大发脾气,并多次有自杀倾向。

请思考:
目前病人存在的主要精神症状有哪些?

2.病人,男性,23岁,1年前与人交流减少,经常独自一人玩手机,常在房间躺着不去上班,工作效率明显下降。2个月前病人出现言语混乱,不知所言。1个月前病人症状加重,感觉周围人关注自己,看见别人说话就认为是在议论自己,有人通过网络等技术控制自己,要害自己,对方可以知道自己内心想法和所有秘密,为此烦躁。病人凭空听到耳边常有声音与其对话,并告诉他"小心点儿,你妈妈在害你",为此打骂母亲;自觉记忆力减退,称记不住行李箱的开锁密码,日常生活中极其懒散,不打理个人卫生。病人否认自己患病,由家人带其就诊。

ER 2-4

思考题
解析思路

ER 2-5

练习题

请思考:
目前病人存在的主要精神症状有哪些?

第三章 | 精神障碍病人的治疗环境

ER 3-1
教学课件

ER 3-2
思维导图

学习目标

1. 掌握精神科护理的基本内容及基本要求。
2. 熟悉精神科家庭护理的目标和原则、社区精神卫生护理的工作范围。
3. 了解精神科护士应具备的基本素质。
4. 学会运用护理程序为精神障碍病人提供家庭护理。
5. 具备良好的职业能力，平等对待病人并主动提供护理服务。

精神障碍病人的治疗环境包括精神病医院、社区精神卫生中心及家庭等。一般来讲，重症精神障碍病人需住院治疗，由医护人员密切观察、诊治，控制其症状，待病人病情稳定后转入社区及家庭进行康复。由于大多数精神障碍病人需要长期治疗，而长期住院治疗会给个人、家庭及社会带来沉重的经济负担。世界各国因国情和经济状况不同，所采取的应对策略也不一样。美英等发达国家自 20 世纪中叶开始大力发展社区精神卫生事业。在我国，随着法律及政策的不断完善，多部门参与精神卫生工作，精神卫生服务体系不断建立健全，形成了良好的局面。

第一节 精神障碍病人的医院护理

导入情境

病人，男性，47 岁，无业，因多次复发精神分裂症而入院。病人的父母因无法监管其服药，遂将病人常年托管在医院。周末，病人父母来探视，值班护士检查了其随身携带的少量水果。当晚 21 时 45 分，护士巡视病房时闻到一股焦糊味，立即检查，发现来自该病人的病房，原来是病人在病床上抽了几口烟，又怕护士发现就藏在了被子下，导致被子被引燃。护士及时灭火后询问病人火源从哪来的，病人如实回答：央求父母偷偷捎来的，藏在鞋子内带进病房。

工作任务：
1. 护士在检查危险品时应怎样做能够减少或杜绝安全隐患？
2. 对于病人父母的不合作，护士与其沟通时应采取哪些措施？

一、精神科护士的基本素质

精神科护理工作服务的对象大多是思维障碍和心理行为异常的病人，工作环境的复杂性和特殊性对护士提出了较高的要求。因此，要成为一名合格的精神科护士，必须具备良好的心理素质、职业道德素质和专业素质。

(一) 心理素质

1. 成熟的人格　护士的人格是护患互动关系的影响因素之一。精神科护士应具有坚强的意志，较强的心理承受能力，善于调控自己的情绪和行为，不受精神障碍病人的干扰，友好地对待各类病人，唤起他们战胜疾病的信心。

2. 健康的心态　护士应用积极、健康的心态去感染病人，从而缓解病人的各种不良情绪，以平和的心境对待病人难以理解的言行。

(二) 职业道德素质

精神科护士常面临病人的异常行为所带来的困扰。因此，作为一名专业的精神科护士，除具备良好的心理素质外，还应具备以下职业道德：

1. 全心全意为病人服务　精神科护士应具有全心全意为病人服务的职业思想，为病人提供优质的身心护理，克服工作中遇到的各种困难，以饱满的工作热情对待病人。

2. 尊重病人人格　精神科护士应尊重病人的人格，无论病人的言行多么令人不愉快，护士都要态度温和、自然，不嘲笑病人，尊重病人平等就医的权利，使之获得与正常人一样的受尊重的权利。

3. 保护病人的隐私　禁止在护理过程中出现任何有损病人利益的行为，不向无关人员透漏病人的病情和隐私。

4. 团结协作　精神科护士应与其他工作人员建立良好的人际关系，团结协作，提高工作质量与效率；与社会工作者保持合作，利用现有资源，建立理想的精神卫生服务系统。

(三) 专业素质

1. 完整的知识结构　精神科护士在具备良好的精神医学理论基础和临床经验的同时，还应具备心理学、社会学、行为学、伦理学等知识，掌握护理各类精神障碍病人的技巧和方法，有效处理病人的各种问题。

2. 敏锐的观察能力　精神障碍病人常不能主动叙述病情，有的甚至故意隐瞒病情。在护理过程中稍有疏忽，极易发生意外。一些有自杀想法的精神障碍病人并不流露其真实感受，甚至外在表现与内心活动相反。因此，护士要善于利用与病人接触的机会，从病人的言行举止、表情神态等方面发现问题，防患于未然。

3. 良好的沟通能力　精神科护士应具备良好的沟通能力，运用沟通技巧与病人建立和谐的护患关系。同时还能够与特殊病人沟通，如避免对偏执性人格障碍者过于热情，对边缘型人格障碍者保持中立，对反社会人格障碍者的挑拨和不合理要求加以限制，对有幻觉的病人给予客观解释等。

4. 较强的科研教学能力　精神科护士应具备开展科研工作的能力，刻苦钻研业务，探索有利于病人康复的方法和措施。同时还应具备一定的教学能力，能向病人及家属宣传精神卫生知识，能承担本专业教学任务并培养精神科护理后备力量。

二、精神科护理的基本内容

(一) 安全护理

安全护理在精神科护理中至关重要。精神障碍病人在思维、情感、意志、行为等方面明显异常，甚至丧失自控能力，严重者可出现自伤、伤人、毁物等行为。护士要提高警惕，经常巡视，掌握病人的特点，对不安全因素要有预见性，并积极预防意外发生，做好以下安全护理工作：

1. 熟悉病人病情、建立良好的护患关系　护士要尊重、关心、理解病人，尽快熟悉病情，及时满足病人的合理要求，取得病人的信任。在此基础上，病人会主动与护士交流，一旦有意外征兆流露，护士应及时采取有效措施防范。

2. 建立精神障碍病人风险评估和防范制度　将精神障碍病人风险管理纳入护理工作流程。根据风险评估确定安全管理重点对象，密切观察，班班交接，使护理人员对防范的重点对象心中有数。此类病人的活动应不离开工作人员的视线范围。此外，还应严格执行各项护理常规和工作制度，如给药护理、外出活动护理等护理常规及交接班制度、岗位责任制度等。

3. 加强巡查，严防意外 凡有病人活动的场所，都应安排护士看护。注意保护使用约束带的病人，防止被其他病人伤害（图3-1）。重点病人不离视线。在午睡、夜间、凌晨、交接班等工作人员较少的时候，以及厕所、走廊尽头、暗角等易发生意外的地点，要特别加强巡视，严防意外发生。

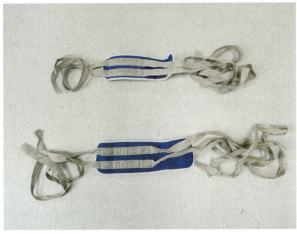

图 3-1　医用约束带

4. 加强安全管理

（1）**保证环境安全**：病房设施要安全，损坏的门窗应及时修理，治疗室、配餐室等场所应随时上锁。

（2）**严格病区内危险物品管理**：病区内危险物品应严格管理，如药品、器械、锐利物品、易燃物品、绳带等要加锁保管，定量、定点放置，班班清点并交接。危险物品使用前后仔细清点数量，一旦缺少应及时追查。护士看护病人使用指甲刀、缝针等易对人身造成伤害的物品，用后及时收回。

（3）**加强安全检查**：对入院、会客、请假离院返回的病人进行安全检查，防止病人将危险物品带入病室。每日整理床铺时，查看病人有无暗藏药物、绳带、锐利物品等。经常检查病区环境，检查床单元以及病人的鞋、袜、衣袋等一切可能存放危险物品的地方。

（二）基础护理

日常生活不能自理的精神障碍病人，需要护士督促、帮助或代理。如疾病发作期，病人不知冷热、饥饱，不知清洁，易并发感染；长期服用大量抗精神病药物的病人机体抵抗力下降，易出现并发症等。因此，做好基础护理，让病人在最佳状态下接受治疗，是精神科临床工作的基础。

1. 生活护理 可参照内外科住院病人的护理，本章只简单介绍精神障碍病人需要特殊注意的生活护理。

（1）**大小便护理**：精神障碍病人服用大量抗精神病药物常引起便秘和尿潴留。部分病情严重者不能主诉大小便；部分表现迟钝者不知如厕，而部分躁动者则每日多次如厕；被害妄想严重者，每日处于紧张恐惧状态，有大小便而不敢如厕等。护士应细心观察并记录病人的排泄情况，对于便秘者应遵医嘱使用缓泻剂；对尿潴留的病人，应先用物理方法刺激其排尿，无效时给予导尿。注意查看病人大小便性状，发现异常及时留取标本，并报告医生。

（2）**女病人经期护理**：部分女病人经期病情加重，严重者甚至不知料理经期卫生，造成经期感染，同时影响病房卫生。护士应掌握病人的月经周期规律，月经前对病人进行心理疏导及卫生宣教，认真观察月经量、颜色、气味、有无血块等，督促病人勤换卫生巾，保持阴部清洁，及时更换污染的被服。

2. 饮食护理 精神障碍病人饮食障碍多种多样，护士应了解其饮食习惯，注意观察病人的进食情况，防止拒食、暴食或吞食异物。一般情况下，精神障碍病人可集体进餐，护士按时、按量、按病情需要准备饮食，而对各类饮食障碍病人应区别照顾，如因抗精神病药物反应引起吞咽困难者，进食应缓慢，防止噎食、呛咳引发窒息；当病人怀疑食物有毒而不肯进食时，护士可先尝试或让病人自己取食物；对木僵者，不宜强行喂食，可将食物放在床旁桌上，等待病人拿取，必要时鼻饲流质饮食或静脉输液；对有自罪妄想者，可将其饭菜混合成看似剩饭后劝其吃下；对兴奋躁动者，应待其安静后单独进餐；对食欲亢进、暴饮暴食者，要控制其进餐速度及食量，单独进餐。严重躯体疾患、卧床不起、被约束病人进食时，将其头偏向一侧，避免大口及快速喂食，防止窒息。

3. 睡眠护理 保证充足的睡眠对稳定病人情绪、巩固治疗效果有重要作用。导致失眠的原因很多，如皮肤瘙痒、便秘、尿潴留等躯体不适；蓄意自杀或出走的病人，在策划意外事件前后也可出现睡眠障碍；幻听的病人，因听到别人讲自己坏话而难以入睡等。护士应仔细观察病人睡眠情况，指导病人养成规律的睡眠习惯。如对躁动的病人，集体入睡前应给予适当处理，以防干扰他人睡眠；对失眠的病人，分析其失眠的原因，遵医嘱选用药物帮助其入睡；对睡眠感觉缺失的病人，应耐心解释并证实他们有过睡眠的事实等。当护士巡视时，若发现病人蒙头睡觉、在床上辗转反侧或频繁去厕所，应引起注意，谨防意外事件发生。

> ### 知识拓展
>
> ## 有助于睡眠的饮食调理方法
>
> 通过饮食调理睡眠是一个不错的方法，下面介绍几种有助于睡眠的饮食调理方法：
>
> (1) 忌饱食。晚餐忌饱食，应进食清淡易消化的食物，七八成饱即可，睡前3小时内不要吃东西，以免加重胃肠负担。
>
> (2) 临睡前喝杯牛奶，最好加一点蜂蜜，有安神催眠之功效。
>
> (3) 柑橘芳香催眠。在床头柜上放一个剥开皮或切开的柑橘，其芳香气味可以抑制中枢神经系统，可以镇静，帮助入睡。
>
> (4) 晚上尽量避免大量饮用咖啡、可乐、茶和酒等刺激性饮料，以免因精神兴奋或尿频影响睡眠。
>
> (5) 晚上用小米、莲子、龙眼、百合、粟米熬粥，有令人入睡的功效。

三、精神科护理的基本技能

（一）精神科护理观察

由于一部分精神障碍病人缺乏对疾病的自知力，他们不会主动表述自己的病情症状，因此，在临床上对病人病情变化的判断除了依据病史和辅助检查外，主要依靠护士对病人言语、表情、行为和生命体征等的观察。

1. 精神科护理观察原则

（1）**目的性与计划性**：护士在观察前需明确哪些是观察的重点内容，并根据病人病情及工作计划合理安排观察的时间和内容。护理观察内容通常包含"5W"，即谁（who）、什么时间（when）、什么地点（where）、什么（what）、怎么样（how）。

（2）**客观性**：观察内容应客观记录，不随意加入个人猜测，以免误导其他医务人员。

（3）**整体性**：全方面观察病人病情变化，以便制订合理的护理计划。按照整体护理的要求，观察病人健康史、躯体情况以及心理社会状况等。

2. 精神科护理观察内容

（1）**一般情况**：仪表、面容、步态、接触时的态度、合作程度、是否安心住院、饮食、睡眠及排泄情况等。

（2）**精神症状**：有无意识障碍，有无幻觉、妄想、病态行为等精神症状，情感稳定性和协调性如何，病人有无自知力等。

（3）**躯体情况**：病人的生命体征、躯体疾病的症状表现、营养状况等。

（4）**治疗情况**：病人对治疗的依从性、治疗效果及药物的不良反应等。

（5）**社会功能**：包括学习、工作、人际交往能力以及生活自理能力等。

（6）**心理需求**：病人对医护人员及其亲属心理支持的需求情况，如亲属的探视、陪伴，护士的倾听、鼓励等。

3. 观察的方法

（1）**直接观察法**：是护理工作中最重要、最常用的观察方法。护士通过与病人直接接触，如面对面沟通或护理体检，从中了解病人的思维、情感、躯体等情况；也可以通过观察病人的言语、表情、行为来了解病人的精神活动、心理需求等。直接观察法获得的资料相对客观、真实、可靠。这种方法通常适用于意识相对清晰、交谈合作的病人。

（2）**间接观察法**：护士通过病人的亲属、好友、同事等了解病人的情况，或通过病人的书信、绘画及手工作品等了解病人的思维内容和情感活动情况。这种方法适用于不愿意暴露内心活动或情绪激动等不合作的病人。

在临床护理实践中，对同一病人通常将直接观察法和间接观察法结合使用，相互补充，以获得更全面、准确的病情资料。

4. 精神科护理的观察技巧　护士在接触病人前，应先了解其病史、诊断及治疗过程，掌握病人的一般情况，如年龄、职业、文化程度等，以便根据病情采取不同的观察和接触方法。对新入院的病人要热情接待，主动介绍病房环境、医院管理制度等；对不合作的病人，生活上应给予关心照顾，逐步与其建立良好的关系，取得病人的合作；对讲话赘述、唠叨不休者，要耐心倾听，然后给予必要的解释；对激动暴躁者，应沉着、冷静地应对，防止病人出现冲动伤人行为；对情绪低落、不愿交流者，可先以病人的兴趣爱好、生活、工作为话题交谈，与其建立良好关系后再慢慢涉及病情内容；对手持危险物品企图伤人者，应机智地转移病人的注意力，将危险物品取下。总之，在与精神障碍病人接触时，护士应注意语言艺术，巧妙地启发病人讲述护士需要了解的内容，以掌握病人的病情。

> **考点提示**
>
> 精神科安全护理措施有哪些？

（二）精神科护理记录

及时、准确、客观、真实地记录病人病情是精神科护理的另一方面重要内容。护理记录可作为一个重要的医疗文件，为司法鉴定、医疗纠纷等提供证据，同时为总结护理经验积累资料。

1. 记录的要求

（1）**记录内容应客观、真实**：护士在记录时应注重对客观病情表现的描述，尽量少用主观判断及医学术语。

（2）**记录内容应规范、准确**：护理记录应依据国家卫生健康委员会办公厅印发的《病案管理质量控制指标（2021 年版）》书写，表述准确，字迹清楚，语句通顺。

（3）**记录内容及时、完整**：护理记录的时效性对病人病情、治疗护理和医疗纠纷的分析都有重要影响。在精神科临床实践活动中，护理记录应关注病人的整体身心健康，避免仅注重精神症状，忽略躯体症状。

2. 记录的类型与内容　精神科临床常用的护理记录单包括以下几种类型：

（1）**入院健康评估单**：记录内容包括一般情况、精神症状、躯体疾病、护理体检情况、日常生活状况、社会支持、健康知识接受能力等，以表格和文字叙述相结合的方式记录。

（2）**护理风险评估监控记录单**：包括自杀和自伤风险、暴力风险、出走风险、跌倒风险、压力性损伤风险、噎食风险等，以表格方式记录。

（3）**日常生活活动能力评估单**：包括进食、洗澡、穿衣、排泄、床边移动、平地步行、上下楼梯等，以表格方式记录。

（4）**一般护理记录单**：主要用于记录非危重病人的精神症状、躯体症状等病情动态变化的情况，治疗护理措施及其效果，药物不良反应，生活自理、饮食、睡眠等情况，以文字叙述方法记录为主。

（5）**危重护理记录单**：主要用于记录危重病人的生命体征、出入液量、精神与躯体症状、治疗护理措施、饮食和睡眠情况等，以表格填写和文字叙述相结合的方式记录。

（6）**健康教育记录单**：记录病人在入院、住院、出院不同阶段，护士对其进行精神卫生知识、疾病认识、症状管理、药物不良反应的观察和预防、健康生活方式等方面健康教育的落实情况，以表格方式记录。

（7）**身体约束评估监控记录单**：用于约束病人的记录，包括约束的原因、约束的时间、约束带数量、约束部位、约束部位皮肤情况，病人饮食、睡眠、排泄以及相应护理措施落实情况，以表格方式记录。

（三）精神障碍病人及病房的组织与管理

对于病人来说，每个病房既是一个治疗单元，又是一个生活集体。切实做好病人的管理是维护良好护患关系、开展治疗护理工作的重要保障。

1. 病人的组织与管理　建立病人的组织，如康复小组，由康复护士和恢复期病人组成，病人可担任组长，与康复护士共同组织和参与病区的学习、文体、工娱治疗等康复活动。

2. 病房的组织与管理　建立病房管理制度，如作息制度（休息、活动、治疗、娱乐、就餐时间等）、住院管理制度（请假、工娱治疗要求、物品保管制度等）、会客探视制度等。定期召开康复小组会议，评选表现优秀的病人，表扬和宣传病人中的好人好事，提倡病友互助，营造良好的病房氛围。

3. 病房的管理模式

（1）**开放式管理**：指住院病房环境完全开放，病人可以独自或在家属陪同下自由外出活动的管理模式。全开放式病房中的住院病人多为自知力较好、自愿接受治疗、有较好的自我管理能力的病人，如轻度抑郁症病人、焦虑与恐惧障碍的病人等。开放式管理模式促进了病人与外界的接触和交流，预防社会功能的衰退，有利于精神康复。

（2）**半开放式管理**：是介于封闭式管理和开放式管理中的一个过渡模式，指在精神科封闭式管理病区住院的病人，经医生评估病情允许并取得病人家属的同意，在医生开具相应医嘱后，可在其家属陪同下，每日于规定时间段外出活动。通过外出活动期间的一系列社会交往活动，使病人尽量不脱离社会，并保持愉快的心情，增强生活的自信心，早日回归社会。

（3）**封闭式管理**：封闭式管理模式有利于病人的组织、观察和治疗护理措施的落实，可以有效防止不良事件发生。封闭式管理适合精神障碍急性期，有攻击倾向、自杀、自伤风险及病情不稳定、行为紊乱的病人。这些病人需安置在监护室内，设专人24小时看护，严密观察其病情变化。

4. 病房设备的管理　精神科病房的各种设施应适合病人的住院需要，方便医疗护理工作的开展，注意创造优雅、舒适的治疗环境。例如，病室内墙壁要光滑，不能有钉子、绳子等危险物品，防止病人用作自伤或伤人的工具；病室内桌椅、床头柜等边缘圆平，且以病人不能举起为宜，防止病人撞头或砸伤他人；病室窗户要有防护措施，防止病人出走。

考点提示

精神科病房的管理模式分别适用于哪些病人？

（四）健康教育

健康教育内容不仅包括疾病知识、治疗知识，同时也包括心理健康指导，如教会病人培养良好的个性，保持自身与环境相适应，掌握情绪的释放与控制等，从而达到改善临床症状、缩短病程和促进康复的目的。精神障碍病人健康教育的主要内容包括：

1. 对门诊病人的健康教育 门诊病人具有数量大、范围广、停留时间短等特点，其教育重点是根据发病季节及流行病学特点，进行针对性和普及性教育，内容尽量简短、实用。

2. 对住院病人的健康教育

（1）对于首次入院的病人，护士要热情接待，主动介绍医院规章制度、病区环境、主治医生、责任护士等，同时指导病人家属向医生提供病情资料，介绍陪护、探视制度。

（2）对于住院期间的病人，护士除给予常规生活护理外，还应向病人宣传心理健康常识，如选择合适的方法转移注意力、控制情绪、建立良好的人际关系、积极参加工娱活动等，指导病人进行自我照顾及社交技能训练等。

（3）对于家属和探视者，护士应嘱咐他们不要与病人提及对病情有影响的事情；不要将腰带、鞋带、刀子、剪子、火柴、玻璃制品等危险物品交给病人；不要向病人承诺探视以及出院时间，请家属配合共同做好病人的思想工作，使其安心养病；可定期为家属举办精神卫生知识讲座，讲授精神疾病常识以及家庭治疗护理知识。

3. 对出院病人的健康教育 主要针对病情稳定或康复期的病人。出院时护士应向病人及家属介绍出院后护理及预防疾病复发的相关知识，如疾病的诱因及复发规律，正确的服药方法，服药后的不良反应等。宣教时要重点强调遵医嘱用药的重要性，指导家属代管药品并督促病人定期复诊。同时护士还应指导家属营造良好的家庭氛围，尊重、关心、照顾病人，避免精神刺激，防止疾病复发。此外，护士还应指导家属帮助病人掌握自我照顾及社交的技巧，合理安排病人的生活、学习及工作，培养其生活兴趣。

第二节 精神障碍病人的家庭护理

家庭护理（home care）是以家庭为服务对象，以护理理论为指导，以护理程序为工作方法，护士与家庭共同参与，确保家庭健康的一系列护理活动。其目的是促进和保护家庭健康，维护家庭稳定，预防家庭成员发生疾病和帮助家庭成员治疗、护理疾病，以发挥家庭最大的健康潜能。具体做法是以护士为主体，直接指导病人家属对病人进行护理，协助病人巩固治疗效果，防止疾病复发，恢复社会适应能力，提高生活质量。

【护理评估】

护理评估包括对病人及其家庭两方面的评估。

（一）对病人的评估

1. 一般资料与健康史 病人的一般人口学资料、文化背景、工作经历、个人爱好、信仰等；曾患有哪些急性或慢性躯体疾病；精神障碍病史等。

2. 生理功能 包括生命体征、营养状况、排泄情况、饮食和睡眠情况、日常活动状况、意识状况、躯体功能状况、服药情况等。

3. 心理功能

（1）**认知功能**：有无主动或被动注意障碍，有无记忆和智力损害，有无感觉过敏和/或减退、错觉、幻觉及感知综合障碍，有无思维联想、连贯性、逻辑和思维内容等方面的障碍，对自身疾病有无认识能力，是否愿意接受治疗等。

（2）**情感**：有无焦虑、抑郁、恐惧、情绪不稳、易激惹或淡漠、迟钝等异常情绪。

(3)**意志和行为**：有无病理性意志增强与减退，有无怪异行为，有无刻板、仪式化或强迫行为，有无攻击冲动、自杀自伤行为，有无对立违拗等品行障碍。

4. 社会功能

(1)**生活自理能力**：有无穿衣、吃饭、洗澡、大小便不能自理等。

(2)**环境的适应能力**：①学习、工作能力：有无现存和潜在的学习或工作困难。②语言能力：有无语言交流和表达障碍，如有，程度如何。③自我控制与自我保护能力：有无现存或潜在的自我控制力、自我防卫能力下降而出现伤害别人或被人伤害的危险，对压力的应对能力如何。④社交活动：有无人际交往障碍，是否合群，是否主动与人交往，有无社会退缩行为等。

（二）对家庭的评估

1. 家庭结构　家庭结构是否健全，每一个家庭成员在家庭中的位置、角色、承担的责任与权力，家庭系统运转的规则和价值观等。

2. 家庭功能　家庭功能是否健全，是否能够满足病人生存、成长等生理、心理、社会方面的基本需要。

3. 家庭环境　家庭的情感气氛如何，是否属于高情感表达家庭，家属对疾病的态度如何，有无不正确的认知和偏见；家属对疾病的治疗护理计划的态度如何，有无无法实施既定的治疗方案的可能性存在；是否有不恰当的家庭养育方式；有无现存的或潜在的家庭矛盾和危机；家庭是否具有观察病情及预测病态行为的能力。

4. 家庭成员的精神健康水平如何。

【常见护理诊断/问题】

1. 家庭运作过程失常　与家庭成员缺乏有关疾病预后的知识有关。

2. 穿着自理缺陷　与精神疾病有关。

3. 进食自理缺陷　与精神疾病或药物不良反应有关。

4. 社会交往障碍　与家庭成员与病人交流不足等有关。

5. 知识缺乏：缺乏疾病相关知识。

【护理目标】

1. 家庭能够提供适合病人病情需要的生活环境，家庭成员能在医护人员的指导下，为病人合理安排作息时间，病人的家庭功能逐渐恢复，能承担必要的家庭角色。

2. 家庭成员能督促或协助病人做好个人卫生，保持病人身体整洁干净，病人日常生活能力逐渐恢复。

3. 家庭成员能帮助病人做好饮食管理，保证病人的进食量，注意营养搭配，不暴饮暴食。

4. 病人的精神症状好转或维持稳定，在家庭成员的帮助下，病人的社会交往能力逐渐恢复。

5. 家庭成员能掌握疾病的相关知识，能掌握药物治疗的相关知识，及时识别药物治疗过程中的不良反应并给予相应的处理，能识别疾病复发的先兆症状。

【护理措施】

1. 日常生活护理

(1)**个人卫生**：督促或协助病人做好个人卫生，尽量让病人自己完成，康复期病人应尽快摆脱"病人角色"，调整心态。可采用一些简单的行为强化手段，如奖励、适当的惩罚、代币疗法等来培养病人健康的生活习惯。

(2)**饮食**：要保证进食量，注意营养搭配，不暴饮暴食，不随意进补，不饮浓茶，不饮酒，不吸烟。对年老体弱者要注意饮食的软硬程度；对吞咽困难者，要告知其缓慢进食，谨防窒息。

(3)**睡眠**：创造良好的睡眠环境，避免强光和噪声刺激。合理安排病人的作息时间，按时起床。睡前不饮茶和咖啡等兴奋性饮料，不观看能引起情绪剧烈变化的电影、电视或参加一些能引起情绪剧变的活动。入睡困难的病人可做松弛训练或听一些催眠曲，必要时可合理应用安眠药。

（4）**居室布置**：病人的居室布置要力求安全、安静、简洁、大方。病情稳定、无攻击行为的病人最好同亲人住在一起，不要独居或关锁，独居和关锁会增加病人的精神压力，易使病人产生猜疑、嫉妒，甚至被害妄想和关系妄想。室内不放可能造成自伤或伤人的危险品，如热水瓶、绳索、铁锤、钳子、刀剪、农药等，也最好不放易损坏的家具。

（5）**安全防范**：时刻警惕病人的行为，不能疏忽，防止自杀、伤人、出走、噎食等事件发生。

2. 用药护理　药物维持治疗是预防某些重性精神障碍如精神分裂症、心境障碍等复发的主要措施之一。因此，维持用药护理是家庭护理中的一个重要内容。长期服药会给病人生活带来许多不便，也可能会有各种不良反应等，很多病人不愿意服药。护士要教会家属有关药物治疗的知识，如药物治疗的必要性、药物治疗的疗程和方法、药效与不良反应的识别与处理等，并做好解释教育工作，提高病人服药依从性。注意防止病人把药扔掉或压在舌下又吐出，还要防病人积攒药物自杀。药物的更换和药量的增减一定要由医生来决定。遇到不能处理的情况应及时寻求医生的帮助。

3. 特殊症状护理　部分精神障碍的病人可能带着症状生活。对于病人的异常行为，护士和家属不能讽刺、讥笑和歧视，要予以理解、包容、接纳，维护病人的尊严和权利。虽然居家生活的精神障碍病人精神症状较轻，但依然可能对病人的生活造成显著影响，甚至可能出现危害自身及他人安全的行为。社区护理人员必须对居家照顾者就某些特殊精神症状如兴奋躁动、幻觉、妄想、自杀、自知力缺乏等提供健康教育及指导。

4. 心理护理

（1）**尊重、关心病人**：对于病人因疾病出现的令人尴尬的言行，家属切记不要一味指责，要从病人的角度去感受和理解他们，加以援助和关爱，但对于病人的要求也不能一味迁就。家庭和睦的气氛，家人与病人之间良好的关系，有利于缓解病人内心的痛苦。过度的指责和过分的包容都不利于疾病的康复。

（2）**鼓励病人表达情感**：经常与病人谈心，鼓励病人表达内心情感。家属要及时发现病人可能存在的心理问题并加以疏导，合理的交流不仅能给病人以情感上的满足与支持，而且可以强化病人思维活动的过程，减少思维的退化。

（3）**教会病人一些应对应激的技巧**：教会病人学会自我解脱，正确处理负面情绪，树立正确的人生观和生活态度。具体的方法有：培养病人的业余爱好；帮助病人分析压力产生的原因（如工作紧张、工作难度太大、自己的要求和期望值过高等）；教会病人一些应对技巧（如倾诉、自我安慰等）；改变病人不正确的认知思维模式（如以偏概全、走极端等）。

（4）**鼓励病人参加社交活动**：家属要鼓励和创造条件让病人多参加社会活动，指导病人正确应对学习、工作所带来的压力，帮助病人克服各种困难，重建社交能力，让亲友一同为病人分忧解愁。

5. 病情观察　病情观察是家庭护理中不容忽视的重要环节。家庭成员应特别注意病人自知力的变化，如不认为自己有精神疾病、开始拒绝服药、自知力下降往往是精神疾病复发的重要指征。同时注意观察病人睡眠规律、情绪、自理能力等的变化，观察病人有无幻觉、妄想、言行异常等，及时与医生联系并加强安全防范。

6. 意外事件的紧急处理　大多数病人的消极、冲动行为可以防范，但部分病人的冲动、消极意念和行动是突如其来的，防不胜防。有些病人则企图隐瞒，采取周密的、有计划的行动。因此，家属还应了解意外事件的急救和处理技术，遇有意外事件时，切勿慌乱，请人联系急救站或附近医院，同时迅速进行现场抢救。

（1）**自缢**：一旦发现，家属应立即抱住病人身体向上托举，迅速解脱绳套，顺势将病人轻轻放下（防止猛力摔下），使病人平卧于地，解开领扣和裤带，立即检查脉搏和呼吸情况。若呼吸、心跳微弱或已停止，应立即就地抢救，进行心肺复苏，不要轻易放弃抢救，直到病人恢复呼吸或医护人员到来。

（2）**外伤**：当发现病人有外伤出血时，要检查出血的部位和种类，迅速采取止血措施后送医院进行进一步处理。头部、上肢、下肢等处的较小的动脉出血，可采用指压止血法，即按压受伤动脉的同侧近心端，阻止血流。如前额及头皮出血，可在同侧耳前下颌关节处压迫颞动脉；上肢出血可压迫同侧锁骨下动脉（在锁骨上凹内 1/3 处）或压迫同侧肱动脉；下肢出血可压迫同侧股动脉。对四肢较大的动、静脉出血，可采用止血带止血，垫以毛巾后用橡皮带或布条扎在受伤部位近心端，做好明显标记并记录时间，每半小时放松一次，防止肢体缺血坏死。

自缢的急救与处理（视频）

（3）**吞食异物**：发现此种情况时不要按摩腹部，先安慰病人，了解异物的种类，检查口腔和咽部有无外伤，异物是否卡在咽喉部。如异物卡在咽喉处，要设法取出。若吞下的异物较光滑，一般可随粪便排出体外，家人可让病人吞食大量纤维素类的食物，如韭菜、芹菜等（切成寸长，不要烧得过熟），以促进异物排出。病人每次大便后，仔细检查便中有无异物。如为金属类异物，可到医院进行 X 线检查，确定异物所在的部位，并观察病人有无内出血症状，如发生内出血应立即手术。

噎食急救（视频）

（4）**服毒**：指精神病病人积藏大量药物一次吞服或服农药。清醒的病人可进行催吐，并将病人立即送往就近的医院抢救，进行洗胃、解毒等处理。

7. 家庭健康教育　加强对病人特别是病人家属的健康教育和指导是家庭护理的重要内容。医护人员向病人及其家属提供一些有利于疾病康复的知识，强调家庭在精神疾病康复过程中的作用等，消除他们对疾病的某些偏见和误解，使他们对治疗的态度从单纯的被动配合变为主动参与。

精神障碍病人的家庭护理（视频）

【护理评价】

1. 病人的家庭提供的生活环境是否适合病人的病情，病人的家庭功能是否逐渐恢复，病人是否能承担必要的家庭角色。

2. 病人能否在家庭成员的督促和协助下，穿着整洁干净，日常生活能力逐渐恢复。

3. 病人能否在家庭成员的督促和协助下，保证有足够的营养摄入，不暴饮暴食。

4. 病人的精神症状是否好转或维持稳定，病人的社会交往能力是否逐渐恢复。

5. 家庭成员与病人能否积极主动参与各种康复的系统培训，掌握必要的精神疾病知识，药物名称、用法、不良反应和护理技巧。

考点提示

简述精神障碍病人自缢时的急救措施。

第三节　精神障碍病人的社区护理

精神障碍病人的社区康复护理是以社区为单位，以精神医学的理论、技术为支持，运用社区康复护理的方法为精神障碍病人提供护理，最大限度地使其恢复社会适应能力。

一、社区精神卫生护理的工作范围

（一）一级预防

一级预防（primary prevention）为病因预防，通过消除或减少致病因素来防止和减少精神障碍的发生，属于最积极、最主动的预防措施。其护理目标是预防精神障碍的发生。护理服务对象是心理健康者，即精神障碍、心理问题发生前的人群。一级预防中社区护士的服务内容是：

1. 健康教育　包括各生理阶段的精神卫生指导，注重从青春期到老年期的心理卫生教育；培养个人的应变能力等。

2. 心理咨询　包括各种心理咨询工作,如青少年心理咨询、家庭咨询、婚姻咨询、父母咨询等。

3. 增进精神健康的保健工作　开展各种促进精神健康的服务,如社会及环境精神卫生工作,为服务对象创造良好的工作和劳动条件,提倡适宜的锻炼和劳逸结合等。

4. 特殊预防工作　积极开展疾病监测、预防工作,消除或减少精神障碍或疾病诱因,提高个体及家庭成员的适应能力,保护高危人群。

(二) 二级预防

二级预防(secondary prevention)为疾病发生前或发展期的护理工作,即早发现、早诊断、早治疗精神卫生健康疾病,争取良好的预后,防止复发。护理服务对象是精神健康危害发生前及发病早期的病人或需紧急照顾的急性期和危重症病人。二级预防中社区护士的服务内容是:

1. 定期对社区居民进行精神健康调查　定期对社区居民进行健康筛查,指导居民进行自我精神健康评估,早期发现精神疾病边缘状态者及精神障碍者。

2. 确定精神健康危险因素　收集影响精神健康并造成精神障碍或疾病的危险因素。

3. 重点照顾精神障碍病人　社区护士要根据病人症状的严重程度联系会诊、转诊。对出院的病人,要定期家访,指导病人坚持用药,并向家庭成员提供预防精神障碍或疾病复发的医学常识。

4. 向问题家庭宣传精神卫生知识　帮助家庭成员分析问题的症结,寻求解决问题的途径,与有关部门协作,争取社会支持系统的帮助。

(三) 三级预防

三级预防(tertiary prevention)是对临床期及康复期病人采取各种治疗和康复措施,帮助病人最大限度地恢复社会功能,减少疾病复发。护理对象是需要康复和长期照顾的病人,如慢性精神障碍病人、康复期精神障碍病人。三级预防中社区护士的服务内容是:

ER 3-6

**社区精神障碍
三级预防
(微课)**

1. 巩固治疗　对于慢性精神障碍病人,社区护士要定期家访,指导病人坚持治疗,督促病人按时按量服药等。

2. 预防残疾　社区护士应采取有效护理措施,尽可能地帮助病人恢复心理和社会功能,减少后遗症和并发症。

3. 康复护理　社区护士为本社区病人提供终身健康服务,指导或协助病人进行生活和社会技能的训练,同时增设健康教育、咨询等服务内容。

4. 管理工作　包括康复之家、寄宿之家、病人公寓的管理,如规章制度、环境布置、设施装备等的管理。管理好这些机构,使其正常运行,可帮助病人充分享受社会生活,从而预防疾病复发,减轻医院和家庭的负担。

> **考点提示**
>
> 简述社区精神障碍三级预防的内容。

二、社区精神卫生服务的特点

社区精神卫生工作除了对患病个体进行早期诊断治疗和后期康复外,还要面向整个社区,提高群体的精神卫生水平,减少社区内精神疾病的诱发因素。做好社区精神卫生工作,必须争取社会支持,多方面配合。社区精神卫生服务的特点概括为以下几个方面:

(一) 面向社区所有居民提供全面精神卫生服务

精神卫生服务机构设在各城、乡社区中,便于病人就医,尤其为拒绝去医院就医者提供方便,同时也能为心理障碍者提供及时的服务。服务内容包括宣传教育、卫生咨询、治疗预防等。

(二) 提供持续性精神卫生服务

社区精神卫生服务要对每一位病人做到持续性服务,服务内容主要包括门诊内容、入院前评定、住院服务、咨询、出院后随访、社会功能康复训练等。

(三）根据社区居民的实际需要，开展多种精神卫生服务

社区精神卫生服务队伍一般由精神科医生、精神科护士、社会工作者、心理学家等组成，根据病人需要设置多种服务，如少年儿童行为指导、老年精神卫生保健、情感障碍危机干预、社会适应障碍的训练、精神分裂症的康复以及各类精神障碍病人家属的心理健康教育等。

(四）社区精神卫生服务强调公众、家庭及病人的共同参与

公众、家庭及病人既是服务对象，又是计划的制订者、执行者及评定者，能更多地发现与心理健康相关的各种因素及其之间的相互作用。

(五）社区精神卫生服务是多部门协调的综合性服务

社区精神卫生服务争取各级政府及有关部门的支持，与基层保健机构及其他社会机构广泛联系，并与地方行政机构、学校、群众团体、病人工作单位和家庭等形成广泛的联系网络，利用现有的条件和资源，建立理想的精神卫生服务系统。

ER 3-7

社区精神卫生
的范围和任务
（微课）

知识拓展

其他形式的精神康复机构

其他精神康复机构是指职能和工作范围介于专业机构（单位或社区保健机构、工疗站和福利工场、精神病专科医院、综合医院精神卫生相关科室）之间的机构，它们是这些专业机构的补充。

(1) 群众性看护小组：属于自助性组织。其主要职能有：定期访视、观察和记录病情；督促病人按时、按量服药；指导家属对病人进行护理和照顾；及时发现病情变化并与医务人员联系等。

(2) 长期看护所：即"精神病康复站"，对象为慢性、社会功能明显衰退或可能对社会造成危害，病情无法得到控制的病人。

(3) 家庭联谊会（家属资源中心）：邀请专业人员定期为病人及家属讲授精神障碍的相关知识，使家属间有机会交流护理和康复训练方面的心得或获得家庭之间的互助和支持。

三、精神障碍社区康复护理的基本内容

1. 普查社区内精神障碍病人的基本情况　包括精神障碍病人的一般资料、残疾史、康复需求、家庭支持及在社区中的分布情况，并进行汇总分析，确定个体和整体的康复护理计划。

2. 指导和实施各种康复训练　为了延缓精神障碍病人的人格衰退，促进健康恢复，必须进行康复训练。如生活自理训练、社会交往技能训练、学习行为训练、职业技能训练等。有效的康复训练能为病人提供所需的支持，提高其社会与家庭的适应能力，改善生活质量。

3. 给予精神障碍病人良好的心理支持　主要通过心理咨询和心理治疗实施，要求实施者经过正规训练，坦诚、有耐心，有良好的理解沟通能力，尊重病人。实施者要不断鼓励病人，肯定病人的每一点进步，使其树立信心，改善心理环境。

4. 开展家庭康复　通过对病人及其家庭情况进行评估，与家属一同制订和实施康复计划。主要内容为帮助家属认识病人目前存在的问题和解决问题的方法，传授相关疾病知识，在家庭中为病人康复创造条件。

5. 精神障碍病人的用药指导　针对不同病人采取不同方法，如对无自知力者，可找病人最信任的人来劝说；对恢复期病人，加强其对坚持服药重要性的认识；为避免病人藏药扔药现象发生，应看着病人把药服下方可离开。此外，需注意观察用药的反应，适时遵医嘱调整服药剂量，使药物既

显效明显,不良反应又降到最低限度。

四、精神障碍病人社区康复护理的注意事项

1. 精神障碍病人康复过程中的四大禁忌 即盲目停药、生活无序、情绪波动、孤独离群。

2. 评定贯穿康复护理全过程 护士需定期评定病人的康复程度,主要从以下三个方面进行判断:精神症状是否已经消失;自知力是否全部恢复;工作与生活能力是否恢复。如病人精神症状已全部消失,自知力已完全恢复,工作与生活能力已恢复如初,则可认为是真正的康复(临床上称"痊愈")。假如以上三方面都有明显恢复,但均不彻底,或某一个方面恢复得不彻底,应判定为显著康复(或称显著好转)。若以上三方面或其中某一两个方面只是有所改善,而改善得不很理想,只能判定为部分康复(或称"好转")。倘若三个方面均无改善或某方面还趋于恶化,即判定为未康复(或称"无效")。

(邓菲菲)

思考题

1. 病人,男性,48 岁,有精神病史 16 年,主要表现为生活懒散、失眠、自语,独自一人经常听见有人在议论自己,周围的人都在说自己的坏话,怀疑有人在饭菜里下毒,拒绝进食,身体消瘦。病人曾多次住院治疗,服用抗精神病药后常出现便秘而拒绝服药,对家人变得漠不关心,常常独处,不与人交流,不修边幅。

请思考:

(1) 请列出病人主要的护理诊断/问题。

(2) 护士应如何做好病人的日常生活护理?

2. 病人,男性,40 岁,两年前患精神分裂症住院,给予药物治疗 5 个月后好转出院。目前病人与妻子、女儿同住。近一个月无人在身边时病人经常听到有人让他去死,病人感到恐惧,不敢出门。

请思考:

(1) 护士对病人的妻子进行评估时有哪些要点?

(2) 为保证病人的安全,需要采取哪些措施?

思考题
解析思路   练习题

第四章 | 精神障碍治疗过程的护理

教学课件

思维导图

学习目标

　　1. 掌握精神药物的分类、适应证、常见不良反应；精神药物治疗过程中的护理；改良电抽搐治疗的适应证；常用的心理治疗方法。

　　2. 熟悉改良电抽搐治疗的护理、心理治疗过程的护理、工娱治疗及护理。

　　3. 了解精神药物的禁忌证、改良电抽搐治疗的禁忌证、康复治疗及护理。

　　4. 学会运用精神治疗相关知识对精神障碍病人进行护理。

　　5. 具备为精神障碍病人提供治疗护理的专业能力和人文素养，恪守职业精神。

　　现代医学模式强调躯体治疗、心理治疗和心理社会康复的整体医疗概念。精神疾病的治疗不仅要着眼于对疾病本身的治疗，还需要综合考虑生物、心理、社会等多种因素的影响。目前在精神疾病的治疗中，药物治疗、电抽搐治疗、心理治疗、工娱治疗以及康复治疗是常用的治疗方法。精神科护士应做好治疗过程中的相应护理。

第一节　精神药物的应用及护理

导入情境

　　病人，女性，21岁，诊断为精神分裂症。某日病人突然眼球上翻，脖子扭向一侧，舌头不能回缩，其父母急忙将其送往急诊室就诊。护士遵医嘱对其进行东莨菪碱肌内注射，上述症状很快好转。事后，病人称之前服用了一粒氟哌啶醇。

工作任务：

1. 如何向病人解释出现的症状？
2. 应采取何种措施预防该类事件发生？

　　精神药物种类繁多，按照临床应用为主，化学结构或药理作用为辅的原则，可分为抗精神病药物、抗抑郁药物、心境稳定剂、抗焦虑药物等。

一、抗精神病药物的应用

　　抗精神病药物（antipsychotic drugs）主要用于治疗精神分裂症、躁狂发作及其他具有精神病性症状的精神障碍。这类药物通常能有效地控制精神障碍病人的精神运动性兴奋、幻觉、妄想、敌对情绪、思维障碍和异常的行为等精神症状，还可以改善活力低下和社会退缩等精神分裂症的阴性症状。

（一）抗精神病药物的分类

　　抗精神病药物可分为典型抗精神病药物和非典型抗精神病药物两类。典型抗精神病药物的代表药物有氯丙嗪、奋乃静、硫利达嗪、氟哌啶醇、舒必利等，非典型抗精神病药物的代表药物有氯氮平、利培酮、奥氮平等。

（二）抗精神病药物的临床应用

抗精神病药物的治疗作用可归于四个方面：第一，抗精神病作用，即抗幻觉、抗妄想作用（治疗阳性症状）。第二，激活作用（治疗阴性症状和认知缺陷）。第三，非特异性镇静作用（控制激越、兴奋、躁动或攻击行为）。第四，巩固疗效、预防复发的作用。

1. 适应证　主要用于治疗各类精神分裂症和预防精神分裂症的复发，控制躁狂发作，也可用于具有精神病性症状的非器质性或器质性精神障碍的治疗。

2. 禁忌证　患严重的心、肝、肾等器官疾病及昏迷、高热、血液病、药物过敏、青光眼、甲状腺功能减退、重症肌无力等病人禁用。儿童、老年人、孕妇及哺乳期妇女等慎用。

（三）常见抗精神病药物的不良反应及处理

1. 锥体外系不良反应（extrapyramidal side effect）**及处理**　为典型抗精神病药物最常见的神经系统不良反应之一，主要有四种临床表现：

（1）**急性肌张力障碍**：多出现在治疗早期，以儿童和男性多见。表现为个别肌肉群突发的持续痉挛和异常姿势，以颈肌、眼肌或下颌肌受累最多见。面部肌肉痉挛，可呈现挤眉弄眼，似做鬼脸；眼外肌痉挛，眼球向上凝视，表现出"动眼危象"；舌和口腔肌肉的不随意性痉挛导致说话困难和吞咽困难。颈部肌肉受累，可出现痉挛性斜颈，头向一侧扭转，颈部前倾或后仰；躯干和四肢肌肉可出现扭转性痉挛，表现为脊柱侧弯，骨盆倾斜，角弓反张，呈现出奇异姿势及步态，导致行走困难。易误诊为破伤风、癫痫、分离障碍、急性脑炎等，应注意鉴别。

处理：立即安抚病人并通知医生，遵医嘱肌内注射东莨菪碱 0.3mg 即可缓解。有时需要遵医嘱减少药量，加服抗胆碱能药物盐酸苯海索（安坦）。

（2）**静坐不能**：在治疗 1~2 周后出现。症状轻者主要表现为病人主观感受心神不宁，腿有不安宁感，不能静坐。当症状明显时，病人出现反复坐起躺下、来回走动，焦虑、易激惹、烦躁不安以及恐惧。少数严重者可出现激越、冲动性自杀企图。易误诊为精神病性激越或精神病病情加重。

处理：安抚病人，通知医生并遵医嘱减少药量，或用苯二氮䓬类药物如地西泮，或加服 β 受体阻滞剂如普萘洛尔，换用锥体外系不良反应少的药物。

（3）**类帕金森综合征**：常见，也称为药源性帕金森综合征，易在治疗最初 1~2 个月发生，女性较男性更常见。临床表现有四个方面。①静止性震颤：以上肢远端多见，如手部的节律性震颤，呈"搓丸样"动作。②肌张力增高：出现肌肉强直，呈现出"面具样脸"，走路呈现"慌张步态"，严重者有协调运动丧失、吞咽困难、佝偻姿势等。③运动不能：自发活动减少，姿势少变，行走时出现上肢摆动的减少。④自主神经功能紊乱：如流涎、多汗、皮脂溢出等。

处理：可遵医嘱给予抗胆碱能药物盐酸苯海索，同时注意使用抗精神病药物时应缓慢加药或使用最低有效量。

（4）**迟发性运动障碍**：为长期应用抗精神病药物后出现的异常不自主运动的综合征，以口、唇、舌、面部不自主运动最为突出，称为"口-舌-颊三联征"。有时伴有肢体的不自主摇摆和躯干的舞蹈样动作，表现为吸吮、舐舌、鼓腮、躯干或四肢指划样动作，精神紧张或情绪激动时加重，睡眠时可暂时消失。

处理：关键在于预防。遵医嘱使用最低有效量或换用锥体外系不良反应少的药物如氯氮平。停用抗胆碱能药物，如东莨菪碱、盐酸苯海索等。

2. 精神方面不良反应及处理

（1）**过度镇静**：多为首次使用镇静作用强的抗精神病药物，或服药剂量过大、次数过多而引起，病人常出现乏力、嗜睡、精神不振、思维行动迟缓等。镇静作用通常因耐受而很快消失。临床上常用的典型抗精神病药物和非典型抗精神病药物均可引起过度镇静。

处理：症状轻者可不予处理，症状严重者应遵医嘱减量。医护人员应告诫病人服药后勿驾车及操作机器。

（2）**抑郁状态**：主要表现为情绪忧郁、沮丧、忧心忡忡、思虑重重、闷闷不乐等，并表现出某种程度的思维、行为和意志的抑制状态。伴有锥体外系反应的病人常有焦虑、烦躁不安、易激惹，并有自杀观念。但应注意精神分裂症初期和恢复期也可出现抑郁症状。

处理：应早期识别，进行心理疏导，严防自杀。

3. 心血管系统不良反应及处理

（1）**直立性低血压**：多发生在治疗初期，以年老体弱、基础血压偏低者多见。病人常表现为突然改变体位时头晕目眩、面色苍白、血压下降、心跳加快，可能出现晕倒、摔伤，甚至休克。

处理：病情轻者应去枕平卧或取头低足高位，松解领口和裤带，症状即可缓解。密切观察生命体征，随时监测血压的变化。对病情严重者，护士应立即通知医生，遵医嘱使用升压药，调整抗精神病药物的剂量，或换用对肾上腺素能受体作用较轻的药物。为预防直立性低血压的发生，护士应建议病人服药后卧床休息 1~2 小时，并告知病人起身时动作要缓慢，不要突然快速地改变体位。

（2）**心电图改变**：多为可逆性，可引起心动过缓、QT 间歇延长甚至房室传导阻滞。

处理：遵医嘱减药或停药。尽可能定期查心电图，及时发现问题，避免抗精神病药物与抗帕金森病药物和抗抑郁药物联用，以预防药物对心脏的不良反应。

4. 消化系统不良反应及处理
临床表现有口干、恶心、呕吐、食欲缺乏、腹胀、腹泻、便秘、麻痹性肠梗阻和肝功能异常等。症状多出现在服药初期。

处理：多数病人在治疗中上述不良反应可自行消失，严重者遵医嘱减药或停药。鼓励便秘病人多饮水，多进食蔬菜水果，增加活动，以促进肠蠕动，养成定时排便的习惯，必要时遵医嘱使用甘油灌肠剂或缓泻剂协助排便。

5. 内分泌及代谢不良反应及处理
抗精神病药物可引起初乳分泌和乳房肿胀，这类不良反应也可见于男性病人。此外，抗精神病药物还可引起体重增加及糖、脂代谢异常等代谢综合征的症状，增加了病人患心血管疾病和糖尿病的风险。

处理：预防为主，合理选择抗精神病药物；定期监测体重、血糖和血脂，观察动态变化；必要时遵医嘱减药或换药。

6. 泌尿系统不良反应及处理
抗胆碱能作用强的抗精神病药物常引起排尿困难，常发生在治疗初期，对于老年人及前列腺增生者应注意。

处理：遵医嘱给予新斯的明。必要时，可遵医嘱行导尿术。护士要观察和记录好病人的排尿情况，做好心理疏导，消除病人的紧张情绪。

7. 其他不良反应及处理

（1）**恶性综合征**：是一种少见的、极为严重的不良反应。临床表现为高热、严重的锥体外系症状（肌肉强直、运动不能等）、自主神经功能紊乱（心动过速、血压升高、多汗、流涎等）、急性肾损伤和意识障碍等。一旦发生，应遵医嘱立即停用抗精神病药物，给予支持性治疗和对症处理，调节水、电解质及酸碱平衡，给氧，保持呼吸道通畅，必要时给人工辅助呼吸，物理降温，保持适当体位，防止压疮的发生，保证充足的营养。

（2）**癫痫发作**：抗精神病药物能降低抽搐阈值而诱发癫痫。对伴有癫痫的精神障碍病人可用氟哌啶醇和氟奋乃静等进行治疗较为安全。加药宜缓慢，必要时遵医嘱减药、停药或换药，也可暂时合用抗癫痫药物。

（3）**粒细胞减少与缺乏**：使用氯氮平时发生率最高。严重者会有生命危险，故应监测血常规，并遵医嘱采取相应措施。

（4）**皮肤不良反应**：常见的有皮疹、接触性皮炎，严重者可出现剥脱性皮炎，应立即停药并积极处理。

（5）**过量中毒**：主要表现为嗜睡、进行性意识障碍，甚至昏迷，同时血压下降、心律失常、体温下降，应及时抢救。

二、抗抑郁药物的应用

抗抑郁药物（antidepressant drugs）主要用于治疗和预防各种抑郁障碍，还可用于焦虑症、强迫症、恐怖症、惊恐障碍、进食障碍及慢性疼痛等的治疗。

（一）抗抑郁药物的分类

抗抑郁药物可分为传统抗抑郁药物和新型抗抑郁药物两大类。传统抗抑郁药物包括三环类抗抑郁药（tricyclic antidepressants，TCAs），在此基础上开发出来的杂环或四环类抗抑郁药物，单胺氧化酶抑制剂（monoamine oxidase inhibitors，MAOIs），其他均归类为新型抗抑郁药物。传统抗抑郁药物因其毒副作用，应用受到一定限制，代表性药物有丙米嗪、氯米帕明、吗氯贝胺等。新型抗抑郁药物与传统药物相比疗效相当，毒副作用小，使用安全，代表性药物有氟西汀、舍曲林、帕罗西汀等。

（二）抗抑郁药物的临床应用

1. 传统抗抑郁药物的临床应用

（1）**适应证**：抑郁障碍、焦虑障碍、惊恐障碍，氯米帕明还常用于治疗强迫症。

（2）**禁忌证**：严重心、肝、肾疾病者，患有癫痫、急性闭角型青光眼者，TCAs 过敏者。12 岁以下儿童、孕妇、老年人、前列腺肥大者慎用。

2. 新型抗抑郁药物的临床应用

（1）**适应证**：可用于治疗抑郁症、强迫症、惊恐症和贪食症，尤其适用于不能耐受抗胆碱能药物的病人。

（2）**禁忌证**：慢性酒精中毒和肝功能不全者慎用度洛西汀，未经治疗的闭角型青光眼病人避免使用度洛西汀。青光眼、前列腺增生、低血压以及新近有心血管意外者禁用瑞波西汀。氟西汀对肝脏 CYP2D6 酶抑制作用较强，与其他有关药物合用时有所禁忌。

（三）常见抗抑郁药物的不良反应及处理

1. 传统抗抑郁药物的不良反应及处理

（1）**抗胆碱能不良反应**：是最常见的不良反应，出现的时间早于药物发挥抗抑郁效果的时间，表现为口干、便秘、视物模糊、尿潴留、肠麻痹等。一般随着治疗的延长病人可以耐受，症状会逐渐减轻。

处理：遵医嘱减少抗抑郁药物的剂量，必要时加拟胆碱能药对抗不良反应。

（2）**心血管不良反应**：是 TCAs 主要的不良反应，常出现直立性低血压、心动过速、血压升高等，还可能引起 PR 间期延长、QT 间隔延长和 QRS 波增宽。

处理：定期监测血压，检查心电图，一旦发现异常，应立即遵医嘱减药或停药。

（3）**中枢神经系统不良反应**：TCAs 可引起谵妄和癫痫发作且与血药浓度密切相关。在有条件的情况下，应常规监测血药浓度，尤其是高风险的病人，如老年病人、伴发痴呆的病人或有癫痫发作史的病人。

处理：遵医嘱肌内或静脉注射毒扁豆碱可以治疗或缓解病人的谵妄症状。对于 TCAs 导致的细微快速震颤，遵医嘱减少剂量，有助于改善症状。

（4）**中毒**：超量服用或误服可发生严重的毒性反应，危及生命。主要表现为昏迷、高热以及瞳孔扩大、呼吸抑制、心律失常三联征等。TCAs 的抗胆碱能作用能使胃内容物的排空延迟，因此，即使过量服用后数小时，仍可采取洗胃措施。

处理：遵医嘱使用毒扁豆碱，及时洗胃、输液，处理心律不齐，控制癫痫发作。

（5）**其他不良反应**：①转氨酶轻微升高，应予以监测，对转氨酶急剧升高者应立即停药。②性功能障碍，会随抑郁症状的好转和药量的减少而改善。③体重增加，可能与组胺受体阻断有关。外周性水肿病人，应限制盐的摄入。④轻度皮疹，经对症治疗可以继续用药。对于较严重的皮疹，应当逐渐减、停药物。⑤偶有粒细胞缺乏发生，一旦出现应立即停药，且以后禁用本药。

2. 新型抗抑郁药物的不良反应及处理

（1）**胃肠道反应**：选择性5-羟色胺再摄取抑制剂（selective serotonin reuptake inhibitors，SSRIs）抗抑郁作用与TCAs相当，但其不良反应明显区别于TCAs，一般会出现恶心、呕吐、食欲减退等胃肠道反应。饭后服用可减轻胃肠道反应。

（2）**中枢神经系统反应**：易出现激越、焦虑、头痛、头晕、紧张、失眠、性欲障碍等，可用苯二氮䓬类药物对抗。多数不良反应持续时间短，为一过性的，病人可产生耐受。

（3）**5-HT综合征**：最初表现为不安、激越、恶心、呕吐、腹泻，之后表现为高热、强直、震颤、自主神经紊乱、心动过速、意识障碍，最终可危及生命。一旦出现该症状，应立即停药，辅助使用肌松药、氯丙嗪配合物理降温、抗惊厥等措施进行治疗。

三、心境稳定剂的应用

心境稳定剂（mood stabilizers）又称为抗躁狂药物（antimanic drugs），除抗躁狂作用外，对双相情感障碍尚有稳定病情和预防复发的作用，故又称为情感稳定剂。其主要包括锂盐（碳酸锂）和抗癫痫药物（卡马西平、丙戊酸钠、拉莫三嗪、加巴喷丁等）。

（一）碳酸锂

碳酸锂是躁狂发作的首选治疗药物，是锂盐的一种口服制剂。

1. 适应证　主要适应证是躁狂发作，同时对双相障碍的躁狂发作或抑郁发作具有治疗和预防复发作用。对于精神分裂症伴有情绪障碍和兴奋躁动症状者，可作为抗精神病药物的增效药。

2. 禁忌证　患有急性肾炎、严重心血管疾病、肾功能不全、重症肌无力的病人以及妊娠前3个月内的孕妇、12岁以下儿童以及缺钠或低盐饮食者禁用。哺乳期妇女服药期间应停止哺乳。

3. 碳酸锂常见不良反应及处理　锂在肾脏会与钠竞争性重吸收，缺钠或肾脏疾病易导致体内锂蓄积中毒。其不良反应与血锂浓度相关。一般发生在服药后的1~2周，常饮淡盐水可以减少不良反应。

（1）**一般不良反应**：根据不良反应出现的时间，可分为早期不良反应、后期不良反应。

1）早期不良反应：无力、疲乏、嗜睡、手指震颤、厌食、上腹不适、恶心、呕吐、稀便、腹泻、多尿、口干等。

2）后期不良反应：由于锂盐的持续摄入，病人持续多尿、烦渴、体重增加、甲状腺肿大、黏液性水肿、手指细震颤。粗大震颤提示血药浓度已接近中毒水平。锂盐干扰甲状腺素的合成，女性病人可出现甲状腺功能减退，类似低钾血症的心电图改变亦可发生，但为可逆的，可能与锂盐取代心肌钾有关。

（2）**锂中毒及其处理**：锂盐的中毒剂量与治疗剂量接近，临床上需监测血锂浓度以便及时调整剂量。急性期治疗最佳血锂浓度为0.6~1.2mmol/L，维持治疗血锂浓度为0.4~0.8mmol/L。当血锂浓度超过1.4mmol/L时，即可出现碳酸锂中毒。锂中毒先兆表现为呕吐、腹泻、粗大震颤、抽动、神情呆滞、精神迟钝、倦怠、构音不清和意识障碍等。锂中毒症状包括共济失调、肢体运动协调障碍、肌肉抽动、言语不清和意识模糊，重者昏迷、死亡。

处理：锂中毒无特殊解毒剂，一旦出现毒性反应，需立即停用锂盐，清除过多的锂，如洗胃、输液、矫正脱水、维持适当体液和电解质平衡,严重中毒者可进行血液透析。锂从中枢系统被清除较慢,临床症状改善往往滞后于血锂下降。一般无后遗症。

知识拓展

碳酸锂的由来

20 世纪初,美国科学家亨利·莫斯利(Henry Moseley)首次从锂矿石中提取出碳酸锂。20世纪50年代,德国科学家佛里兹·哈伯(Fritz Haber)发明了一种新的合成氨技术,使得碳酸锂的生产成本大幅降低。此后,碳酸锂逐渐成为一种重要的工业原料。1949年,澳大利亚精神科医生约翰·凯德(John Cade)发现锂有抗躁狂的作用,后来又发现锂对双相障碍有预防作用,使该病的治疗大为改观。此后碳酸锂成为一种重要的心境稳定剂。

(二)其他心境稳定剂

1. 卡马西平　对治疗急性躁狂和预防躁狂发作有效,与锂盐合用能够预防双相障碍复发。卡马西平具有抗胆碱能作用,治疗期间病人会出现视物模糊、口干、便秘等不良反应,也可出现白细胞和血小板减少,引发再生障碍性贫血,以及肝脏损害。长期使用应定期检查肝功能、血常规和尿常规。临床上使用较为慎重。

2. 丙戊酸盐　常用的有丙戊酸钠和丙戊酸镁。丙戊酸盐对躁狂发作的疗效与锂盐相当。对本药过敏者以及严重肝、肾疾病者慎用,孕妇禁用。该药使用相对安全,且病人的耐受性较好。

四、抗焦虑药物的应用

抗焦虑药物(anxiolytic drugs)是一类在不明显或不严重影响中枢神经其他功能的前提下,可以消除或减轻病人的紧张、恐惧及焦虑不安的药物。

(一)抗焦虑药物的分类

抗焦虑药物可分为苯二氮䓬类和非苯二氮䓬类两类。苯二氮䓬类代表药物有地西泮、氯氮䓬、氟西泮等。非苯二氮䓬类代表药物有丁螺环酮、唑吡坦和扎来普隆等。

(二)抗焦虑药物的临床应用

1. 苯二氮䓬类抗焦虑药物的临床应用

(1)**适应证**:主要用于治疗各种焦虑症,特别是广泛性焦虑症与惊恐发作,以及各种躯体疾病伴随出现的焦虑、紧张、失眠、自主神经系统症状等,也可用于强迫症、社交恐怖症及创伤后的应激障碍的辅助治疗,还可用于癫痫治疗和酒精依赖戒断症状的替代治疗。

(2)**禁忌证**:阻塞性呼吸疾病、严重心血管病、药物过敏或药物依赖、重症肌无力、青光眼、急性酒精中毒者等禁用。老年人、肝肾衰竭者慎用。

2. 非苯二氮䓬类抗焦虑药物的临床应用

(1)**适应证**:主要适用于广泛性焦虑症,还可用于伴有焦虑症状的强迫症、酒精依赖、冲动攻击行为及抑郁症的治疗。

(2)**禁忌证**:严重肝肾功能不全、青光眼及药物过敏者禁用。

(三)常见抗焦虑药物的不良反应及处理

1. 苯二氮䓬类抗焦虑药物的不良反应及处理　主要为镇静、困倦、嗜睡、头晕,偶见兴奋、谵妄、攻击、敌视行为、意识模糊等。大剂量可引起共济失调,故操纵机器、驾车具有潜在危险。

处理:遵医嘱正确使用苯二氮䓬类药物,避免长期使用,如出现戒断症状,及时就诊。

2. 非苯二氮䓬类抗焦虑药物的不良反应及处理　不良反应较少,多表现为头晕、失眠、胃肠功能紊乱、头痛等，无反跳现象。可从小剂量开始逐渐加量，让病人适应而减轻胃肠反应，不具耐受性或躯体依赖，长期用药也无明显的戒断症状。为安全起见，孕妇、儿童和有严重肝肾功能不全者应慎用。

五、精神药物治疗过程的护理

【护理评估】

1. **病史评估**　评估病人的病程；是否接受过系统治疗；既往患病的症状表现、严重程度及持续的时间；现病史。

2. **躯体状况评估**　评估病人的既往史及诊治情况；病人目前的身体状况；病人的饮食及营养状况；病人的睡眠状况，有无睡眠型态的改变；病人的生活自理能力；病人的基础代谢状况。

3. **药物依从性评估**　评估病人是否有自知力，是否能按照医生指导用药等；病人是否存在既往用药不良反应；病人的药物不良反应是否缓解；病人本次用药是否发生不良反应；病人是否能接受不良反应带来的影响。

4. **精神状况评估**　评估病人既往患病的症状表现、严重程度和持续的时间等。

5. **社会支持评估**　评估病人的家庭环境、各成员之间关系是否融洽、病人在家中的地位、经济状况、受教育情况、工作环境及其他社会支持系统。病人能否坚持正常工作，与同事、家人能否正常相处。

【常见护理诊断/问题】

1. **健康自我管理无效**　与缺乏自知力、拒绝服药或不能耐受不良反应等因素有关。

2. **焦虑**　与知识缺乏、药物不良反应等因素有关。

3. **有对自己/他人施行暴力的危险**　与药物不良反应所致的激越、焦虑及难以耐受不良反应等因素有关。

4. **知识缺乏**：缺乏药物治疗相关知识。

【护理目标】

1. 病人能够遵医嘱按时、按量服药。

2. 病人能描述焦虑时的感觉，并能识别何时焦虑加重；能用一种以上适宜的方式来发泄、减轻焦虑。

3. 病人能用谈话、写信、运动等方式表达感受，消除任何自我伤害或伤害他人的想法。

4. 病人能说出所服药物的用途、服用方法、常见不良反应等。

【护理措施】

1. **服药依从性干预**　服药依从性干预是指围绕提高精神障碍病人药物治疗依从性采取的综合形式的干预。针对精神障碍病人，可采取以动机式访谈为基础的认知行为干预，帮助病人客观地分析服药的利弊，纠正病人在服药过程中的错误认知，增强病人的服药信心。

2. **给药护理措施**

(1) 发药时，确认病人将药物服下，提防病人弃药、藏药、吐药。

(2) 口服给药时，不可研碎服用长效缓释片，以免降低药效。肌内注射时需选择肌肉较厚的部位，注射时进针应深并要轮替注射，注射后勿揉擦注射部位。使用长效针剂者可选择"Z"字形注射法，减少药液外溢。静脉注射给药，速度必须缓慢，密切观察疗效，注意不良反应。

(3) 治疗期间注意倾听病人的主诉，发现问题及时与医生沟通。

(4) 当病人处于兴奋冲动、意识障碍或者不合作时，不可强行喂药，可与医生沟通是否可以改变给药方式，选择肌内注射或口崩片、水溶剂。

(5) 密切观察病人用药后的反应，尤其是对初次用药第1周的病人以及正处于加药过程中的病人的病情观察。发现不良反应应及时报告医生并采取相应的护理措施,对症护理。病人在不良反应的作用下,易产生沮丧、悲观等负性情绪体验,此时护士要密切观察病人的言谈举止,严防意外事件发生。同时给予病人积极的心理护理,消除不安和恐慌。

3.对症护理 病人因饮食习惯改变或药物不良反应而出现食欲下降、恶心、呕吐时,可指导病人少食多餐。对吞咽困难者,可缓慢进餐或遵医嘱给予软食、流食,必要时行胃肠外营养。每日观察病人大小便情况,必要时遵医嘱导尿。对于便秘病人,鼓励病人多饮水、多进食蔬菜水果、多活动,必要时可遵医嘱应用缓泻剂或甘油灌肠剂,防止出现肠梗阻。

4.健康教育 对病人及其家属开展健康教育,内容包括疾病的发病机制、表现、转归、复发征兆、巩固治疗的重要性,所用药物的作用、特点、使用方式、不良反应,门诊随访安排等。

【护理评价】

1. 病人有无遵医嘱按时、按量服用药物,有无弃药、藏药、吐药等情况发生。
2. 病人是否找到适宜的方式来发泄情绪和减轻焦虑。
3. 病人有无发生自我伤害或伤害他人的事件或倾向。
4. 病人是否能正确说出所服药物的用途、服用方法、常见不良反应等。

知识拓展

给药护理中的人文关怀

精神障碍病人经常会因为无自知力、出现难以接受的药物不良反应或精神病性症状等原因出现拒药行为。精神科护士在日常的给药护理中应更加注重人文关怀。从细微之处出发,尽量避免拒药事件的发生。如建立良好的护患关系,增强病人对护士的信任,做好病人的心理护理,解除病人对疾病的恐惧和服药的抵触情绪。给药的过程中做到"送药到手、看服到口、咽下才走"。对拒服药病人要耐心了解背后的原因,避免与病人发生正面冲突,并做好劝导工作。对持续拒药、藏药且血药浓度持续偏低的病人可联系医生,由口服给药改为注射给药。

第二节 电抽搐治疗的应用及护理

电抽搐治疗(electroconvulsive therapy,ECT)是一种控制精神病症状的治疗方法,利用短暂适量的电流刺激大脑,引起病人短暂的意识丧失、大脑皮层广泛性放电和全身性抽搐发作。

一、改良电抽搐治疗

改良电抽搐治疗,又称改良电痉挛治疗或无抽搐电休克治疗,是应用肌肉松弛剂与麻醉剂使病人在麻醉状态下接受治疗,其并发症尤其是运动系统并发症少于传统电抽搐治疗,具有适应范围广、安全性高、并发症少的特点,更易被病人和家属接受。

(一)适应证

1. 重度抑郁发作,有强烈自伤、自杀企图或行为者,或明显自责自罪者。
2. 拒食、违拗、紧张性木僵者。
3. 极度兴奋、躁狂发作、冲动伤人、药物治疗难以控制的精神障碍病人。
4. 精神药物治疗无效或对药物治疗不能耐受者。

(二)禁忌证

无绝对禁忌证。相对禁忌证包括不稳定、严重心血管疾病,动脉瘤或大血管畸形,血压急剧升高,颅内压增高(如颅内占位性病变、新近脑梗死),严重的呼吸系统疾病,存在严重麻醉风险的其他躯体疾病。

二、改良电抽搐治疗的护理

(一)治疗前护理

1. 环境的准备　治疗区域应安静,避免喧闹;宽敞明亮,但光线不宜过强,温湿度适宜。

2. 用物的准备　治疗区域分为等待区、治疗区和观察区三部分。等待区应有必要的医疗体检设备如血压计、体温计、体重计,还应有保管各种治疗相关文件的文件柜、诊疗桌椅等基本设施。治疗区需备有治疗床、改良电抽搐治疗机、氧气、人工呼吸机或简易呼吸器、多功能监护仪(含心电图、血压、呼吸等方面的监护功能)、抢救车及常规抢救药品等基本设施,以确保治疗顺利、安全进行。观察区应设有心电监护设备、氧气等。

3. 药物的准备

(1)**抗胆碱能药物**:在接受电抽搐治疗前使用抗胆碱能药物,以减少口腔及气道分泌物,防止治疗中出现窒息和心动过缓。

(2)**麻醉药物**:电抽搐治疗需要全身麻醉,麻醉深度应尽可能浅,以减少药物的不良反应,避免麻醉药物引起的电抽搐阈值升高。

(3)**肌松药**:又称肌肉松弛剂。使用麻醉药诱导病人发生意识状态的改变,达到治疗要求时开始注射肌松药。目的是使肌肉松弛,防止剧烈抽搐引起骨折和其他损伤。

(4)**急救药物**:提前准备好急救药物,保证操作过程中若出现意外情况能随用随取。

4. 器械的准备　除了配备电抽搐治疗用的器械外,还需备以下用具:3~5cm厚沙袋1个,特制压舌板或毛巾1块,牙垫、压舌器、血压计、弯盘等,并检查急救器械是否备齐。

5. 病人的准备

(1)治疗前测量生命体征。进行详细的查体,包括神经系统检查。必要时,进行实验室检查和辅助检查,如血常规、血生化、心电图、脑电图检查,胸部和脊柱摄片等。

(2)治疗前禁食、禁水4小时以上。排空大小便,取出活动义齿,解开衣带、领扣,取下发卡等。

(3)治疗前8小时,停服抗癫痫药物和抗焦虑药物或治疗期间避免应用这些药物,治疗期间应用的抗精神病药物、抗抑郁药物或碳酸锂,应采用较低剂量。

(4)为减少病人对电抽搐治疗的恐惧心理,应在治疗前对病人进行合理的解释,取得病人的合作,减少恐惧。

(二)治疗中护理

1. 遵医嘱静脉注射1%硫喷妥钠,当病人睫毛反射迟钝或消失、呼之不应、推之不动时停止注射硫喷妥钠,用无菌生理盐水冲洗针头。

2. 在静脉注射硫喷妥钠时,给予吸氧。

3. 遵医嘱快速静脉注射氯化琥珀酰胆碱,10秒内注射完。病人全身肌肉放松、自主呼吸停止时是最佳通电时机。

4. 在麻醉后期,将电极置于病人颞部,在皮肤和电极之间涂生理盐水及电胶液,以免皮肤受损。电量调节原则以引起抽搐发作阈值以上的中等电量为准。通电前停止供氧。

5. 通电治疗时将牙垫置于病人上下牙齿间,手紧托下颌。

(三)治疗后护理

当病人抽搐停止、呼吸恢复后,将病人安置于观察室内,侧卧并拉上床栏,专人护理,直至病人完全清醒。严密观察病人意识恢复情况,如出现躁动不安,则要适当保护,防止跌伤,或适当使用镇静剂。治疗后15分钟、30分钟、1小时、2小时测量血压、脉搏和呼吸,以了解生命体征是否趋于平稳。了解病人的治疗感受，病人清醒后协助病人进食，鼓励病人参加病房活动。

（四）合并症及处理

部分病人在治疗后出现头痛、眩晕、下颌关节酸痛、焦虑、恶心、呕吐等症状，无须处理，适当休息后不影响继续治疗。造成的认知功能损害主要有治疗后短暂的意识模糊与记忆障碍，多数病人不需要特殊处理，在治疗结束后 6 个月以内恢复。症状重者可给予脑神经营养药物治疗。由于电抽搐治疗中使用麻醉剂和肌肉松弛剂，病人会出现呼吸暂停或延迟。一般情况下，病人在接受改良电抽搐治疗后 5 秒内呼吸可自行恢复。如呼吸未及时恢复，应立即进行有效的人工呼吸、给氧。极少数病人在治疗中出现持续抽搐或在治疗后抽搐发作，可按照癫痫的情况进行处理。对于病人在治疗中出现的牙龈损伤、舌咬伤应对症处理。如若出现呼吸、心搏骤停，应立即进行心肺复苏。

知识拓展

重复经颅磁刺激

经颅磁刺激是一种非侵入性的脑刺激，利用时变的脉冲磁场作用于中枢神经系统，改变皮质神经细胞的膜电位，使其产生感应电流，影响脑内代谢和神经电活动，从而引起一系列的生理生化反应。重复经颅磁刺激是经颅磁刺激的一种常见刺激模式。低频重复经颅磁刺激（≤1Hz）降低神经元的兴奋性，高频重复经颅磁刺激（10~20Hz）提高神经元的兴奋性。重复经颅磁刺激可用于抑郁障碍、躁狂发作、焦虑障碍、创伤后应激障碍、精神分裂症等精神障碍的治疗。

第三节　心理治疗及护理

心理治疗（psychotherapy）是一种以助人、治病为目的，由专业人员应用某种心理学的原则和技巧，改善病人的症状，减轻或消除病人痛苦的人际互动过程。广义的心理治疗还包括医护人员在临床工作中发挥"心理学的治疗效应"，用热情的服务态度和精湛的专业知识获取病人的信任和配合，使病人正确了解自己的疾病，树立战胜疾病的勇气和信心，身心得以康复。

一、心理治疗的原则与方法

（一）心理治疗的原则

1. 尊重求助者的原则　治疗师应尊重每一位求助者的权利和尊严，以真实、真诚的态度帮助求助者。

2. 帮助求助者自立原则　治疗师应明确治疗过程中其只起到参谋作用，而不能包办，不能替病人做出任何选择或决定，应保持中立的态度，促进病人的自立和自我成长。

3. 客观中立原则　治疗师在心理治疗过程中要保持客观中立的立场，避免将自己的世界观、价值观带入心理治疗工作中。

4. 保密和保密例外原则　保密原则指治疗师应尊重求助者的个人隐私权。保密例外原则指在心理治疗过程中，一旦发现求助者有危害自身或他人安全的情况，必须立即采取措施防止意外事件发生，必要时应通知求助者的亲属或向有关部门报告，但应将有关保密信息的暴露程度控制在最小范围。

5. 时间限定原则　治疗师在心理治疗过程中必须注意遵守治疗时间的规定，不得随意延长或更改治疗时间。

6. 关系限定原则　治疗师在心理治疗过程中应按照本专业道德规范与求助者建立良好的治疗

关系,不得与求助者发展心理治疗工作以外的关系。

（二）精神科常用的心理治疗方法

1. 支持性心理治疗 又称一般心理治疗,是利用心理学最基本、最常用的治疗方法给病人精神支持,加强心理防御功能。利用治疗者与病人之间建立的良好关系,积极应用治疗者的权威、知识与关心来支持病人,使病人能发挥其潜在的能力处理问题。

2. 精神分析疗法（psychoanalysis therapy） 又称分析性心理治疗,以弗洛伊德首创的精神分析理论为指导,探讨病人的深层心理,识别潜意识的欲望和动机,解释病理与症状的心理意义,协助病人对本我进行剖析,解除自我的过分防御,调节超我的适当管制,善用病人与治疗者的移情关系,改善病人的人际关系,调整病人的心理结构,消除病人的内心症结,促进病人人格的成熟,提高病人的适应能力。

3. 行为疗法（behavior therapy） 又称行为矫正,是基于严格的实验心理学成果,遵循科学的研究准则,运用经典条件反射、操作性条件反射、学习理论、强化作用等基本原理,采用程序化的操作流程,帮助病人消除或建立某种新的适应行为,从而达到治疗目的。主要治疗技术包括系统脱敏疗法、冲击疗法、预防法、厌恶疗法、阳性强化法、消极练习法、自我控制法、模仿法。

4. 认知疗法（cognitive therapy） 认知理论认为人的情绪来自人对所遭遇的事情的信念、评价、解释或哲学观点,而非来自事情本身。情绪和行为受制于认知,认知是人心理活动的决定因素,认知疗法就是通过改变人的认知过程和由这一过程中所产生的观念来纠正本人适应不良的情绪或行为。治疗的目标不仅仅是针对行为、情绪这些外在表现,还有分析病人的思维活动和应对现实的策略,找出错误的认知加以纠正。

5. 生物反馈疗法 生物反馈疗法是在行为疗法的基础上发展起来的一种治疗技术。实验证明,心理（情绪）反应和生理（内脏）活动之间存在着一定的关联,心理社会因素通过意识影响情绪反应,使不受意识支配的内脏活动发生异常改变,导致疾病发生。该疗法使病人通过反复的紧张训练,进行自我控制或调节,并反复实践、强化,以达到治疗的目的。

6. 家庭治疗 是以"家庭"为对象而施行的心理治疗,不能单从治疗个人着手,而应以整个家系系统为对象。如婚姻治疗,假如问题的核心是夫妻关系,治疗应针对双方。

7. 森田疗法 是治疗神经症的一种心理治疗方法。具体措施为指导病人与不安或冲突共存,即顺其自然,为所当为。在治疗过程中,尽量让病人把治疗过程中的感受和体验记下来,通过辅导与交流,逐渐恢复其正常功能。

二、心理治疗的过程

（一）心理诊断期

心理诊断期是探索心理行为问题成因及相关因素的阶段。此阶段关键是要建立良好的医患关系,取得病人的信任,让病人自由倾诉其内心的痛苦。治疗者通过交谈,详细地收集病人的相关资料,找到造成心理障碍的核心冲突问题,向病人解释心理治疗的目的、方法和效果。鼓励其参与和解决问题。此阶段通常需要交谈 1~3 次。

（二）分析和解决问题阶段

分析和解决问题阶段是心理治疗的主要阶段。此阶段主要是让病人进一步敞开自我,并弄清问题形成的经过,找出病人心理障碍的可能原因,制订治疗计划,确定治疗目标。在实施治疗计划时,治疗者需要通过解释、建议、训练等方法,促使病人在治疗互动关系中产生理解、领悟、模仿、重建认知等正常功能。此期治疗时间应根据病人心理问题的复杂程度而异。

（三）结束阶段

当病人症状减轻或消除时,认知、情感和行为得以改善,医患双方认为已经基本达到目标时,可终止心理治疗。此时为巩固疗效,防止病情复发,治疗者应提出进一步的训练建议。

三、心理治疗过程的护理

(一) 治疗前的护理

1. 环境准备 良好的环境能减轻病人紧张焦虑的心理,起到稳定情绪的作用。心理治疗环境除安静、整洁、不让他人干扰外,还应努力创造一种家庭化的温馨氛围,使病人感觉亲切,有助于解除顾虑,接受治疗。

2. 治疗背景材料的准备 充分了解病人的心理问题或障碍、性格、家庭、职业、生活习惯、对求治的期望等,有的放矢地接触病人并建立良好的护患关系。

3. 病人的准备 病人按照预约时间到达治疗预备室,先休息放松,接受护士的健康指导,了解心理治疗的基本概念、一般步骤、方法、自己应做的事情,积极配合治疗。

(二) 治疗过程中的护理

心理治疗一般在无第三人干扰的环境中进行。护士在治疗过程中主要是做好医生的助手,如保持环境的安静,做好资料的收集,提供病人需要的帮助,以及作为某些特殊治疗场合(如催眠治疗)的见证人。

(三) 治疗后的护理

结束治疗后,护士要陪同病人离开治疗室,询问病人有哪些需求;预约好下一次的治疗时间;对治疗效果不满意的病人应耐心听取他们的意见,仔细分析原因,将信息及时反馈给医生,与医生共同商讨适当的解决办法;保持与病人的紧密联系。

第四节　工娱与康复治疗及护理

一、工娱治疗及护理

工娱治疗(occupational and recreational treatment)是指采用工作或劳动、文娱及体育活动的手段,促进精神障碍病人康复的一种治疗方法,也是一项有效的辅助治疗方式。

(一) 工娱治疗的内容

1. 文娱活动 组织病人唱歌、跳舞、欣赏音乐,召开音乐会、舞会、联谊会、茶话会,收看电视、电影,阅读书籍、报纸,举办书法、绘画比赛等。

2. 体育活动 组织病人晨跑,做早操、工间操、健美操等,开展乒乓球、棋牌类、踢毽子、跳绳等比赛。

3. 职业劳动训练 教病人打字、烹饪等。

4. 工艺制作 教病人进行工艺制作,如扎染、编织、剪纸及制作装饰品、玩具等。

5. 学习与健康教育 组织病人每日看新闻、读报纸;学习医院有关制度;举办康复经验交流会、医学科普知识讲座、治疗期疑难问题问答会等。

(二) 工娱治疗的护理

遵医嘱根据病人病情选择不同的项目,以便病人发挥各自的特长与爱好。护士要有高度的责任心,注意观察病人的精神状态变化,认真清点和管理好各种物品、器材和危险物品,做好记录,防止病人伤人或自伤。

二、精神疾病康复治疗及护理

精神疾病康复治疗是指通过对精神障碍病人进行生活、职业、学习等技能的反复训练,来恢复或减轻疾病对病人心理社会功能的损害,以尽量提高其生活技能,减轻精神残疾,重新回归社会的一种治疗方法。

(一) 康复治疗的基本原则

1. 功能训练　功能训练是康复治疗的方法和手段,包括语言交流、心理活动、躯体活动、日常生活、职业活动及社会活动等方面的训练。

2. 全面康复　全面康复是康复治疗的准则和方针,指病人在生理、心理和社会三方面的功能均得到康复。

3. 回归社会　回归社会是康复治疗的目标和方向。通过功能改善和条件的改变,促进病人重返社会。

(二) 康复治疗任务

康复治疗主要包括改善生活环境条件,给予支持性心理治疗,训练社会技能,进行家庭和社会干预,促进病人逐步回归社会,提高病人的生活质量等。

(三) 院内康复治疗工作内容

对于精神障碍病人的院内康复治疗,不仅需要利用各种有益的康复措施来促进病人的康复,还需要考虑改变管理模式,用以延缓或防止病人精神和躯体的衰退。

1. 实行开放的管理制度、改善病人的社会生活环境　在保证病人安全的前提下,尽可能建立适当的开放的生活环境,提供合适的病室设施及提供工娱治疗的场所和设施等。

2. 训练社会功能方面的行为技能　是院内康复的主要措施,主要包括生活、工作及社交等方面的康复训练。

3. 健全医院内的康复管理体制及有关制度　健全医院内康复管理体制,成立康复科,配备各类康复人员,建立具体的有关康复训练和治疗的制度,制定各类康复人员的岗位职责和各病室的管理要求,保证各项康复措施顺利进行。

4. 实行定期的康复评估工作　选择合适的评定量表,定期评估康复训练的疗效,定期总结经验,逐步提高康复工作质量。

(四) 康复治疗方法

处于恢复期的精神障碍病人应尽早进行各种康复训练,为他们重返社会做准备。目前各类医院所进行的康复治疗方法有以下几种:

1. 生活行为的康复训练　其目的是训练住院精神障碍病人逐步适应生活环境的能力。训练内容包括日常生活自理训练、自我照顾技巧训练、社会交往技能训练等。

2. 学习行为训练　即"教育疗法",帮助病人学习处理和应对各种实际问题,主要针对长期住院不能回归社会的病人。训练内容包括一般性学习活动、药物治疗的自我管理技能训练、就业行为能力的训练等。

(五) 康复治疗的护理

在初次评估的基础上,护士充分考虑病人可利用的资源及资源类型、个人能力等因素,选择和提供恰当的康复活动和护理计划来满足病人的需求。工作内容主要包括:

1. 介绍病人参与适宜的康复项目。

2. 担任康复活动的训练者和指导者。

3. 鼓励病人坚持达到康复目标,发掘病人的优点以帮助其克服困难。

4. 掌握新知识及可使用的社会资源,为病人争取应有的权益。

ER 4-3

康复治疗
(视频)

5. 康复项目结束后继续提供连续性服务,如通过与社区联系,确保病人有足够的社区资源,并对病人家属进行康复指导教育。

(周 月)

1. 病人,男性,49 岁,诊断为精神分裂症,服用氯丙嗪后出现上肢节律性震颤,面部表情肌呈现出"面具样脸",走路呈现慌张步态。

请思考:

(1) 出现上述表现的原因可能是什么?

(2) 应如何处理?

2. 病人,男性,35 岁,诊断为躁狂发作,服用氯丙嗪等药物数周后痊愈,出院。因拒绝按时按量吃药,病人出院后 3 次病情复发而反复住院治疗。每次症状基本相同,均为活动多、兴奋、话多、伴有夸大妄想、易发怒。

请思考:

(1) 请提出针对此病人的主要护理诊断 / 问题。

(2) 请制订对该病人的护理措施。

ER 4-4　　　　ER 4-5

思考题　　　　练习题
解析思路

第五章 | 焦虑与恐惧相关障碍

教学课件

思维导图

学习目标

1. 掌握焦虑与恐惧相关障碍病人的临床特点与护理措施。
2. 熟悉焦虑与恐惧相关障碍病人的治疗要点。
3. 了解焦虑与恐惧相关障碍的病因与发病机制。
4. 学会正确运用护理程序,对焦虑与恐惧相关障碍病人进行护理和健康教育。
5. 具备正确的共情,对病人的焦虑与恐惧给予理解和支持,帮助病人增强战胜疾病的信心。

焦虑与恐惧相关障碍(anxiety or fear-related disorder)是一组以焦虑症状和恐惧症状为主要临床表现的精神障碍的总称,主要表现为过度的焦虑和恐惧,以及相关的行为紊乱,导致病人个人、家庭、社会、职业发展及其他重要的社会功能明显受损。恐惧是对当前紧迫的、特定的、具体威胁的反应,而焦虑是对未来预期威胁的反应。如何区别焦虑及恐惧相关障碍,关键在于恐惧的焦点不同,即激发这种焦虑或恐惧的刺激或环境不同。在 ICD-11 中,焦虑与恐惧相关障碍被划入一个新的疾病分组中,其中包括广泛性焦虑障碍、惊恐障碍、场所恐惧障碍、社交焦虑障碍、特定恐惧障碍、分离性焦虑障碍、选择性缄默症,以及其他特定或未特定的焦虑与恐惧相关障碍。本章主要介绍广泛性焦虑障碍、惊恐障碍、场所恐惧障碍和社交焦虑障碍。

第一节 概 述

导入情境

病人,女性,49 岁,1 个月前在小区里正常行走时突然出现心慌、胸闷、头晕、大汗、呼吸困难,自觉马上就会死去,感到极度害怕,痛苦万分,约 15 分钟后自行好转。此后上述症状频繁发作,每次持续几分钟到十几分钟,间歇期一切正常。病人担心上述症状再次发作,每日紧张不安,不愿出门,终日待在家里。初步诊断:惊恐障碍。

工作任务:
1. 对该病人如何进行评估?
2. 对该病人如何进行正确的健康指导?

一、广泛性焦虑障碍

(一) 概念

广泛性焦虑障碍(general anxiety disorder,GAD)是一种以慢性和持续性的焦虑为主要临床表现的精神障碍。病人表现为不明原因或对日常生活事件的显著、过度的担忧,同时伴随肌肉紧张、运动性坐立不安和头晕、胸闷、心悸、出汗、呼吸困难等自主神经活动亢进症状。病人能够意识到这种担忧是过度的、不合适的,但是无法控制而感到痛苦。

(二) 病因及发病机制

1. 生物因素

(1) **遗传因素**:广泛性焦虑障碍有明显的家族聚集性,遗传度为30%~40%。

(2) **神经生化因素**:关于神经递质的研究发现,γ-氨基丁酸(GABA)系统、去甲肾上腺素(NE)系统和5-羟色胺系统(5-HT)等的神经递质和促肾上腺皮质激素释放激素通路均与焦虑症状的发生直接有关。

(3) **神经影像学因素**:研究发现广泛性焦虑障碍的青少年病人杏仁核、前额叶背内侧体积增大、活动增多,与焦虑的严重程度成正比。

2. 心理社会因素 行为主义理论认为焦虑的发作是对某些情景刺激的恐惧而形成的条件性反射。精神分析学派认为焦虑源于内在的心理冲突,特别是童年时期被压抑在潜意识里的冲突,在成年后遇到应激性负性生活事件刺激,从而被激活形成焦虑。

(三) 临床特点

广泛性焦虑障碍可见于任何年龄阶段,40岁之前更多见。该病起病缓慢,反复发作,症状迁延,主要表现为以下四个方面:

1. 精神性焦虑 过度担心是焦虑的核心症状,主要表现为经常担心未来可能发生的、难以预测的某种危险或不幸事件。某些病人常有一种强烈的、惶恐不安的内心体验,却无法明确意识到担心的对象或内容,称为自由浮动性焦虑。某些病人出现对现实生活中可能发生的日常事件的担心,但其担心、烦恼、焦虑的程度与现实不相符,称为预期焦虑。某些病人还可出现警觉性增高、注意力难以集中、睡眠障碍、易激惹等精神症状。

ER 5-3

广泛性焦虑
障碍(视频)

2. 躯体性焦虑 主要表现为运动性不安和肌肉紧张。运动性不安表现为搓手顿足、小动作增多、不能静坐、不停地来回走动。肌肉紧张表现为主观感觉一组或多组肌肉不舒服的紧张感,严重时可出现胸部、颈部及肩背部肌肉酸痛,紧张性头痛也很常见。

3. 自主神经功能紊乱 交感神经过度兴奋表现为心动过速、胸闷气急、皮肤潮红或苍白、头晕头痛、口干、出汗、恶心呕吐、腹痛腹胀、尿频尿急等,部分病人可出现性功能障碍、月经紊乱等症状。

4. 其他症状 广泛性焦虑病人可出现抑郁、强迫、恐惧、惊恐发作及人格解体等精神症状。

考点提示

广泛性焦虑的临床特点是什么?

（四）治疗要点

广泛性焦虑障碍治疗方法包括药物治疗、心理治疗和物理治疗，治疗原则为全病程、综合性治疗，包括急性期治疗、巩固期治疗和维持期治疗。急性期主要是控制症状，一般为3个月。巩固期和维持期治疗主要是预防复发，巩固期一般为2~6个月，维持期至少12个月。

1. 药物治疗　5-羟色胺再摄取抑制剂（SSRIs）、5-羟色胺及去甲肾上腺素再摄取抑制剂（SNRIs）、5-羟色胺1A受体部分激动剂被推荐作为广泛性焦虑障碍的一线治疗药物，如文拉法辛、度洛西汀、帕罗西汀、丁螺环酮等。苯二氮䓬类药物起效快，疗效确切，可用于初期及短期联合用药，但其存在耐药性及中枢性不良反应，使用期间应注意监测。待病人焦虑症状缓解后，苯二氮䓬类药物剂量可缓慢减少，以免发生药物依赖。

2. 心理治疗

（1）**支持性心理治疗**：尊重和关心病人，耐心倾听病人的主诉，适时共情，适当地解释和安慰病人。向病人宣教焦虑障碍的相关知识，有利于减轻病人的心理压力，增进病人在治疗上的配合。

（2）**认知行为疗法**：包括焦虑控制训练和认知重建疗法。焦虑控制训练是采取想象或现场诱发病人出现焦虑，进行放松训练，可缓解焦虑的躯体症状。认知重建疗法是帮助病人纠正对于焦虑的歪曲认知并重建正确的认知。

（3）**生物反馈疗法**：是利用生物信息反馈的方法指导病人放松，从而缓解焦虑。

3. 物理治疗　目前重复经颅磁刺激（rTMS）、针灸治疗等已用于临床辅助治疗。

二、惊恐障碍

（一）概念

惊恐障碍（panic disorder，PD）又称急性焦虑发作，主要特点为突然发作的、反复出现的、不可预测的强烈害怕、恐惧或不适，伴有濒死感或失控感，并伴有自主神经功能失调症状。

（二）病因及发病机制

1. 遗传因素　家系和双生子研究发现惊恐障碍具有较高的家族聚集性，遗传学研究也发现基因中存在与惊恐障碍相关联的位点。

2. 神经-生物因素　研究结果提示，惊恐障碍与GABA系统、NE系统、5-HT系统失衡有关。

3. 心理社会因素　惊恐障碍与病人童年期经历的创伤性事件有关。

（三）临床特点

惊恐障碍的临床特点是突然发作和不可预测性的惊恐发作，间歇期病人担心惊恐再次发作，部分病人有回避行为，常表现为以下三个方面：

1. 惊恐发作　通常起病急骤，持续5~20分钟，症状往往不超过1小时即可自行缓解，但不久后可再次发作。病人发作期间意识清晰，事后能够回忆。病人在进行日常活动中突然出现濒死感、失控感、大祸临头感，因此病人出现紧张害怕、坐立不安、全身发抖、痛苦万分、难以承受。惊恐发作常伴有自主神经功能紊乱症状，如心悸、胸闷、出汗、呼吸困难或过度换气、头晕头痛、四肢麻木和感觉异常等，病人会出现惊叫、呼救。

2. 预期焦虑　多数病人在间歇期会担心惊恐再次发作，或担心惊恐再次发作的不良后果，因此在间歇期仍表现为紧张不安、担心害怕、虚弱无力等。

3. 回避行为　约60%的病人会担心惊恐再次发作时得不到帮助，害怕惊恐发作产生不幸的后果，因而采取明显的回避行为，如不去热闹的场所、不愿单独外出等。

> **考点提示**
>
> 惊恐障碍有哪些临床特点？

（四）治疗要点

惊恐障碍的治疗目标为减少惊恐发作，改善预期焦虑和回避行为，恢复社会功能。治疗方法主要包括药物治疗和心理治疗。

1. 药物治疗 临床上常用苯二氮䓬类药物联合抗抑郁药物进行治疗，可以缓解抗抑郁药物早期的不良反应，从第 4~6 周开始减少苯二氮䓬类药物的剂量，避免长期使用苯二氮䓬类产生的药物依赖。惊恐障碍的急性期治疗常为 8~12 周，巩固和维持期治疗至少 1 年。部分病人如病程长、发作反复等需维持治疗数年。

2. 心理治疗 认知行为疗法是治疗惊恐障碍的有效方法，其中最常用的是暴露疗法和认知重建疗法。暴露疗法是指在医护人员指导下，让病人通过想象或者置身于恐惧情境中，通过有计划的暴露使病人产生最严重的焦虑反应，使病人注意这些反应，进而耐受、适应和控制，逐渐缓解惊恐发作。认知重建疗法是矫正病人对于惊恐发作的错误认知，达到新的认知，从而缓解症状。

三、场所恐惧障碍

（一）概念

场所恐惧障碍（agoraphobia）是指病人在特定场景或处境时（如乘坐公共交通工具、在人群拥挤的地方或空旷场所等），出现强烈的恐惧或焦虑反应。病人明知这种恐惧是过分的、不理智的，但无法控制。

（二）病因及发病机制

1. 遗传因素 研究结果显示，场所恐惧障碍具有较高的遗传度。

2. 心理因素 场所恐惧障碍病人具有胆小、内向、敏感、依赖、被动等性格特点。

3. 社会因素 场所恐惧障碍与儿童期的负性生活事件有关，如经历创伤事件（父母离世或被虐待）、父母养育时过度保护、缺乏关爱等。在生活事件和人格特质的共同作用下导致场所恐惧障碍发生。

（三）临床特点

场所恐惧障碍主要表现为病人害怕置身于某些自认为难于逃离、无法求助的环境或场所中，因此恐惧不安。这些环境或场所包括乘坐公交车、火车、地铁等公共交通工具，在人群拥挤的地方如商场、超市、车站、电影院等公共场所，以及广场、山谷等空旷的地方。病人会出现明显的焦虑不安，常伴胸闷、心慌、出汗、呼吸困难等自主神经紊乱症状，因此采取回避行为或其他适应功能不良行为，如不敢独自外出，不愿到人多的场所等，严重者终日待在家中无法出门，最终导致其生活、学习、工作等社会功能明显受损。病人常出现期待性焦虑，持续到恐惧下一次发作的场合。严重者长期患病，可伴有抑郁障碍。

（四）治疗要点

场所恐惧障碍强调全病程和综合治疗，主要治疗方法包括药物治疗与心理治疗。

1. 药物治疗 苯二氮䓬类药物如阿普唑仑、劳拉西泮等最常用，疗效迅速，可用于短期治疗，伴有抑郁情绪的病人可以联合抗抑郁药物进行治疗。

2. 心理治疗 首选方法是行为疗法，其中系统脱敏疗法或暴露疗法效果良好，可有效缓解病人对于场所的恐惧感。系统脱敏疗法又称交互抑制法，主要是诱导病人缓慢地暴露于导致焦虑、恐惧的情境，并通过心理的放松状态来对抗这种焦虑情绪，从而达到消除焦虑或恐惧的目的。它与暴露疗法的区别在于，病人通过放松训练对抗自身焦虑，并在此体验的基础上建立和练习替代想法。随着互联网技术的发展，虚拟现实的脱敏和暴露也开始运用于临床治疗中。

四、社交焦虑障碍

（一）概念

社交焦虑障碍（social anxiety disorder，SAD）又称社交恐惧障碍，是指在社交场合中出现持久而强烈的紧张或恐惧,伴有回避行为的一种焦虑恐惧障碍。病人在社交场合中承受极大的痛苦,因此会极力避免社交场合,严重影响其生活质量、社会关系和发展前景。

(二)病因及发病机制

1. 遗传因素 研究显示,社交焦虑障碍与遗传因素高度相关,遗传会增加社交焦虑障碍的易感性。

2. 神经-生物因素 研究显示,社交焦虑障碍的发病与5-HT、肾上腺素、催产素水平有关。

3. 心理社会因素 社交焦虑障碍与儿童期的负性生活事件(如被虐待、行为被过度控制等)有关,部分病人经历过创伤性的社交事件。

(三)临床特点

社交焦虑障碍的核心症状是明显和持久地害怕暴露在公众面前或出现当众出丑、尴尬的表现,担心别人嘲笑、评价自己,会出现害羞、紧张、局促不安、手足无措,因此出现回避社交行为。病人在进行社交活动如交谈、进食、演讲时,会出现强烈的焦虑和痛苦,伴脸红、出汗、心悸、手抖等,病人明知这种恐惧不合理却无法控制,因而拒绝当众进食、讲话、写字等,甚至不去公共厕所,严重时导致自我社会隔离。社交焦虑障碍的症状常可持续数月,导致病人的生活、工作、学习、个人发展等受到严重损害。

知识拓展

社交恐惧障碍与网络成瘾

社交恐惧障碍主要表现为抵触与外界和他人接触,喜欢独处,害怕当众发言,害怕新环境,害怕认识新朋友等。研究显示,社交恐惧障碍与网络成瘾有一定关系并相互影响。网络成瘾者具有较高水平的社交恐惧症状,长期沉溺于虚拟世界,与现实社会脱离,无法面对和适应现实环境,造成人际关系紧张,最终导致不同程度的社交恐惧障碍。

因此,要积极参加集体活动和体育锻炼,充实生活,合理控制上网时间,从虚拟走向现实,主动学习,不断提高自己的认知,减少社交恐惧和网络成瘾的发生。

(四)治疗要点

1. 药物治疗 首选抗抑郁药物,SSRIs为治疗社交焦虑障碍的一线用药,能有效缓解病人的焦虑、恐惧症状。苯二氮䓬类药物也有效,但是不宜长期使用。

2. 心理治疗 首选认知行为疗法,消除恐惧对象与焦虑反应之间的联系,对抗回避反应,改变不合理的认知。药物治疗和心理治疗可同时应用,并至少需要维持12个月。

五、特定恐惧障碍

(一)概念

特定恐惧障碍(specific phobia)是对某种特殊物体或情境出现不合理恐惧为主要特征的一种焦虑与恐惧障碍。

(二)病因及发病机制

病因及发病机制尚未明确,可能与遗传、心理和社会因素有关。

(三)临床特点

病人常见的恐惧对象有特定的环境如雷电、黑暗、高处等,特定的场所如密闭空间等,特定的动物如老鼠、蜘蛛、蛇等,特定的损伤如锐器伤、外伤或出血等,以及特定的疾病如性传播疾病等。病人明知这种紧张恐惧不合理,但无法控制,出现回避行为,影响正常的生活。病人恐惧的不是物体或情境本身，而是置身于其中所可能带来的后果，如恐惧高处其实是害怕坠落，恐惧蜘蛛是害怕被咬伤。特定恐惧障碍一般在儿童期或成年早期发病，部分病情严重的病人症状可持续到成年。

（四）治疗要点

该病主要采用心理治疗，可以缓解恐惧的强度和伴随的功能障碍。最常见的是暴露疗法，通过渐进地暴露于恐怖的物体或环境中，可以有效减少病人的恐惧症状。

六、分离性焦虑障碍

（一）概念

分离性焦虑障碍（separation anxiety disorder）是病人与依恋对象如父母、配偶、子女等分离时而产生的显著、过度的恐惧或焦虑。这种焦虑持续的时间和程度远远超过同龄儿童与依恋对象分离时的常见表现水平，导致病人社会功能严重受损，同时还伴有做噩梦等症状，病人常痛苦不堪。

（二）病因及发病机制

1. 遗传因素　双生子研究提示该病与遗传因素相关，遗传度高达73%。

2. 心理因素　病人幼年时期常有敏感、胆小、过分依赖等个性特点。

3. 社会因素　该病与家庭教养方式有关，如家长对儿童过分保护、过分要求、语言粗暴等。幼儿时期的心理应激事件如转学、移民、到陌生的环境、受批评、宠物的死亡等均可增加发病风险。

（三）临床特点

病人主要表现为过分担心依恋对象受到伤害或出现意外，也担心依恋对象不在身边时自己出现意外等以至再也见不到依恋对象。病人因害怕分离不愿或拒绝上学，每次分离时出现头晕、恶心、呕吐等躯体症状，也可出现烦躁、哭喊、发脾气等过度情绪反应。病人多于6岁以前起病，病程至少持续1个月。有的病人在没有依恋对象陪同的情况下不外出活动，晚上没有依恋对象在身边陪伴时不愿意睡觉，或夜间反复出现与离别相关的噩梦。

（四）治疗要点

本病主要采用心理治疗，一般不需要药物治疗。常用的心理治疗方法有支持性心理治疗、行为治疗和家庭治疗。家庭治疗需要营造轻松温馨的家庭氛围，鼓励父母多陪伴和支持病人，给予病人更多的交流和关爱。需要评估引起焦虑的原因，逐步改善病人与父母之间的不良相处关系，纠正家庭的不良教养方式，鼓励家长不断正向强化病人的独立行为。

七、选择性缄默症

（一）概念

选择性缄默症（selective mutism）是以病人在某些需要言语交流的场合如学校、公共场合等，持久地丧失语言能力，而在其他场合言语正常为特征的一种临床综合征。一般多在3~5岁起病，女孩较多见。

（二）病因及发病机制

病因未明，可能与心理社会因素有关。患儿早年常有情感创伤的经历，如家庭矛盾冲突、虐待、父母分居或离异、家庭环境突变等。

（三）临床特点

选择性缄默症主要表现为沉默不语，甚至长时间一言不发，这种缄默不语现象具有选择性。如儿童只在特定的环境下（如家中）有足够的语言能力，但在其他环境中（如学校）一致地丧失语言能力。症状持续至少1个月，且不限于新入学的第1个月，严重时可影响病人的学业、生活、社交性沟通等社会功能。不能言语不是因为对该社交情境使用的语种知识不足所致。

（四）治疗要点

选择性缄默症多采用综合治疗方案，包括心理治疗、行为治疗、家庭治疗、社会支持和药物治疗。该病预后良好，经过治疗大多数病人可以在数月至数年内恢复，少部分病人发展为慢性。

第二节　焦虑与恐惧相关障碍病人的护理

【护理评估】

1. 健康史

（1）**个人成长史**：病人是否受到过意外事件的惊吓如童年听过恐怖的故事；童年是否经历过负性生活事件；是否具有胆小、敏感、被动的人格特质。评估病人童年时期家庭的教养方式。

（2）**既往史**：病人既往是否有精神障碍病史，是否接受过治疗，是否服用过药物等。

（3）**家族遗传史**：病人是否有精神障碍家族史。

2. 身体状况
评估病人有无小动作增多、不能静坐等运动不安表现；有无心动过速、出汗等自主神经功能紊乱情况；评估病人有无提心吊胆、惶恐不安的强烈内心体验及程度；评估病人有无突发的恐惧感伴心悸、胸闷等不适。

3. 心理状况
评估病人病前性格如何；近期有无生活应激事件发生，事件的强度、频率、持续时间、对病人的影响以及病人对应激的心理应对方式等。恐惧的具体内容、程度、表现及恐惧的事物是否可以追溯到现实中；评估病人有无采取明显的回避行为。可采用焦虑自评量表（SAS）、汉密尔顿焦虑量表（HAMA）进行评估。

4. 社会状况
评估疾病对病人社交及人际关系的影响；评估病人的家庭、社会的支持情况；家属对病人患病前后的评价及态度等。

5. 辅助检查
实验室检查和影像学检查等是否呈现组织器官的器质性病变。

【常见护理诊断/问题】

1. **焦虑**　与预期焦虑有关。
2. **恐惧**　与惊恐发作、对危险因素不正确认识有关。
3. **有自杀的危险**　与长时间焦虑、恐惧导致抑郁有关。
4. **睡眠型态紊乱**　与焦虑、恐惧情绪有关。
5. **营养失调：低于机体需要量**　与焦虑、食欲减退有关。
6. **应对无效**　与缺乏信心、无助感有关。
7. **社会交往障碍**　与对社交活动的恐惧和回避行为有关。

【护理目标】

1. 病人的焦虑情绪得到改善，能用合理的方式宣泄、缓解焦虑。
2. 病人的恐惧情绪得到改善，对危险因素有正确的认知。
3. 病人能消除自杀的想法或行为。
4. 病人的睡眠情况改善。
5. 病人的食欲和食量不断增加，恢复病前的进食水平。
6. 病人能采取正确且恰当的应对方式。
7. 病人的回避行为发生频率减少，社会功能得到改善。

【护理措施】

1. 基础护理

（1）**饮食护理**：帮助病人正确认识进食的重要性。提供高营养、易消化的食物，保证营养摄入。定期更换食谱，调整饮食结构，选择色香味俱全的食物，提高病人进食的欲望。对不能自理的病人，可协助病人进餐。

（2）**睡眠护理**：提供良好的睡眠环境，协助病人养成按时作息的生活习惯，鼓励病人白天多参加工娱治疗活动。指导病人进行睡前放松训练，可以通过睡前热水泡脚、喝牛奶等方法改善睡眠。晚间睡前多陪伴和安慰病人，减轻焦虑情绪。必要时遵医嘱使用药物。

（3）**生活护理**：对于自理能力下降的病人，鼓励病人在体力允许的情况下自己完成洗漱、更衣等，护士可共同协助病人洗漱、更衣，做好个人卫生。

2. 安全护理

（1）为病人提供安全的治疗环境，加强安全巡视，病房内应避免放置危险物品。惊恐发作的病人不宜住单间，并与其他焦虑病人分开，以免相互影响，加重病情。

（2）密切观察病人的情绪变化，对伴有自杀、自伤倾向或抑郁情绪的病人，重点防范其发生自杀、自伤事件。

3. 心理护理

（1）建立良好的护患关系，尊重和关心病人，与病人交流时应态度和蔼、语速适中、简单明了，使病人产生信任和信心。

（2）提供支持性心理护理，耐心倾听病人的诉说，鼓励病人表达自己不愉快的感受，接受和理解病人的痛苦，不能直接否定或批评病人的表现。引导病人识别自己的焦虑情绪，学会适当的宣泄方法，逐步调整自己的负性情绪及行为。

（3）重建正确的疾病概念，可用解释、说明、分析等技巧帮助病人正确认识疾病的发病因素和疾病相关知识，纠正错误的认知，强调病人的优点和能力，忽略病人的缺点和功能障碍，鼓励病人努力克服个性缺陷。教会病人正确应对压力和创伤，学会妥善处理人际关系，改善或消除适应不良的情绪和行为习惯，防止疾病复发。

（4）帮助病人转移注意力，注意症状以外的其他事情，尽量忽视症状，顺其自然。帮助病人找出引起躯体不适的压力源和诱因，协助病人共同制订适合病人的压力应对方式，建立正向的调适方法和技巧。

（5）指导病人学会放松技术，缓解症状。常见的有冥想法、渐进式肌肉放松法、腹式呼吸法等。

1）冥想法：①准备阶段：找一个安静的地方舒适地坐下，腰背挺直，确保冥想期间不受打扰。②签到阶段：深呼吸 5 次，平复情绪，鼻子吸气，口呼气，然后慢慢闭上眼睛，体验当前感受；感觉与外界接触部位的感受，如臀部和脚与地面接触的感觉；注意哪些部位感到舒适或难受；留意自己的情感和当时的心情。③专注呼吸：感受呼吸起伏最强烈的部位；注意每次呼吸的节奏、长短和深浅；将注意力集中到起伏最强烈的部位，数呼吸次数，吸一次气数 1，呼一次气数 2，数到 10，循环5~10 次。④结束阶段：注意力不用再集中，任由思绪放飞 20 秒；将注意力集中在与外部接触的部位感觉上；然后缓慢睁开眼睛，站起来，写下冥想的感受。

2）渐进式肌肉放松法：①在一个安静的场所，保持 5~7 秒，注意观察肌肉紧张时所产生的感觉。随后很快地彻底放松肌肉，并观察和体验放松时肌肉的感觉。每部分肌肉一张一弛做两遍，其他肌肉保持放松，对有些感到没有得到彻底放松的肌肉，依照上述方法再次进行训练。②按照下列顺序进行收缩 - 放松训练：优势手的手掌（握拳 - 放松）、前臂（上抬 - 放松）和肱二头肌（绷紧 - 放松），非优势手的手掌（握拳 - 放松）、前臂（上抬 - 放下）和肱二头肌（绷紧 - 放松），前额（抬眉 - 放松），眼（紧闭 - 放松），颈（后仰 - 放松）和咽喉部（张嘴 - 放松），肩背部（耸肩 - 放松），胸（吸气后绷紧 - 放松），腹（收腹 - 放松），臀部（绷紧 - 放松），大腿（绷紧 - 放松），小腿（脚尖向上 - 脚尖向下），脚（内收 - 外展）。

3）腹式呼吸法：①采取仰卧或舒适的坐姿，松开腰带，放松全身，思想集中。②将双掌五指并拢，掌心向下轻放在脐上。③由鼻深深吸气，最大限度地向外扩张腹部，使腹部鼓起，胸部保持不动,保持 3~5 秒,屏息 1 秒。观察手随着腹部鼓起朝着离开身体的方向移动。④再用嘴巴缓慢地吐气,呼气时腹部自然凹进去,向内朝脊柱方向收,胸部保持不动。最大限度地向内收缩腹部,把所有废气从肺部呼出去,观察手随着腹部凹陷向靠近身体的方向移动。保持 3~5 秒,屏息 1 秒。循环往复,保持每一次呼吸的节奏一致,细心体会腹部的一起一落。⑤每天练习 1~2 次,每次 5~15 分钟。

4. 症状护理

(1)当惊恐障碍急性发作时,病人极度恐惧和害怕,护士需要保持冷静,立即帮助病人脱离诱发惊恐发作的物品和情境;陪伴和安慰病人,直到发作缓解;耐心倾听,理解和尊重病人的痛苦;将病人和其他病人分开或隔离,以免互相影响;为病人创造有利于治疗的环境,必要时设专人陪护;如病人表现为敌意和挑衅时,可适当控制和引导。惊恐障碍间歇期时,给病人讲解惊恐发作的相关知识,帮助病人战胜惊恐;可以帮助病人识别诱发惊恐发作的因素,如特殊的场景,当病人清楚地知道惊恐发作的诱因,引起惊恐发作的可能性就会降低;教会病人放松技术,病人再次发作时可以自我控制。

(2)针对焦虑症状,要做到密切关注病人躯体情况,完善全身检查,及时发现和解决躯体问题,减少病人不必要的担心。当焦虑症状发作明显时,引导病人用聊天等方式宣泄焦虑情绪,待病人情绪稳定后,耐心地告诉病人其并无器质性损害,从而减少病人的焦虑情绪。应做好病人的症状评估,预防攻击性行为发生。若出现攻击性行为,首先要做好安全护理,确保病人安全,待病人情绪平稳后,与病人一起寻找诱发攻击行为的诱发因素,理解并支持病人,引导病人对自己的疾病有正确的认知,教会病人合理宣泄内心的焦虑和烦躁情绪,指导病人学会控制和调整自己的情绪。

(3)针对恐惧症状,要做到密切监测恐惧发作时病人的生命体征并做好记录,陪伴和安慰病人,给予病人理解和支持,通过耐心、专业的解释,让病人正确认识和接受自己的恐惧情绪,指导病人掌握应对恐惧的方法,帮助病人战胜恐惧。

5. 治疗相关护理 给药前向病人解释药物的使用方法、剂量、注意事项,服用后可能出现的不良反应等,告知家属做好陪护。告知病人如有不适及时就诊,遵医嘱调整药物;定期复查,不要随意调整药物剂量、停药。

考点提示

如何指导焦虑与恐惧相关障碍的病人行放松练习?

知识拓展

关爱焦虑障碍人群

我们要共同关爱焦虑障碍人群,帮助他们,让焦虑不再蔓延。首先,运用所学知识指导病人正确认识焦虑障碍,宣传焦虑障碍的相关专业知识,鼓励病人勇敢面对疾病。其次,要理解和陪伴焦虑障碍病人,倾听他们的感受,给予温暖和支持,让焦虑障碍病人不再感到孤单;还要指导病人建立积极的生活方式,告知病人均衡的饮食、充足的睡眠、适度的运动和减压技巧都有助于缓解焦虑障碍症状。最后,指导他们寻求专业帮助,为他们提供力所能及的支持。

6. 健康教育

(1)**对病人的健康教育**:帮助病人了解疾病相关知识,使他们认识到个性特点与疾病的关系,能够正确面对疾病。指导病人提高战胜疾病的信心,勇敢面对焦虑和恐惧的对象,学会减轻焦虑和恐惧的方法。帮助病人改善自理能力,协助病人增强对社会环境的适应能力,学会自我调节。

(2)**对家属的健康教育**:协助病人家属正确认识焦虑和恐惧症状,理解病人的痛苦,配合做好治疗护理。给予病人适度的关心与关注,鼓励病人从事可以胜任的工作,从而缓解焦虑、恐惧情绪。协助病人获得家庭的理解,指导病人家属建立良好的家庭环境和温暖的家庭氛围。提供良好的家庭支持和必要的心理社会康复措施,鼓励病人参加各项社会活动,在交往中得到情绪支持,完善社会支持系统,增强病人战胜疾病的信心,帮助病人恢复社会功能。

【护理评价】

1. 病人的焦虑情绪是否得到改善,能否用合理的方式宣泄情绪、缓解焦虑。

2. 病人的恐惧情绪是否得到改善,是否对危险因素有正确的认知。

3. 病人是否将自杀风险控制到最低,是否发生自杀等意外事件,或自杀等意外事件被及时发现并制止。

4. 病人的睡眠是否充足,是否有良好的精神面貌。

5. 病人是否恢复正常饮食,体重是否在正常范围。

6. 病人是否建立起有效的应对方式。

7. 病人的社会功能是否恢复正常。

(张莹莹)

思考题

1. 病人,女性,39岁,近半年来自诉总是莫名担心、惶恐不安,总感觉有不好的事情要发生,在家里总是坐立不安、不停地来回走动,搓手顿足,注意力无法集中,同时还伴有心跳加快、胸闷气急、出汗、头痛、尿频尿急等,上述症状已严重影响病人的正常生活。初步诊断:广泛性焦虑障碍。病人既往无重大躯体疾病史。目前病人入睡困难,睡眠质量差,精神状态不佳,食欲差,月经紊乱。

请思考:

(1) 请列出病人主要的护理诊断/问题?

(2) 请列出当前对该病人的主要护理措施。

2. 病人,女性,25岁,因岗位竞选失败,此后一直不自信,喜欢独处,不愿与人交往。近1年来逐渐出现见人紧张,不敢在公共场合说话,担心被别人嘲笑或者当众出丑。当病人不得不与别人交流时,出现心跳加速、出汗、手抖、呼吸困难等。近1周病人不愿外出,拒绝去人多的地方,不愿与人交流,严重影响了病人的工作和生活。

思考题
解析思路

练习题

请思考:

(1) 目前病人的首优护理诊断是什么?

(2) 请制订对该病人主要的护理措施。

第六章 | 强迫及相关障碍

教学课件　　思维导图

> **学习目标**
>
> 1. 掌握强迫及相关障碍病人的临床特点与护理措施。
> 2. 熟悉强迫及相关障碍病人的治疗要点。
> 3. 了解强迫及相关障碍病人的病因与发病机制。
> 4. 学会正确运用护理程序,对强迫及相关障碍病人进行护理和健康教育。
> 5. 具备同理心,理解和接纳病人的病态思想和行为,真诚、友善地提供帮助。

　　强迫及相关障碍(obsessive-compulsive and related disorders)是一组表现为反复的思想或行为的障碍,同时具有相似的病因、诊断和治疗方法的一类精神障碍。核心特征是强迫观念、侵入性思维、先占观念和反复的强迫行为,可导致个人、家庭、学业及社会功能的显著损害。强迫及相关障碍包括强迫症、躯体变形障碍、嗅觉牵涉障碍、疑病症、囤积障碍、聚焦于躯体的重复性行为障碍等。本章重点介绍强迫症。

第一节　概　述

> **导入情境**
>
> 　　病人,女性,29 岁,会计。病人 1 年前因工作问题经常被老板批评,逐渐失去信心,害怕工作中出错,做事总是犹豫不决,注重细节;每天处理文件都反复检查核对,导致工作效率低下,下班后要反复检查电脑是否关闭,电源是否拔除,随身物品是否带齐,检查次数越来越频繁,检查时间也逐渐延长。病人明知这样的反复检查毫无意义,但是控制不住,非常痛苦,已经严重影响到病人的日常工作、生活。初步诊断为强迫症。
>
> **工作任务:**
> 1. 对该病人如何进行评估?
> 2. 对该病人如何进行健康指导?

一、强迫症

(一) 概念

　　强迫症(obsessive-compulsive disorder,OCD)是一种以反复、持久出现的强迫观念和 / 或强迫行为为主要临床表现的精神障碍。特点是病人明知这些观念和 / 或行为没有必要、没有现实意义,但却无法摆脱,因此感到焦虑和痛苦。

　　强迫症世界范围的终身患病率为 0.8%~3%,平均发病年龄为 19~35 岁,被 WHO 列为人类第十位致残性疾病,不仅威胁病人的生命健康,还带来沉重的家庭和社会负担。

知识拓展

青春期强迫症

青春期强迫症是指处于青春期的青少年在生活中反复出现强迫观念及强迫行为。青春期问题、儿童的个性特征、各种负面生活事件的影响都会诱发青春期强迫症的发生。

青春期强迫症可采用理性情绪疗法,治疗者要试图寻找病人不合理观念的产生途径和产生原因,通过认知矫正帮助其打破原有的错误观念,建立正确观念,从而推动其不良情绪的纠正过程和自信心的重塑进程。青春期强迫症还可采用行为训练,鼓励病人通过具体的行为和实践纠正其不合理观念。此外,家长还应加强与病人的交流,做到有问题及时沟通疏导。

(二)病因及发病机制

强迫症的病因与发病机制目前尚未完全阐明,可能与生物因素、心理因素和社会因素相关。

1.生物因素

(1)**遗传因素**:强迫症与遗传关系密切,有明显的家族聚集性,强迫症病人的一级亲属患病率比一般人群高。

(2)**神经生化因素**:有研究显示中枢神经系统的5-HT、多巴胺(DA)、谷氨酸和γ-氨基丁酸(GABA)能神经元的功能异常可能与强迫症有关。

(3)**神经内分泌因素**:强迫症病人可能存在皮质-纹状体-丘脑-皮质的神经环路结构和功能异常,从而导致眶额皮质和前扣带回的高度激活,出现强迫思维。

强迫障碍
(视频)

2.心理因素和社会因素

研究发现,多数强迫症病人发病前即出现强迫的人格特质心理,如做事过分追求完美、生活过度注意细节、遇事反复思考核对等。病人往往在幼年遭受精神创伤,进而产生心理压抑,成年后遭遇应激性生活事件后,被压抑的情感体验会通过转移、置换等心理防御机制转化成强迫思维或强迫行为。

(三)临床特点

强迫症的主要症状是强迫观念和/或强迫行为,其共同的特征是"自我强迫",病人感到强迫观念和/或行为来源于自我,但又无法控制,反复出现但又无法摆脱。

1.强迫观念

是指反复进入病人意识的观念,病人明知没有必要却又无法摆脱,因而感到十分苦恼和焦虑。强迫观念是本病的核心症状,也是最常见的表现,主要有以下几种形式:

(1)**强迫怀疑**:反复怀疑自己的言行是否正确,如出门后反复怀疑自己的门窗是否关好、手机是否带好等。

(2)**强迫表象**:头脑里反复出现生动的视觉体验(表象),内容常常为暴力、令人不愉快甚至厌恶的,病人试图控制却无法摆脱。如病人脑海里反复出现一个恐怖的面孔,病人极度厌恶与反感,但摆脱不掉。

(3)**强迫性穷思竭虑**:对一些生活中常见的事情或自然现象反复思索,追根究底,明知缺乏现实意义,但不能控制,自觉痛苦。如反复思索"为什么1+1等于2"等。

(4)**强迫对立观念**:看到一个词语或脑海中出现一个观念,立刻要联想出与其性质对立的另一个词语或观念。如看到"美丽",则立刻联想出"丑陋"等。

(5)**强迫意向**:在某些场合下,出现一种与当时情况违背的意向,想去做某种违背自己意愿的动作或行为。内心感到一种强烈的冲动,但不会把冲动付诸行动,因此病人感到非常苦恼。如站到高处想往下跳,但实际并不会去跳。

(6)**强迫回忆**：对经历过的事情总是不由自主地反复回忆，无法摆脱，病人感到痛苦。

2. 强迫行为　是指反复出现的刻板行为、仪式性动作或精神活动，明知不合理，却又无法摆脱，常继发于强迫观念。

(1)**强迫检查**：为减轻强迫怀疑引起的焦虑而采取的反复检查行为，如出门时反复检查门窗是否关好、燃气是否关闭等。

(2)**强迫洗涤**：为消除对受到脏污、毒物或细菌污染的担心，出现反复洗手、洗澡、洗衣物及餐具等行为，明知已洗干净，不用再洗，但无法控制。

(3)**强迫询问**：为缓解疑惑或穷思竭虑带来的焦虑，反复询问他人，要求他人给出解释或保证。

(4)**强迫性仪式动作**：为对抗某种强迫观念所致的焦虑，出现一些固定的、刻板的、荒谬的程序或仪式动作，如进门前必须双手合十，否则便深感不安等。

(5)**强迫计数**：为解除焦虑或某种担心，不可控制地反复出现计数动作，如果不计数，就会烦躁和痛苦。如计数自己的步数、走过的楼梯数等。

3. 回避行为　为了减轻焦虑，病人常出现主动回避诱发强迫思维或强迫行为的人、场所或事物，以致做事时行为迟缓、犹豫不决。

4. 其他症状　可伴有明显的焦虑、抑郁及恐惧，儿童、青少年起病常合并肌肉抽动等异常表现。

考点提示

强迫症主要有哪些临床特点？

知识拓展

关爱强迫症病人

　　强迫症病人做事往往追求完美，注重细节，遇事反复思考核对，自觉苦恼痛苦。约2/3的强迫症病人在25岁前发病。因此，及早预防强迫症至关重要。首先，要学会顺其自然，强迫症的特点是喜欢琢磨，喜欢追根究底，所以指导强迫症病人在思考问题时，要学会接纳他人，不要钻牛角尖，要学会适应环境而不是改变环境。其次，就是要学会享受过程，不要过分看重结果，不要沉浸在后悔与自责中，做事情要抱着一种欣赏、感受和体验快乐的心态。最后，如果自我调节不能解决问题时，可以寻求专业的心理咨询师帮助。

（四）治疗要点

1. 药物治疗　是强迫症最主要的治疗方法之一。SSRIs是目前的一线治疗药物，如氟西汀、帕罗西汀、氟伏沙明、舍曲林、西酞普兰等。药物治疗原则为全程治疗，包括急性期治疗、巩固期治疗和维持期治疗三个阶段。

(1)**急性期治疗**：一般建议治疗10~12周，足量足疗程，首选SSRIs。多数病人治疗4~6周后会有显著效果，经12周治疗效果不佳可考虑增加剂量，仍无效可考虑联合增效剂或者换药等。

(2)**巩固期与维持期治疗**：急性期治疗效果显著者可进入1~2年的巩固期和维持期治疗。长期维持治疗后，经系统评估可考虑逐渐减药，并密切监测减药反应和疾病是否波动。本病停药后仍然有较高的复发风险，因此应当谨慎考虑停药。

2. 心理治疗　强迫症需要辅以适当形式的心理治疗，目前主要的心理治疗方法有支持性心理疗法、行为疗法、认知疗法等。暴露与反应预防疗法是目前强迫症治疗的有效的行为疗法。暴露疗法是使病人暴露于引起焦虑的物品或环境中。反应预防疗法是减少、推迟甚至消除病人的强迫观念或行为，如减少检查次数，缩短检查时间，甚至消除检查行为。治疗时应同时结合家庭治疗，因为家庭成员的教育与鼓励对于病人的

考点提示

目前治疗强迫症的一线药物是什么？

治疗效果非常重要。心理治疗可以使病人正确认识自身个性特征及疾病特点,学习合理的应对方式,增强战胜疾病的信心。

3. 物理治疗 常用的有重复经颅磁刺激(rTMS)、改良电抽搐治疗(MECT)、迷走神经刺激(VNS)等,其中重复经颅磁刺激因其安全无创而相对较为常用。

> **知识拓展**
>
> ### 虚拟现实暴露疗法
>
> 暴露与反应预防(exposure and response prevention, ERP)疗法是目前强迫症的一线治疗方法,但是存在局限性,因为现实暴露操作难度大,可复制性差。虚拟现实(VR)是一种新兴的人工计算机技术,利用多种技术对现实场景进行模拟,让人身临其境,基于VR技术的暴露疗法即虚拟现实暴露疗法(virtual reality exposure therapy, VRET)。相比于传统暴露治疗,VRET具有高度身临其境的优势,避免了实景暴露可复制性差且不易实施的缺陷,同时也比想象暴露更具现实感。随着互联网技术的日新月异,VR可能通过更便携的设备,更方便病人自主管理。已有研究证明VRET对治疗强迫症有效,未来将会广泛用于强迫症的治疗。

二、躯体变形障碍

(一)概念

躯体变形障碍(body dysmorphic disorder, BDD)是指身体外表无缺陷或仅有轻微缺陷,但病人却总认为自己存在缺陷,或夸大其轻微缺陷,觉得自己非常丑陋或令人讨厌,且已经引起他人注意,为此而苦恼的一种精神疾病。

(二)病因及发病机制

本病病因未明,可能与生物、心理、社会文化等多重因素有关。

(三)临床特点

1. 躯体变形错误观念 典型表现是病人总认为自己的外形有缺陷或丑陋,思维被自己的这种错误观念占据,为此极端痛苦。病人通常关注的身体部位可以是鼻、耳、口、头发,也可涉及身体其他任何部位,包括隐私部位。病人认为关注的身体部位存在缺陷、极度丑陋、不对称、不成比例等。大多数病人抱怨的部位比较固定,也有部分病人不能明确具体存在何种缺陷。

2. 反复检查求证行为 病人感到自己的缺陷受到他人注意、谈论或讥笑,因此痛苦不已。病人常花大量时间用于检查、修饰或掩饰自己认为的缺陷,向朋友或家人反复求证。这些频繁的行为加重病人的压力和焦虑,病人不愿学习和工作,甚至出现回避社交场所,从而影响病人的社会功能。本病伴有高自杀风险,特别是伴随抑郁症状,病人自杀观念和自杀未遂发生率较高。

(四)治疗要点

躯体变形障碍的治疗比较困难,预后较差。伴有显著抑郁症状者,应用抗抑郁药物尤其是SSRIs有效。心理治疗方法如行为疗法、系统脱敏、暴露疗法等也有所疗效。

三、其他强迫相关障碍

(一)嗅觉牵涉障碍

嗅觉牵涉障碍是以持续地认为身体存在臭味或其他令人不愉快的气味(如口臭)的先占观念为特征的一种强迫障碍。这些气味在他人看来微不足道、没有被察觉或不太关注。先占观念主要包括坚信别人会在意、评价、议论等的自我牵连观念。一些病人会因其自我感知的体臭或口臭,在社交场合中出现明显的焦虑和担心,因此出现反复检查确认气味的来源或存在、涂抹香水或除臭剂来掩盖、反复洗澡刷牙、回避社交场所等行为。该类病人往往缺乏自知力,甚至可出现妄想。该病以男性和独居者居多,平均发病年龄为25岁。

(二) 疑病症

疑病症主要表现为持续的先占观念或恐惧,担心或相信自己可能患有一个或多个严重的、威胁生命的躯体疾病。先占观念往往建立在对症状或体征的错误解读上,包括将正常或普通的感觉解读为严重的异常。病人出现反复就医,各项医学检查呈阴性和医生的解释或保证均不能打消病人的怀疑,个体仍持续或反复出现先占观念或恐惧。病人通过强迫性的反复检查和寻求保证来减轻焦虑。该病病程缓慢,病程较长,最终导致学业、生活或其他社会功能的显著损害。治疗上以心理治疗为主,药物治疗为辅。

(三) 囤积障碍

囤积障碍是以对无用或利用价值不大物品的无休止收集和不舍丢弃,从而占据了大量空间为特征的一种强迫障碍。病人临床表现为收集、购买、囤积大量无用或是无价值的物品,甚至是收集垃圾、废旧用品等。由于物品积聚,导致住所杂乱无章,影响家庭生活和周边邻里关系。病人相信将来会需要这些物品或这些囤积的物品未来会有价值。他们强烈依恋这些物品,难以舍弃。丢弃物品时,病人会感到巨大的痛苦。囤积障碍通常起病于青少年早期,可持续终身。本病发病率男女无差异,独居者常见。囤积障碍与强迫症、精神分裂症等均有较高的共病率。该病病因未明,与遗传、心理、社会因素等相关。该病病程较长,治疗困难。尽管囤积障碍与强迫症相似,但治疗效果差。

(四) 聚焦于躯体的重复性行为障碍

聚焦于躯体的重复性行为障碍主要表现为针对皮肤的反复的、习惯性的行为(如拔除毛发、搔抓皮肤等),伴有试图减少或阻止此类行为的无效尝试。习惯性的行为导致皮肤的某些症状(如皮损、脱发等)。这些行为可在一天之内散发,每次持续时间较短,或发作频率较少但持续时间较长。这些症状引起病人显著的痛苦,或导致学业、生活或其他社会功能显著损害。

1. 拔毛障碍 拔毛障碍是一种以反复出现的、无法克制的拔掉毛发的冲动和行为,导致明显的毛发缺少为特征的一种慢性疾病(曾称拔毛癖)。本病目前病因未明,病前多有诱因,如父母分离、压力过大等。病人表现为反复用手或者镊子等工具拔除自己的毛发。拔除部位可涉及身体的任何生长毛发的部位,以头发最多见,眉毛、睫毛、腋毛等均可受累。病人拔毛的部位相对固定,不同病人拔毛部位各异。病人拔毛前通常有不断增长的紧张,拔毛后感到轻松或满足。病人常常为他们的失控行为感到羞愧和痛苦,因此回避社交。反复的拔除会对毛发的生长造成影响,严重影响外观,病人常以戴帽子、假发、画眉毛等方式来掩饰。治疗方法主要是认知行为治疗和药物治疗。

2. 皮肤搔抓障碍 皮肤搔抓障碍是以反复强迫性地搔抓皮肤为特征,旧称病理性皮肤搔抓症。该病的核心症状是反复强迫地搔抓皮肤,病人试图控制而难以做到,很多病人每天至少花费一小时时间搔抓皮肤,甚至玩弄、吞咽抠剥下来的皮肤。脸是最常见的搔抓部位。多数病人采用指甲搔抓,还可用皮肤摩擦、切割、牙咬等。一系列的皮肤疾病可能是搔抓的诱因。搔抓可带来严重的瘢痕、组织损害,如局部皮肤感染等,严重时可出现全身并发症。病人在搔抓皮肤或皮肤结痂时可出现满足感、放松感,可伴有焦虑、厌恶等各种情绪。常起病于青春期,多数病人不能意识到治疗的必要性和有效性,因而不愿治疗,该病会引发病人痛苦并影响其社会功能。常采取药物治疗联合认知行为治疗。

第二节　强迫及相关障碍病人的护理

【护理评估】

1. 健康史

(1) **个人成长史**：病人家庭环境、教育方式，成长过程中是否存在被忽视、被苛责、被拒绝等不良因素。

(2) **既往史**：病人既往是否有精神障碍病史，是否治疗等。

(3) **家族遗传史**：病人是否有精神疾病家族史。

2. 身体状况　评估病人是否主诉有心慌、出汗、烦躁等自主神经功能紊乱情况；是否伴有头痛、腹痛、胸闷等症状。

3. 心理状况　评估病人性格特点是否为强迫性人格。评估日常生活中病人应对压力的方式、应对压力的支持系统等。评估病人是否存在强迫思维或强迫行为，是否引起情绪反应，情绪是否稳定，有无焦虑、烦躁、冲动等。评估病人的强迫症状是否引起自伤、自杀等危险行为。

4. 社会状况　评估病人是否已出现回避行为、人际关系改变等情况；是否出现工作、学习效率低下，影响正常的社会功能等。

5. 辅助检查　实验室检查和影像学检查等是否呈现组织器官的器质性病变。

【常见护理诊断 / 问题】

1. **焦虑**　与强迫症状的影响有关。

2. **睡眠型态紊乱**　与强迫思维和焦虑情绪有关。

3. **社会交往障碍**　与强迫行为和回避行为有关。

4. **皮肤完整性受损**　与强迫洗涤有关。

5. **应对无效**　与缺乏信心、无助感有关。

【护理目标】

1. 病人焦虑症状有所减轻，并掌握了缓解焦虑的方法。

2. 病人睡眠改善，养成良好的睡眠习惯，掌握了一定的睡眠卫生知识。

3. 病人可以与家人、朋友、医护人员等交流自己的想法，社会交往改善。

4. 病人皮肤损伤恢复正常。

5. 病人能够接受症状，能够采取正确的应对方式。

【护理措施】

1. 基础护理

(1) **饮食护理**

1) 创造安静舒适的就餐环境，合理安排就餐时间，并保证足够的进餐时间。

2) 提供营养丰富、易消化的食物，保证营养摄入。

3) 动态观察病人进食情况，根据病人进食情况随时调整饮食方案，尽量减少病人的强迫行为。

(2) **睡眠护理**

1) 观察睡眠障碍的影响因素，与病人共同分析，如睡前的强迫检查、强迫洗涤等均会对睡眠造成一定的影响，协助病人进行逐步改善，减少强迫症状对睡眠的干扰。

2) 营造舒适的睡眠环境，养成良好的睡眠习惯。鼓励病人白天多参加工娱活动，晚间睡前多陪伴和安慰病人，减轻病人的焦虑情绪。必要时遵医嘱使用药物。

3) 宣教睡眠卫生知识，如生活有规律，睡眠时间相对固定，减少白天卧床时间。睡前避免过度兴奋，不饮用浓茶、咖啡等，不可过多进食。

2. 安全护理

(1)提供安全的环境,病室安静、光线充足,避免噪声,加强安全巡视,清除危险品。

(2)采取措施转移病人的注意力,安排适量的工娱活动等,以减少强迫症状,避免发生损伤。

(3)密切观察强迫症状对病人的损害情况,采取保护措施和对症处理。

3. 心理护理

(1)**建立温暖的护患关系**:耐心倾听病人对疾病体验的诉说,理解和同情病人,接纳其病态表现。积极关注,表达同理心,设身处地地换位思考,表达愿意提供陪伴和帮助的意愿。

(2)**协助病人接受症状,建立良好的应对方式**:以森田疗法理论为指导,帮助病人接受症状,适应与强迫症状共存的情况,"顺其自然、为所当为",能采取正确的应对方式,带着症状正常进行日常生活。与病人分析应对压力事件的处理方式,与病人共同制订护理计划,帮助病人建立良好的应对方式,缓解强迫症状,给予病人肯定和鼓励,增强病人战胜疾病的信心。

(3)**重建正确的认知模式**:以认知疗法理论为指导,协助病人梳理错误认知,与病人共同分析在强迫症状中存在的错误认知,帮助病人消除负性思维,重建正向的认知模式。

4. 治疗相关护理

(1)**症状护理**

1)为强迫洗涤病人更换刺激性小的洗护用品,保持水温适宜。每次洗手后和临睡前协助病人涂护手霜或药膏,保护手部皮肤。严重强迫洗涤病人已出现手部皮肤破损者,及时给予对症处理,每日对病人的皮肤进行评估,皮肤如有破损要记录损伤程度,做好交班记录。皮肤破损严重者给予消毒包扎等处理,必要时遵医嘱使用药物,防止发生感染。

2)对于有其他过度强迫行为的病人,与病人共同制订矫正计划,比如逐渐减少强迫行为的次数和频率,鼓励并督促病人实施,当病人按照计划执行时,应给予奖励等正向强化,鼓励病人继续实施矫正计划。

(2)**用药护理**

1)用药前向病人详细讲解药物治疗基本原则、用药疗程、注意事项、不良反应等,语言应通俗易懂,同时寻求家属的理解和配合,全程督促和协助病人用药,提高用药的依从性。

2)密切观察用药过程中出现的不良反应,如嗜睡、乏力、双手细微震颤、视物模糊、头晕、血压升高、直立性低血压、恶心、呕吐等,出现不良反应时立即遵医嘱给予对症处理。

> **考点提示**
>
> 如何对强迫及相关障碍病人进行心理护理?

3)用药期间要定期复查,遵医嘱调整药物,切勿自行减药、换药、停药等。

5. 健康教育

(1)帮助病人了解疾病相关知识,正确面对疾病。

(2)指导病人学习调整情绪的方法和放松方法,进行自我控制,用合理的行为模式代替不良的行为模式,减少焦虑和痛苦情绪。

(3)鼓励病人采取顺其自然的生活态度,学习应对压力的方法和技巧。

(4)协助病人家属了解疾病知识和病人的心理状态,指导和配合病人实施矫正计划,接受和陪伴病人。

【护理评价】

1.病人的情绪是否得到改善,是否使用有效的方法来缓解焦虑。

2.病人的睡眠是否充足,是否养成良好的睡眠习惯。

3.病人是否能够正常交流,社会功能是否恢复。

4.病人的皮肤是否存在破损,伤口是否愈合。

5.病人是否接受症状,是否能够采取正确的应对方式。

(张莹莹)

思考题

1.病人,女性,30岁,近3年来出现反复洗手。3年前病人因阑尾炎住院,进行手术治疗,出院后特别害怕再次生病,觉得周围环境里都是细菌、病毒,担心会感染导致死亡,因此不停地洗手。病人最初是接触完物品后要洗手,后来发展为只要出门就要洗手,而且是反复多次洗手,甚至要按照一定的步骤洗手,如果不按步骤进行,则必须重新开始。洗手的时间也是逐渐延长,有时长达一个多小时。病人明知这样反复洗手没有意义,但是无法控制,特别苦恼。

请思考:

(1)病人主要的护理诊断/问题是什么?

(2)当前对该病人的主要护理措施有哪些?

2.病人,男性,35岁。近2年来总是反复思考"先有鸡还是先有蛋""为什么1+1等于2",追根究底,终日苦思冥想。病人明知这样没有必要、毫无意义,但无法控制,自觉痛苦,因此终日烦躁不安。体格检查:各项检查未见明显异常。初步诊断为强迫症。

请思考:

(1)目前病人的首优护理诊断是什么?

(2)对该病人的主要护理措施有哪些?

思考题
解析思路

练习题

第七章 | 应激相关障碍

ER 7-1
教学课件

ER 7-2
思维导图

学习目标

1. 掌握应激相关障碍常见类型、特点及护理程序。
2. 熟悉应激相关障碍的临床特点和治疗要点。
3. 了解应激相关障碍的病因与发病机制。
4. 学会正确运用护理程序,对应激相关障碍病人进行护理和健康教育。
5. 具备对常见应激相关障碍的病人进行识别和护理的能力,耐心疏导,帮助病人早日摆脱精神困扰。

应激是人体受外界刺激后所产生的本能的生理和心理反应。由于应激相关障碍的概念和诊断标准不一致,且该病病程短暂,部分病例可自行缓解,因而对该病患病率的统计产生影响,导致不同国家报道的本病的患病率存在一些差异。

第一节 概 述

导入情境

病人,女性,26 岁,半年前去商场购物时遭遇商场大火,有多人伤亡,病人从二楼窗户跳出,造成右踝骨骨折。几天后病人出现少语,对家人冷淡,时常梦到着火的商场,并从梦中惊醒,全身大汗。现今病人胆小,害怕,兴趣减退,不敢再去商场购物,在单位上班时也常感紧张、恐惧。

工作任务:

1. 该病人可能出现了什么问题?
2. 该病人主要的症状是什么?
3. 针对目前的情况,护士应从哪几方面帮助病人,具体有哪些措施?

一、概念

应激相关障碍(stress related disorder)是一组与暴露于一个或一系列应激性、创伤性事件或不良经历直接相关的精神障碍,其症状、病程与预后均与应激因素有密切关系。本病无显著性别差异,从儿童到老年人均可发生,以青壮年居多,其中反应性依恋障碍、去抑制性社会参与障碍常见于儿童。

二、分类

2022 年世界卫生组织发布的 ICD-11 中,应激相关障碍分为创伤后应激障碍、复杂性创伤后应激障碍、延长哀伤障碍、适应障碍、反应性依恋障碍、去抑制性社会参与障碍。

急性应激反应

急性应激反应（acute stress reaction, ASD）是指由于遭受急剧、严重的心理社会应激因素后，在数分钟或数小时之内所产生的短暂心理异常。病人最初多表现为"茫然"状态，即意识范围受限、定向错误、注意狭窄，伴有无目的的动作等；随后可表现出对周围环境的逃避或退缩，如不语不动、不吃不喝、对外界刺激毫无反应；也可表现为激越兴奋、活动过多、有冲动毁物行为；还可出现出汗、脸红、心率增快等典型的焦虑性自主神经症状。病人有时不能回忆创伤性事件。症状一般持续数小时或数天，预后良好，症状缓解完全。ICD-11已不再将其列为一类疾病，而将其归类于"影响健康状态或与保健机构接触的非疾病现象"。

三、病因及发病机制

应激相关障碍的病因很明确，但发病机制复杂，目前尚未阐明。

1. 生物因素 研究表明遗传易感性是决定个体是否形成应激相关障碍的重要因素。神经生化、生理等方面的改变也可能与发病有关。

2. 心理社会因素 个体的人格特点以及他们对应激源的认知评价、应对方式等对应激反应起着重要的作用。一般来说，个体认为负性的、不可控制的、不可预测的、超负荷的、具有威胁性的应激源更容易引起应激。不同的心理防御机制和应对方式也会影响应激反应。个体的经历与适应性、社会支持系统、环境因素等都会使应激反应的种类及程度出现较大差异。人格缺陷、不成熟的应对方式、缺乏社会适应能力、缺乏社会支持是应激相关障碍的危险因素。

四、临床特点

应激相关障碍的表现具有以下共同特点：①心理社会因素是引起本病的直接原因；②病因多为剧烈、持久的精神创伤；③病人的临床表现与心理社会因素的内容密切相关；④病人预后与心理社会因素是否消除有关。本节主要介绍创伤后应激障碍、复杂性创伤后应激障碍、延长哀伤障碍、适应障碍。

ER 7-3

创伤后应激障碍

（一）创伤后应激障碍

创伤后应激障碍（post-traumatic stress disorder, PTSD）是由于个体受到异乎寻常的威胁性、灾难性生活事件导致延迟出现和长期持续存在的精神障碍。本病起病较缓慢，多数病人在遭受创伤事件后数天至半年内发病，病程至少持续1个月，大多数病人在1年内恢复正常，但部分病人症状可持续数年，甚至终生不愈，是应激相关障碍中临床症状最严重、预后最差、可能产生脑损害的一类应激障碍。PTSD临床表现如下：

1. 闯入性再体验 主要有以下三种形式：

（1）短暂"重演"性发作：病人出现各种形式的反复发生的闯入性创伤性体验重现，且常常以非常清晰、极端痛苦的方式进行着这种"重复体验"，包括反复出现以错觉、幻觉构成的创伤性事件的重新体验，又称症状"闪回"。

（2）当病人面临、接触与创伤性事件相似或相关的事件、情景或其他线索时，常出现强烈的心理痛苦和生理反应。

（3）病人在创伤性事件后，常出现与创伤性事件有关的梦境（梦魇）。在梦境中，创伤性事件重现，病人产生与当时相似的情感体验。

2. 回避症状 在经历创伤性事件后，病人对与创伤有关的事物采取持续回避的态度。病人极力回避与创伤性事件有关的场景、相关的想法、感受和话题，不愿提及有关事件，甚至出现选择性失忆。病人希望把这些创伤性事件从自己的记忆中"抹去"。回避的同时，病人还会出现情感麻痹、反应迟钝、与他人疏远、回避社交、失去以往兴趣爱好等麻木表现，严重者可出现自杀行为。

3. 警觉性增高　部分病人出现入睡困难或易醒、易产生惊跳反应或易激惹、注意力不集中等警觉性过高的症状。

（二）复杂性创伤后应激障碍

复杂性创伤后应激障碍（complex post-traumatic stress disorder，C-PTSD）是长期、反复经历创伤事件后出现的一种精神障碍。不同于 PTSD 的一过性创伤事件，C-PTSD 多为难以或不可能逃脱的长时间或重复性事件（如长时间家庭暴力、反复性侵害或身体虐待等）。C-PTSD 除了 PTSD 的核心症状外，还存在严重的人际关系障碍、负性的自我认知和情绪调节障碍。例如，不能持久维持良好的人际关系，包括：过度依赖他人、取悦他人、控制他人；或表现为对人际关系敏感、警觉性或防御性增强，难以建立亲密关系；认为自己一无是处、自暴自弃，常有羞耻感、内疚感、失败感，并可能出现消极观念和自杀行为；情绪不稳定，无快乐的体验；经常有冲动攻击和破坏性行为。

（三）延长哀伤障碍

延长哀伤障碍（prolonged grief disorder，PCD）是指丧失亲人之后持续的哀伤反应，往往超过 6 个月，且难以随着时间的推移而得到缓解。其临床特征是以丧亲事件为中心，表现为持续性的、极度的痛苦体验。病人对逝者过度追忆，常沉浸在对逝者的缅怀之中，不愿接受逝者已逝的现状；对与逝者相关的事物过度敏感，有意识地避免与已逝者相关的事物；情感麻木，与外界隔离、疏远，不接受他人的帮助，难与他人建立亲密关系。病人的社会功能受到显著影响，甚至有自杀风险。

（四）适应障碍

适应障碍（adjustment disorder）是指在明显生活改变或环境改变时（如离婚、患病或残疾，存在社会或经济问题、家庭或工作冲突）所产生的短期、轻度的烦恼状态和情绪失调，常有一定的行为改变和生理障碍，但不出现精神病性症状。适应障碍病人通常在应激性事件或生活改变发生后1~3 个月内起病，病程一般不超过 6 个月。应激因素消除后，或随着时间推移，适应障碍可自行缓解，也可能转为更严重的其他精神障碍。

(1)**焦虑和抑郁情绪**：表现为无望感、哭泣、心境低落等抑郁情绪，或惶惑不知所措、紧张不安、注意力难以集中、胆小害怕和易激惹等焦虑情绪，可伴有心慌、肌肉震颤、胃肠不适等躯体症状。

(2)**品行障碍**：表现为对他人利益的侵犯或不遵守社会准则和规章、违反社会公德，如逃学、说谎、打架斗殴、毁坏公物等。

(3)**行为退缩表现**：表现为孤僻离群、不注意卫生、生活无规律、尿床、幼稚言语或吸吮手指等。成年人多表现为抑郁症状，青少年多表现为品行障碍，儿童则多表现为退缩现象。

(4)**生理功能障碍**：如睡眠不好、食欲缺乏、头痛、疲乏、胃肠不适等症状，同时可因适应不良的行为而影响到日常活动，导致社会功能受损。

> **考点提示**
>
> 创伤后应激障碍的临床表现是什么？

五、治疗要点

应激相关障碍主要采取心理治疗和药物治疗相结合的治疗方法。治疗的关键在于尽可能去除精神因素或尽快改变精神创伤环境，脱离应激源，消除应激反应。

1. 心理治疗　心理治疗是应激相关障碍的主要治疗手段。根据病人病情特点及需要选用适当的心理治疗和护理方法，一般包括支持性心理治疗、认知行为疗法、精神分析疗法等方法。通过倾听、解释、支持、鼓励、指导等手段,帮助病人提高心理应对技能,表达和宣泄相关情绪,认识疾病,面对现实,配合治疗。

2. 药物治疗 若病人有抑郁症状,可给予适当的抗抑郁药物,如 SSRIs 或阿米替林等;若病人有焦虑症状,可适当给予抗焦虑药物;若病人有精神病性症状如幻觉、妄想或躁动不安等,应适当给予抗精神病药物。药物剂量以中、小量为宜,疗程不宜过长。

3. 其他治疗 对于严重抑郁、有自杀和自伤行为,或明显冲动、有伤人毁物行为的病人,可采用改良电抽搐治疗,以迅速控制症状,保证安全。对于有木僵、抑郁且进食较差的病人,可采用补充营养、纠正水电质平衡等支持疗法。

知识拓展

灾后心理干预的重要性

灾后心理干预可以为受灾者提供适当的支持和治疗,帮助受灾者减轻心理痛苦,缓解创伤后应激障碍的症状;帮助受灾者建立积极的心理应对机制,提高受灾者的心理抗压能力,促进心理恢复和适应能力的提升,使受灾者重建信心和希望,重新找回生活的平衡;降低受灾者存在长期心理问题的风险,减少潜在的心理疾病发生率。

第二节 应激相关障碍病人的护理

【护理评估】

1. 健康史

(1)**个人成长史**:病人是否属于适应不良人格,如自卑、敏感、容易焦虑等。

(2)**既往史**:病人既往是否有应激相关障碍病史。

(3)**家族遗传史**:病人是否有精神障碍家族史。

2. 身体状况 评估病人是否主诉多种身体不适,如恶心、腹胀、胃肠道不适、胸闷、气短、头痛、头晕等。评估病人有无外伤或瘢痕及其原因。

3. 心理状况 评估病人近期是否有应激事件发生,事件的原因、种类、强度、持续时间、发生频率、当时情景、与病人的切身利益关系是否密切、对病人的影响,以及病人采取的应对方式等。评估病人有无抑郁、焦虑、恐惧、淡漠;有无退缩、品行障碍、自杀倾向或行为;有无思维迟缓、注意减退、记忆力下降、精力不足、过度疲劳;有无早醒、入睡困难等睡眠障碍;有无幻觉、妄想症状等。

4. 社会状况 评估病人平时对压力事件的处理方式、处理压力事件所需的时间、病人对应激事件的认识和对该疾病的态度。评估病人是否出现回避社交、人际关系改变等情况;是否出现家庭角色功能的改变;是否出现工作、学习效率低下;家庭、社会对病人的支持情况等。

5. 辅助检查 实验室检查和影像学检查等是否呈现组织器官的器质性病变。

【常见护理诊断/问题】

1. 有自伤的危险 与应激事件引起的焦虑情绪、抑郁情绪、冲动行为有关。

2. 社交孤立 与应激事件导致的情绪不稳有关。

3. 睡眠型态紊乱 与遭受应激事件、环境改变有关。

4. 情绪调控受损 与长期面对应激事件、主观感觉不安、无法停止担心、反复出现闯入症状导致的焦虑、抑郁、紧张有关。

5. 应对无效 与遭受创伤性事件、个人应对机制不良、支持系统不足有关。

【护理目标】

1. 病人不发生自杀、自伤行为。

2. 病人患病期间，其基本社交需要能得到满足。

3. 病人能恢复正常的睡眠型态，主诉睡眠得到改善。

4. 病人能掌握2种放松技巧，识别焦虑，保持情绪稳定。

5. 病人能正确认识应激事件，学会正确的应对方法，获得相应的支持。

【护理措施】

应激相关障碍病人的护理措施包括生活、心理、社会功能等方面的综合护理，而且不同临床类型的病人，其护理的侧重点也不同。例如，对创伤后应激障碍的病人，其护理的侧重点是保障病人的安全，消除不良认知和情绪障碍，建立合理有效的应对机制，而对适应障碍的病人，其护理的侧重点是健全、完善人格，提高其应对能力。

1. 基础护理

(1) **饮食护理**：了解病人的心理活动和饮食习惯，尽量满足病人的饮食需求，以促进和提高病人的食欲。可采用少量多餐的方式。对自行进食有困难的病人，根据病人情况可安排专人协助进食，必要时给予鼻饲或静脉补液，以保证病人的营养需求，并同时协助病人做好口腔护理。

(2) **睡眠护理**：为病人提供安静、舒适的睡眠环境，减少影响睡眠的不良因素，合理安排病人的作息时间，对于严重睡眠障碍者，可遵医嘱给予镇静催眠类药物，尽可能保证病人有足够的休息和睡眠。

(3) **协助病人料理个人生活**：对因木僵或退缩状态导致丧失生活自理能力的病人，护理人员需要对其生活料理提供帮助，如穿衣、如厕等。对生活完全不能自理者，护理人员应做好各项基础护理，如口腔护理、皮肤护理、大小便护理等，防止并发症发生。当病人病情缓解、意志行为增强时，鼓励病人自行料理个人卫生，促使其形成积极的生活态度。

2. 安全护理

(1) **脱离应激源**：应激相关障碍病人的病因较为明确，首要的护理措施是帮助病人尽快消除精神因素的刺激，脱离引起应激反应的环境，最大限度地避免对病人的进一步刺激。最好将应激相关障碍病人安排在不同的病房，以免引起病人之间对疾病感受的共鸣而加重症状。

(2) **提供安全舒适的环境**：为病人提供安全、安静、温度适宜、色彩淡雅、整洁舒适的环境。加强危险物品的管理，如绳索、刀、剪、玻璃等。定期做好安全检查，避免危险物品成为病人暴力行为和自杀、自伤的工具。

(3) **密切观察**：重点评估病人有无自杀、暴力行为的危险。对有自杀、冲动、暴力行为征兆的病人，运用适当的沟通技巧加强与病人的沟通，鼓励病人表达其思想和情感。同时，限制其活动范围，必要时专人看护，采取保护性约束，防止意外事件发生。尤其是在夜间、清晨等容易发生自杀的时间段，更要加强防自杀的安全管理。一旦病人发生暴力、自伤等行为时，应立即采取措施，控制局面，保证病人及周围人员的安全。

3. 心理护理

(1) **建立良好的护患关系**：护士应尊重、主动关心病人，态度友善、诚恳，耐心倾听、支持、接纳病人，建立与病人之间的信任关系。护士倾听病人倾诉时，应有耐心，不催促病人或打断病人说话，做操作前应耐心解释，以取得病人的合作。适当运用非语言沟通技巧，如抚摸、陪伴等，鼓励病人表达内心情感，宣泄负性情绪，帮助病人认识、控制不良情绪及其带来的危害。

(2) **给予支持性心理护理**：①增加与病人交往的时间和频率，保持与病人之间的信任关系。②鼓励病人表达想法和宣泄情绪：鼓励病人表达创伤性体验的经历，及时倾诉疾病发作时的感受及应对方法，以达到宣泄情绪的目的；与病人讨论创伤性事件，减少病人可能存在的自我消极评价；鼓励病人用适当方式表达焦虑、恐惧情绪，并允许病人自我发泄（如踱步、哭泣等），但不过分关注。③认同并接纳病人：强调病人对应激事件的感受、体验完全是一种正常反应，对病人当前的应对机制表示认同和理解。④对病人进行解释和指导：帮助病人认识疾病的性质，强化疾病可以治愈的观念，帮助病人树立战胜疾病的信心。帮助病人分析疾病症状和导致不良情绪的原因及危害性，使病人认识到恶劣心境不利于心身健康。指导病人正确、勇敢地面对客观现实。⑤分散病人的注意力：鼓励病人多参加集体活动，分散其对创伤体验的注意力，减轻社交孤立和无效应对的行为。

（3）**帮助病人纠正负性认知**：首先，应帮助病人找到自己的负性自动思维。其次，告知病人其各种想法（即其对应激事件的认知和评价）是如何导致不良情绪反应和行为表现的。最后，指导病人认识其负性认知和观念是不符合实际的，并帮助其找到负性认知与不良情绪、行为的关系，进而改变这些不良认知。另外，也可通过暴露疗法帮助病人消除不良认知。暴露可以通过想象实现，也可以真正进入某种情景，如在车祸后重新乘车。反复的暴露可使病人认识到自己所害怕和回避的场所已不再危险，以帮助病人面对痛苦的记忆和感受，消除恐惧情绪，改变或消除不良认知。

（4）**指导病人学习积极有效的认知行为技能**：指导病人有效开展放松训练、呼吸训练、正性思维、自信训练等，使病人学会控制焦虑、恐惧等不良情绪，以更好地应对应激。帮助病人学会积极有效的认知行为技能，如选择性忽视、选择性重现、改变原有的价值系统、降低自己的期望值、转移注意力等。

（5）**帮助病人运用社会支持系统**：帮助病人寻求、充分调动社会支持系统和资源，获得更多的亲人、朋友、社会的支持和帮助，以减轻应激反应，促进身心康复。

4.治疗相关护理 遵医嘱给予病人相应的药物进行治疗，如抗焦虑药物、抗抑郁药物、抗精神病药物等，注意观察药物的疗效和不良反应，指导病人合理用药。配合医生做好对病人的电抽搐治疗、暗示治疗、行为治疗等。

5.健康教育 护士要耐心让病人及家属全面了解应激相关障碍的知识，并强调：①要正确认识和评价创伤性事件，学会有效的应对应激反应的方法，如情感表达、呼吸训练、肌肉放松等，以及寻求社会支持及专业人员的帮助等。②掌握相关知识，对应激相关障碍有正确的认识，发现异常随时就诊。③提供良好的家庭支持，关心病人，但也不过分迁就或强制病人。④给予病人必要的心理社会康复措施，指导病人积极参加社会活动，合理安排好工作、学习、生活，多与人交往。

【护理评价】

1.病人的精神症状是否消除，是否发生自伤、自伤、伤人等行为。

2.病人的社会功能是否恢复，能否与他人进行正常的人际沟通。

3.病人能否保持良好的睡眠，且醒后精神状态良好。

4.病人能否掌握2种以上的放松技巧，能否识别焦虑，保持情绪稳定。

5.病人能否正确认识、应对应激事件，是否学会新的应对方法。

（惠亚娟）

思考题

1.病人，女性，52岁，中学教师。3天前，病人的儿子与女朋友驾车旅游时遭遇车祸死亡，病人获知噩耗当即晕厥，数分钟后醒来，出现言语不连贯，意识清晰度下降，拒绝承认尸体是自己的孩子，反复念叨"我儿子和媳妇到外面去玩了，很快就会回来的"。第二天病人醒来后情绪波动明显，时常号啕大哭，反复责备自己"那天我要是不让他们出去就好了"。病人对别人的劝解很反感，容易被激怒。症状持续一个月后，社区医生建议病人入院治疗。病人入院后表现为情绪激越，不愿意多说话，定向力障碍，检查不合作。病人自幼性格内向、胆小，10岁时其母因车祸意外死亡，从此性格更为内向，不愿与外人交往。病人学习、工作认真，做事力求完美，能力强。

请思考：

（1）病人可能出现了什么问题？

（2）护士应从哪些方面评估病人？

2. 病人，女性，14岁。一个月前父母离异后，病人跟随父亲去了另一个城市生活，转学至当地中学后，班主任发现病人上课注意力不集中，成绩下滑，平时独来独往，经常无故请假，找各种理由不上课。两个月后的期中考试，病人突然说恶心、头痛，不能坚持考试，遂请假回家就诊。

请思考：

（1）病人可能出现了什么问题？

（2）护士应采取哪些护理措施？

思考题
解析思路

练习题

第八章 │ 抑郁障碍

ER 8-1
教学课件

ER 8-2
思维导图

学习目标

1. 掌握抑郁病人的临床特点与护理程序。
2. 熟悉抑郁障碍的治疗要点。
3. 了解抑郁障碍的病因与发病机制。
4. 学会正确运用护理程序，对抑郁障碍病人进行护理和健康教育。
5. 具备娴熟的护理技能，帮助病人建立起正向认知和情绪，早日回归正常生活。

第一节 概 述

导入情境

病人，女性，29 岁，因失眠、情绪低落 6 个月就诊。病人自述新婚不久丈夫即外出务工，很少回家，也很少与她联系，即使有了宝宝也依然如此。半年前病人失业，没有找到新的工作，常常觉得心情压抑，对现状感到很无力甚至绝望，有时想大哭一场，有时会因琐事与家人争吵，事后又后悔不迭，更加郁闷。病人睡眠差，常常在早晨三四点钟醒来后再难入睡，并有轻生的念头。初步诊断为抑郁障碍。

工作任务：

1. 从哪些方面对病人进行评估？
2. 病人存在哪些护理问题（现存 / 潜在）？
3. 对该病人的护理要点有哪几个方面？

一、概念

抑郁障碍（depressive disorder）是以显著而持久的情感低落为基本临床特征的一类心境障碍（mood disorder），伴有相应的认知和行为改变，甚至出现幻觉、妄想等精神病性症状。大多数抑郁病人在接受治疗后 1 年内痊愈，但有 50%~70% 的病人在未来 2 年内复发，因此，对抑郁障碍倡导全病程治疗。

二、分类

世界卫生组织发布的 ICD-11 中，将抑郁障碍分为单次发作的抑郁障碍、复发性抑郁障碍、恶劣心境障碍、混合性抑郁焦虑障碍、其他特指的抑郁障碍和未特指的抑郁障碍。

什么是心境障碍

心境障碍又称情感性精神障碍,是以显著而持久的情感或心境改变为主要特征的一组疾病,临床上主要表现为情感的高涨或低落,伴有相应的认知和行为改变。近年来的研究显示,抑郁障碍与双相障碍在临床表现、治疗、预后等方面存在明显的差异,遗传、影像等多方面的研究也提示这两类疾病具有明确的生物学异质性。但 ICD-11 中仍然把二者均归入心境障碍大类,而美国的《精神障碍诊断与统计手册(第 5 版)》(DSM-5)中将二者分别归入独立的疾病单元。

三、病因及发病机制

抑郁障碍的病因与发病机制比较复杂,目前尚未完全阐明,可能是生物因素、心理因素和社会因素共同作用的结果。

(一) 生物因素

1. 遗传因素   遗传因素是抑郁障碍发生的重要因素之一。病人的一级亲属患抑郁障碍的风险是一般人群的 2~10 倍,血缘关系越近,患病风险越高。同卵双生子的同病率(46%)高于异卵双生子(20%)。

2. 神经生化因素   有研究显示 5- 羟色胺(5-HT)、去甲肾上腺素(NE)和多巴胺(DA)的功能活动降低可能与抑郁发作有关。

3. 神经内分泌因素   抑郁障碍的病人会出现下丘脑 - 垂体 - 肾上腺轴(HPA)功能异常,表现为血中皮质醇水平增高、应激相关激素分泌呈现昼夜节律的改变以及无晚间自发性皮质醇分泌抑制等。

(二) 心理社会因素

心理社会因素在抑郁障碍的发病中具有重要的作用。具有明显的焦虑、强迫、冲动等特质的个体可能易发生抑郁障碍。应激性生活事件,如学习、工作和生活的压力与变故,婚姻和家庭问题,罹患慢性躯体疾病,社会经济状况因素(如投资失败、经济压力加剧等)等可增加抑郁障碍的发病率。动物实验和临床流行病学的研究结果都证实,精神创伤尤其是早年创伤会显著增加成年期抑郁障碍的发病风险。个体若在儿童期遭受虐待、父母失和、因分离或死亡造成母爱剥夺,则在成人期易患抑郁障碍。离异、分居、丧偶为危险因素。认知理论认为,抑郁障碍病人存在一些"习惯性"的负性认知,总是倾向于消极、悲观的自我评价,无法正确应对应激。

抑郁障碍的病因及发病机制错综复杂,通常认为生物因素和早期的应激事件构成了患病的易感素质,而之后的心理社会因素则起到了"触发"的作用。

四、临床特点

ER 8-3

抑郁障碍的临床特点

抑郁障碍的临床表现可分为核心症状、心理症状群和躯体症状群,有时在有些病人会出现症状的重叠。

(一) 核心症状

心境或情绪低落、兴趣减退以及快感缺失是抑郁发作的核心症状,这些症状是诊断抑郁的关键。

1. 心境低落   是指自我感受或他人观察到的显著而持久的情绪低落和抑郁悲观。病人自觉心情不好、高兴不起来,终日愁眉苦脸、忧心忡忡。病人可出现典型的抑郁面容,即眉头紧锁,长吁短叹。严重者悲观绝望,有度日如年之感。这种低落的情绪几乎在大部分时间都存在,通常不随外界环境的变化而变化，并呈现"晨重暮轻"的特点，即凌晨醒来心情最为苦闷，觉得度日如年，而日落后明显好转。有的病人虽然内心郁闷痛苦，但外表并不暴露出来，谈笑如常，称为"微笑型抑郁"。

2. 兴趣减退　病人对过去喜爱的活动或事物丧失兴趣或兴趣下降，即使能做事也是敷衍了事，或是为了消磨时间，希望摆脱悲观失望情绪而进行的。症状典型者对任何事物无论好坏等都缺乏兴趣，离群索居，不愿见人。

3. 快感缺失　也称乐趣丧失，指病人体验快乐的能力下降，不能从日常从事的活动中体验到乐趣，感到生活索然无味。部分病人也能勉强参加一些活动，表面看似兴趣存在，实则是希望自己能从悲观失望中摆脱出来或是为了消磨时间，完全体会不到快乐，有时反而会觉得这是一种负担。

考点提示

抑郁发作的核心症状是什么？

上述三种症状相互联系、互为因果，在不同病例中表现并不完全一致，可能同时出现三种症状，也可能只以一两种症状为突出表现。

（二）心理症状群

1. 抑郁性认知　是抑郁障碍的重要特征之一，病人对各种事物均做出悲观的解释，常有"三无"症状，即无用、无助、无望。继而产生"三自"症状，即自责、自罪、自杀，病人对自己既往的轻微过失或错误痛加责备，认为给家人或社会带来巨大负担，产生深深的内疚甚至罪恶感。

知识拓展

耐心对待抑郁性认知

抑郁病人常具有负性的、歪曲的认知习惯，表现为非此即彼型认知（极端化或对立思维，若非成功即为失败）、灾难化认知（消极地预测未来而不考虑其他可能性）、标签化认知（不顾实际情况地认为自己是不幸的），以及选择性关注（只注意消极或负性的内容，看不到事物的积极面）。这种认知的扭曲有时根深蒂固，病人认为自己不值得被爱，有着许多无法克服的障碍，对未来失去信心。这种扭曲的认知并非一朝一夕能够转变，护理人员要充分理解病人，耐心地进行心理干预和心理护理，少讲"大道理"，而是用具体、积极、正向的认知去替换假想、消极、负向的认知，使病人逐渐建立起正确的认知模式。

2. 思维迟缓　病人自觉思维变得缓慢，头脑不灵活。病人主动言语减少，语速减慢，语音变低，思考问题困难，学习和工作能力下降，甚至对一些日常小事也难以作出决定。

3. 认知功能损害　病人常主诉注意力和记忆力下降，不能持久地注意某一事物，反应时间延长，学习和工作效率降低。有的病人表现出抽象概括能力下降、言语流畅性变差，无法进行创造性思考。通常这类症状会随着治疗而缓解，但有的病人会长期存在这类症状。

4. 精神病性症状　严重的抑郁障碍病人可出现幻觉、妄想等精神病性症状，例如与抑郁心境相一致的嘲弄性或谴责性内容的幻听、自罪妄想、疑病妄想等，或者不具有抑郁基调的被害妄想、没有情感色彩的幻听等。

5. 自杀观念和行为　这是抑郁障碍最严重的症状和最危险的后果之一，心境低落、负性认知、某些幻觉、妄想等都可以使病人产生自杀观念并最终发展成自杀行为。病人认为结束生命是一种解脱，甚至有的病人会认为自己的亲人活着也非常痛苦，帮助他们死亡是对他们的解脱，于是选择杀死亲人后再自杀，称为"扩大性自杀"。在重度抑郁障碍的整个过程中病人均存在自杀风险，尤以治疗初期及症状消失后 6~9 个月内危险性最高，护士应保持高度警惕，认真做好自杀风险的评估和预防。

6. 焦虑　常与抑郁伴随出现，甚至更为突出。病人表现为有不祥的预感，感到心烦、担心、紧张、无法放松、易激惹等。此时病人常出现胸闷、心慌、尿频、出汗等躯体症状，可能掩盖主观的焦虑和抑郁体验而成为临床主诉，应予以鉴别。

7. 精神运动性迟滞或激越　精神运动性迟滞是指言语和行为显著减少甚至完全抑制。病人表现为少言懒动，生活懒散、被动，闭门不出，独坐一旁，不与人沟通，甚至出现"抑郁性木僵"（不语、不动、不食）。有些病人则相反，表现为言语和行为显著增加，大脑过度活跃，思绪繁杂混乱，反复思考一些没有意义、缺乏条理的事情。病人心烦意乱，坐立不安，搓手顿足，来回踱步，称为"精神运动性激越"。

8. 自知力缺乏　多数病人自知力完整，主动求治并描述病情，但严重抑郁障碍病人的自知力不完整甚至缺乏。出现精神病性症状的病人缺乏正确的自我认识，甚至完全失去求治愿望。

（三）躯体症状群

1. 睡眠障碍　主要表现为早段失眠（入睡困难）、中段失眠（睡眠轻浅、多梦）和末段失眠（早醒），以入睡困难最为多见，而末段失眠（早醒）对抑郁障碍的诊断具有特征性意义。病人通常比平时早醒2~3个小时，醒后无法再次入睡。非典型抑郁障碍病人也可出现睡眠过多的情况。

2. 进食紊乱　主要表现为食欲下降伴体重减轻。非典型抑郁障碍病人会出现食欲亢进和体重增加。

3. 精力下降　表现为无精打采、疲乏无力、懒惰。病人感到自己整个人快散架了、筋疲力尽，常诉说"什么都没做也感到疲惫不堪""太累了"。

4. 性功能障碍　很多抑郁病人存在性欲减退甚至完全丧失。有些病人即使勉强维持性行为，但无法从中体验到乐趣。女病人会出现月经紊乱、闭经等症状。

ER 8-4

抑郁发作典型
临床表现

5. 非特异性躯体症状　焦虑抑郁状态的病人常表现出与自主神经功能紊乱相关的症状，如头晕、头痛、心悸、胸闷、胃肠不适等，甚至可以掩盖其抑郁情绪。病人常在内科或中医科求治，多无阳性发现，易造成误诊。

五、治疗要点

抑郁障碍的治疗应遵循以下原则：①全病程治疗：急性期治疗（8~12周）以控制症状为主，尽量达到临床痊愈，同时促进病人社会功能的恢复；巩固期治疗（4~9个月）以防止病情复燃为主；对于多次反复发作或残留症状明显者建议长期维持治疗，即维持期治疗。②个体化合理用药：制订治疗方案时需结合病人的年龄、性别、主要症状、躯体情况、既往治疗史等因素，从安全性、有效性、经济性、适当性等角度选择合适的药物及剂量。③动态评估：在治疗前、治疗中要定期对病人进行评估，并且不同时期评估的侧重点不同。同时，要密切观察治疗反应、不良反应以及可能出现的药物相互作用等，并及时调整药物或剂量。④联合用药：难治性抑郁障碍可考虑联合应用两种作用机制不同的抗抑郁药物以提高疗效，但不建议联用两种以上抗抑郁药物。⑤建立治疗联盟：彼此信任、支持的护患联盟关系有助于提高病人的治疗依从性。同时积极调动家属的配合与合作，最大程度地调动病人的社会支持系统，形成广泛的治疗联盟，对病人的康复具有积极的作用。

（一）药物治疗

抗抑郁药物起效较慢，尽可能单一用药，通常不建议联用两种以上抗抑郁药物，但对难治性病人可以选择2种作用机制不同的抗抑郁药物联合使用以增加疗效。合并精神病性症状时可考虑联用抗抑郁药物和抗精神病药物。

1. 新型抗抑郁药物　是目前临床一线用药，例如以氟西汀为代表的SSRIs，还有舍曲林、帕罗西汀、氟伏沙明、西酞普兰等。其他新型抗抑郁药物有文拉法辛、度洛西汀、米氮平、安非他酮、曲唑酮、阿戈美拉汀等。

2. 三环类和四环类抗抑郁药物 是二线推荐药物,如阿米替林、氯米帕明、丙米嗪、多塞平和马普替林等。

3. 单胺氧化酶抑制剂(MAOI) 作为三线推荐药物常用于其他抗抑郁药物治疗无效的抑郁病人,如吗氯贝胺。

4. 中草药 目前在我国获批的治疗抑郁障碍的中草药有圣约翰草提取物片、疏肝解郁胶囊、巴戟天寡糖胶囊。

ER 8-5

抑郁障碍的
药物治疗原则
(视频)

(二)物理治疗

1. 改良电抽搐治疗(MECT) 可有效缓解重症病人的症状,快速控制自杀意念,从而降低自杀死亡率,对重症抑郁发作,特别是有强烈自罪自责观念、明显自杀倾向和企图、木僵的病人尤为适用。治疗次数通常为 8~12 次,但疗效维持时间较短,因此建议与抗抑郁药物联合治疗,避免治疗停止后病情复发。

考点提示

治疗抑郁障碍的首选药
是什么?

2. 重复经颅磁刺激治疗(rTMS) 2010 年 rTMS 被纳入美国精神病协会编制的《抑郁障碍治疗实用指南》。其最大的不良反应是诱发癫痫发作,还有头痛、刺激部位皮肤损伤和诱发躁狂等。rTMS治疗后,10%~30% 的病人会出现头痛,但持续时间短,无需特殊处理,多可自行缓解。

3. 迷走神经刺激(VNS) 是临床上难治性癫痫的常规治疗手段,美国食品药品监督管理局(FDA)已批准 VNS 作为抑郁障碍的辅助治疗手段。VNS 存在一定的不良反应,如声音改变、咳嗽、吞咽困难、感觉异常和咽炎等,这些情况随着治疗进行可能逐渐改善。

(三)心理治疗

运用支持性心理治疗、认知行为治疗、精神动力学治疗、人际心理治疗、婚姻家庭治疗等一系列心理治疗技术能够使病人客观地认识和了解自身问题,识别和矫正负性认知,处理人际交往问题,改善应对能力,提高对治疗的依从性,增强信心和安全感,从而减轻或缓解症状,减少复发。

知识拓展

抑郁障碍的预后与复发

大部分病人经过抗抑郁治疗其病情可缓解或显著减轻,社会功能可恢复到病前水平,约 20%~35% 的病人会有残留症状,以及社会功能或职业能力受到不同程度的影响,约 15% 的病人无法达到临床治愈。

首次抑郁发作缓解后约半数病人在患病后 2 年内复发。对于 3 次及以上发作或未接受维持治疗的病人复发风险可高达 90% 以上。引起复发的主要因素有:①维持治疗的抗抑郁药物剂量及使用时间不足。②生活应激事件。③社会适应不良。④罹患慢性躯体疾病。⑤缺乏家庭、社会的支持。⑥阳性心境障碍家族史等。

第二节 抑郁障碍病人的护理

【护理评估】

1. 健康史

(1)**个人成长史**:病人是否属于适应不良人格,如自卑、敏感、容易焦虑等。

(2)**既往史**:病人既往是否有抑郁或其他精神障碍病史,如酒精和物质滥用等。

(3)**家族遗传史**:病人是否有精神障碍家族史。

2. 身体状况 评估病人是否主诉多种身体不适,如恶心、腹胀、胃肠道不适、胸闷、气短、头痛、头晕等,以自主神经功能紊乱为主。评估病人有无外伤或瘢痕及其原因。

3. 心理状况 评估病人近期是否有应激事件发生,事件的强度、频率、持续时间以及对病人的影响、病人采取的应对方式等。评估病人有无抑郁的核心症状,如心境低落、兴趣缺乏、乐趣丧失;有无自卑、绝望、罪恶感;有无自杀意念或行为;有无思维迟缓、注意减退、记忆力下降、精力不足、过度疲劳;有无早醒、入睡困难等睡眠障碍;有无幻觉、妄想症状等。

4. 社会状况 评估病人的社交、沟通能力,是否出现回避社交、人际关系改变等情况;是否出现家庭角色功能的改变;是否出现工作、学习效率低下;家庭、社会对病人的支持情况等。

5. 辅助检查 实验室检查和影像学检查等是否呈现组织器官的器质性病变。

【常见护理诊断/问题】

1. **有自杀的危险** 与情绪低落、消极观念、自责自罪有关。
2. **营养失调:低于机体需要量** 与食欲下降、木僵状态等导致的摄入减少有关。
3. **睡眠型态紊乱** 与情绪低落、沮丧、自身调节机制紊乱有关。
4. **思维过程紊乱** 与认知障碍有关。
5. **焦虑** 与情绪不能自控有关。
6. **自我认同紊乱** 与情绪低落、负性应激、负性认知有关。
7. **活动耐力下降** 与抑郁情绪有关。

【护理目标】

1. 病人能够用谈话、书写等方式宣泄情绪和求助,消除或不发生自杀的想法。

2. 病人能配合护理人员喂饭或在劝导下自主进食;病人能适当活动,食欲和食量不断增加,恢复病前的进食水平。

3. 病人能遵医嘱服用安眠药物入睡。随着病情被控制,病人能够养成良好的睡眠习惯,不依靠安眠药物即可保持6小时以上的睡眠,且醒后精神状态良好。

4. 经过劝说,病人能与人交流自己的想法,特别是表达自己的痛苦和不安;能够接受护士的劝解,逐渐消除病态思维,并对自己有正确的评价。

5. 病人学会识别焦虑,并掌握2种以上缓解焦虑的方法,焦虑情绪逐渐消失。

6. 病人能够有正确、客观的自我评价。

7. 病人能够参与低强度的活动,逐渐恢复至中等强度的活动,并在活动后表现出良好的状态。

【护理措施】

抑郁病人的护理措施主要围绕调整病人的基本生理活动状况、改善其抑郁心境、调动正向思维、建立正向的人际交往、加强沟通能力来制订,从而提高病人对于治疗的依从性,保障病人的生命安全,并预防复发。

1. 基础护理 病人常会出现食欲缺乏甚至丧失,护士要根据不同情况制订相应的护理对策。例如,为病人准备的食物既要营养均衡,又要注意颜色搭配,能引起病人食欲。鼓励病人少食多餐,可陪伴病人进餐或者喂食,必要时鼻饲、补液。对出现睡眠障碍的病人,白天可以适当地增加其活动量,减少卧床时间,睡前采取一些助眠措施,对入睡困难和早醒的病人可在必要时遵医嘱给予安眠药物。病人可能因情绪低落引起生活自理方面的"无力感",护士应提醒、督促或适当协助病人来完成日常生活活动,尽量鼓励病人自行完成,同时给予积极性的言语鼓励,如"你做得太棒了……""这样做很好……",等等。便秘是抑郁病人常见的问题,可以增加纤维素的摄入,适当按摩腹部,也可以遵医嘱给予润肠通便的药物。对于木僵的病人,护士要保证床褥干燥平整,保持肢体处于功能位,对症护理,并做好记录。

2. 安全护理 护士要严格贯彻执行病房的安全管理制度,确保病人安全。

（1）提供安全的环境，做好危险物品的管理。将有自杀企图的病人安排在便于观察的病室内，必要时设专人看护。病房安静，光线充足，物品简洁，清除所有危险品，以免病人将其作为自杀工具。

（2）密切观察病情，对病人的自杀风险进行动态评估。护士要及时辨认出抑郁病人自杀意图的强度与可能性，以及病人可能采取的自伤、自杀方式，有效防止意外发生。若病人出现明显的情绪转变，或言谈举止中出现交代后事、书写遗书、反复叮嘱重要问题等情况，均视为危险行为的先兆，护士应及时采取措施。对有自杀计划的病人要专人24小时监护，重点交接，密切观察病人的言行。对故意掩盖自杀意图的病人要善于识别，及时做好病情记录。对实施自杀的病人，要立即抢救，并通知家属。在夜间、凌晨、午睡和交接班以及节假日等病房医护人员较少的情况下，要加强防范。

3. 心理护理

（1）**建立治疗性护患关系，赢得病人的信任**：护士要用亲切、温暖的态度与病人相处，理解和同情病人，接纳其病态表现，设身处地地换位思考，并让病人感受到陪伴，而不是监管。

（2）**消除负性思维，重建正向的认知模式**：与病人沟通时，护士可以适当放慢语速，鼓励其倾诉，并善于抓住沟通中的契机，及时纠正病人负性自我认识的"习惯"。因病人存在无用感、无助感、无希望感，护士就要设法增加其自我价值、安全感和对未来的信心与期待。例如在活动中多让病人有发表意见、表现自己的机会，共同商讨护理措施的制订，多回忆过去积极、成功、高兴的事，让病人感受到被尊重、被需要。对有自杀倾向的病人，护士不必刻意回避有关自杀的话题，应启发病人说出内心的真实想法，与病人共同寻找解决办法。对有疑病妄想的病人，要通过必要的躯体检查来证实其躯体健康，讲清疾病性质，对病人诉说的身体不适仅做短期的、必要的关心，不要事事都予以过分关注。当躯体不适的主诉减少和减轻时，要及时给予鼓励和肯定，强化积极的感受，强化病人对治疗的依从性。对自杀未遂的病人，不能歧视和埋怨，要一如既往地关心病人，了解其自杀前后的心理状态，重新进行自杀风险评估，完善护理措施。

考点提示

对抑郁病人进行安全护理和心理护理应注意哪些要点？

（3）**积极发动社会支持系统，使病人掌握应对技巧**：护士可以为病人创设人际接触的机会，通过社交训练协助病人改善以往消极被动的交往方式，让病人学会看到事情的多面性和多种解决办法，逐渐建立起积极健康的人际交往能力。

4. 治疗相关护理

（1）**给药护理**：护士要掌握自杀的危险因素，做到"发药到手、看服到口、送水咽下、看后再走"，防止病人弃药或藏药引发不良后果。护士要仔细观察病人用药后的疗效、不良反应以及心理反应，及时处理问题，以保证疗效。

ER 8-6

抑郁自杀危险性的评估及处置

（2）**其他治疗的护理**：抑郁病人常感到无力、易疲乏，可以安排一些难度小、体力强度轻的兴奋性工娱治疗，如绘画、折纸、散步、浇花、观看娱乐节目等，护士要严格执行工娱治疗的护理常规，防止病人出走和收集危险物品。

5. 健康教育　护士要耐心让病人及家属全面了解抑郁障碍的知识，并强调以下内容：①遵医嘱服药，绝对不能擅自增减药量或停药。抑郁反复发作会加重精神残疾，预后差，目前认为应至少维持治疗2~3年，对多次反复发作或残留症状明显者建议长期维持治疗。②掌握疾病相关知识，例如识别复发前期或早期的症状，如失眠、情绪不稳等；识别常见的药物不良反应，并对较轻的症状对症处理；避免侥幸心理，定期复查，发现异常随时就诊。③提供良好的家庭支持，包括和谐的家庭氛围、完整的监护和连续的经济支持，缺少其中任何一个内容都会影响病人的康复，增加复发的概率。④必要的心理社会康复措施。指导家属陪同病人参加病友联谊会，以及有利于病人康复的社交活动和康复训练，促使病人获得健康的身心状态和乐观、积极的生活态度。

【护理评价】

1.病人的情绪是否得到了改善,是否将自杀风险控制到最低,没有发生自杀。

2.病人是否恢复正常饮食,生命体征是否平稳。

3.病人的睡眠是否充足,是否有良好的精神面貌。

4.病人对自身以及事物的认识是否合理,是否建立起了有效的应对方式。

5.病人是否使用有效的方法来缓解焦虑。

6.病人能否有正确、客观的自我评价。

7.病人是否能够完成低强度或中等强度的活动,并在活动后表现出良好的状态。

（曾　艳）

思考题

1.病人,女性,18岁,因兴趣减退、快乐感缺失1年入院,诊断为"抑郁障碍"。病人在高中阶段感到学习吃力,注意力难以集中,成绩不理想,压力很大,尤其是高考复读期间精力、体力减退更加明显,自觉前途渺茫,生活毫无快乐感,有过轻生想法。病人入睡困难,多梦,睡眠质量差,精神状态不佳;食欲差,消瘦,面容憔悴;头晕、头痛、月经紊乱。

请思考:

(1)请列出病人主要的护理诊断/问题。

(2)请简述如何恰当地运用沟通技巧,在心理护理中给予病人心理支持。

2.病人,男性,40岁,4个月前自己最好的朋友因病去世,病人出现严重失眠,难以入睡或睡眠不深,常在噩梦中惊醒;继而出现情绪低落,兴趣减退,活动减少,不注意个人仪表,有消极想法及自伤行为。病人食欲减退、头晕、头痛、耳鸣、乏力,但躯体检查未见异常。

思考题
解析思路　　练习题

请思考:

(1)目前病人的首优护理诊断是什么?

(2)请制订对该病人主要的护理措施。

第九章 | 双相障碍

ER 9-1 ER 9-2

教学课件　　思维导图

学习目标

1. 掌握双相障碍病人的临床特点与护理程序。
2. 熟悉双相障碍的治疗要点。
3. 了解双相障碍的病因与发病机制。
4. 学会正确运用护理程序,对双相障碍病人进行护理和健康教育。
5. 具备良好的职业素养,鼓励病人正确表达情绪并配合治疗,不遗余力地为病人早日康复而服务。

　　双相障碍是一种严重的精神障碍,病人在病程中出现躁狂和抑郁发作,给自身及其家庭带来痛苦和负担,病人的社会功能也受到显著的损害。

第一节　概　述

导入情境

　　病人,男性,20岁,因情绪高涨与低落交替3年、加重1个月就诊。病人3年前无明显诱因出现话多,异常兴奋,自觉精力旺盛、能力强,整日忙碌却毫无疲倦之感,持续数日后症状消失,未就医。数月后出现兴趣爱好减少,有无力感,少言懒动,不料理个人卫生和仪表,不与人交往,被诊断为抑郁障碍,经治疗后好转,能继续学习和生活。近3年病人病情反复,躁狂和抑郁交替发作,经治疗症状都能基本缓解。近1个月病人出现兴奋、话多、消费支出显著增加、易激惹,由家人劝说送医。入院时,病人意识清楚,无明显外伤,比较合作。

工作任务:

1. 护士与病人沟通时可以采用哪些沟通技巧?
2. 为了减少病人的过度活动,护士可以采取哪些护理措施?

一、概念

　　双相障碍(bipolar disorder,BPD)也称双相情感障碍,是指临床上同时存在躁狂(或轻躁狂)发作和抑郁发作的一类心境障碍。病人可有躁狂发作和抑郁发作反复循环或交替出现,也可以以混合方式存在。双相障碍常呈发作性病程,每次发作会持续一段时间,并对病人的日常生活和社会功能等产生严重影响。部分病人的病程可呈自限性,轻度发作即使不给予治疗也可能自发缓解。在发作的间歇期,病人的症状可以完全缓解或部分缓解。间歇期持续数月到数年不等。

考点提示

什么是双相障碍?

随着年龄增长和发作次数的增加,正常间歇期有逐渐缩短的趋势。

二、分类

(一)双相障碍

ICD-11 将双相障碍分为双相障碍 I 型和双相障碍 II 型。前者是指病人至少出现一次躁狂发作或混合发作,持续时间至少为 1 周,这是临床上最常见的心境障碍。后者是指病人有明显的抑郁发作,同时有一次或多次轻躁狂发作,但无躁狂发作。

(二)环性心境障碍

环性心境障碍的主要特征是指反复出现轻度的心境高涨与心境低落,但不符合躁狂或抑郁发作的症状标准,社会功能受损程度较轻。心境的波动与病人的人格特征有密切关系,而与生活事件常无明显关联。需排除:心境变化并非躯体疾病或精神活性物质的直接后果,也非精神分裂症及其他精神病性障碍的附加症状。

三、病因及发病机制

双相障碍的病因与发病机制目前尚未明确,大量研究结果提示遗传因素、神经生化因素和心理社会因素与本病的发生关系密切。

(一)生物因素

1. 遗传因素 家系研究发现,双相障碍病人的生物学亲属的患病风险显著增高,血缘关系越近,患病风险越高,并且有早发遗传现象,即发病年龄逐代提早、疾病严重性逐代增加。双生子与寄养子的研究也显示出遗传因素的重要影响。

2. 神经生化因素 精神药理学资料和神经递质代谢的研究指出,中枢神经递质代谢异常及相应受体功能改变可能与双相障碍的发病有关。例如 5-HT、NE 和 DA 的功能活动降低可能与抑郁发作有关,而其功能活动增高可能与躁狂发作有关。

3. 神经内分泌因素 许多研究发现,双相障碍病人会出现下丘脑-垂体-肾上腺轴(HPA)、下丘脑-垂体-甲状腺轴(HPT)和下丘脑-垂体-生长素轴(HPGH)的功能异常,尤其是 HPA 功能异常。

4. 脑电生理变化 脑电图研究发现,抑郁发作时多倾向于低 α 频率,躁狂发作时多为高 α 频率或出现高幅慢波。睡眠脑电图研究发现,抑郁病人总睡眠时间减少,觉醒次数增多,快速眼动睡眠潜伏期缩短(与抑郁严重程度呈正相关)。

5. 神经影像改变 双相障碍的影像学改变主要涉及额叶、基底节区、扣带回、杏仁核、海马等与认知和情感调节关系较密切的神经环路损害,也涉及这些脑功能区皮质下白质的微观结构变化,从而出现皮质和皮质下连接损害和脑功能连接损害,最终导致双相障碍的情感症状发作。

(二)心理社会因素

应激事件、负性生活事件(如婚姻、事业、学业等方面的问题,严重躯体疾病,家庭成员患重病或突然病故)及社会经济因素(如巨大的财产损失、经济压力加剧等)与双相障碍的发病有明显的关系。双相障碍首次发作前常有应激性生活事件,但以后的发作与精神应激的关系不大。

四、临床特点

双相障碍典型的临床表现有躁狂发作、抑郁发作和混合发作。双相障碍的病人常有躁狂和抑郁反复循环或交替出现,这两种表现并没有固定的顺序,既可以连续多次躁狂发作后有一次抑郁发作,也可能连续多次抑郁发作后有一次躁狂发作,还可以躁狂和抑郁交替发作。

ER 9-3

双相障碍的临床特点

（一）躁狂发作

躁狂发作典型的临床表现是情感高涨、思维奔逸、活动增多这"三高"症状，可伴有夸大观念或妄想、冲动行为等，病人出现不同程度的社会功能损害。

1. 情感高涨　是躁狂发作的主要症状。病人表现出超乎寻常的异常喜悦，主观体验特别愉快，自我感觉良好，整日兴高采烈。这种高涨的情绪与周围环境相适应，并无显著冲突，病人轻松幽默的言行也会感染周围人，引起阵阵欢笑。病人病情较轻时常不被视为异常，只有了解他（她）的人才能看出异常。

考点提示

躁狂发作时的"三高"症状是什么？

有的病人在情感高涨的同时表现出易激惹，病人会因为小事而激动易怒，特别是当有人对其质疑、批评时会怒不可遏、恶语相向，甚至出现破坏及攻击行为，但持续时间较短，易转怒为喜或向人赔礼道歉。

2. 思维奔逸　是指思维内容丰富多变，联想速度加快。病人自觉头脑特别灵活，言语增多，滔滔不绝，夸夸其谈，丝毫不觉得疲惫，甚至觉得自己的语言表达跟不上思维的速度。病人即使口干舌燥、声音嘶哑，也要讲个不停，很难被打断，但内容较为肤浅，可以出现音联、意联和随境转移。

3. 活动增多、意志行为增强　多为协调性精神运动性兴奋，即内心体验、行为方式与外界环境相协调。病人自觉精力旺盛、能力强、兴趣广，整日忙碌不停，想多做事，有所作为，管闲事，打抱不平，或发号施令指挥别人，却往往虎头蛇尾，一事无成；爱说笑，喜欢热闹，与人一见如故；愿意当众表现自己，注重打扮，但不得体；缺乏判断力，挥霍钱物，无缘无故请客吃饭或是赠送物品。病人无疲倦感，称"全身有使不完的劲"。病情严重时病人自我控制能力下降，行为轻率、鲁莽，可出现暴力行为。

4. 夸大观念及夸大妄想　在情感高涨的基础上，病人常出现夸大观念，过高地评价自己，过分夸大自己的能力、财富、权力、地位等；有时内容与现实接近，常使人信以为真；严重时可达到妄想的程度。

5. 睡眠需求减少　睡眠明显减少，病人常诉自己的睡眠质量非常高，"不愿把有限的时间浪费在睡眠上"，终日奔波但无困倦感，是躁狂发作的特征之一。

6. 其他症状　病人可有食欲增加，出现抢食、暴饮暴食，但因活动过多，反而出现体重下降。病人会出现性欲亢进，有时可在不适当的场合与人过分亲热而不顾及对方感受，甚至对异性出现性骚扰行为。体格检查可发现瞳孔轻度扩大，心率加快，且有交感神经兴奋症状等。多数病人在疾病早期即丧失自知力。

ER 9-4

心境障碍
（躁狂发作）

临床表现较轻的躁狂发作称为轻躁狂。这类病人可存在持续数天的心境高涨、精力充沛、活动增多，有显著的自我感觉良好，注意力不集中、不持久，轻度挥霍，社交活动增多；有时表现为易激惹，行为较鲁莽，但不伴有幻觉、妄想等精神病性症状。部分病人未见社会功能受损，周围人不易察觉。

（二）抑郁发作

目前认为，抑郁发作的临床表现可分为核心症状、心理症状群和躯体症状群（详见第八章）。重度抑郁发作时的典型症状曾被概括为"三低"，即情绪低落、思维迟缓、意志活动减退，但不一定出现在所有双相障碍病人的抑郁发作期。

（三）混合发作

躁狂症状和抑郁症状可以在一次发作中同时出现，如抑郁心境伴以连续数日至数周的活动过度和言语急促；躁狂心境伴有激越、精力和本能活动降低等。抑郁症状和躁狂症状也可以快速转换，因日而异，甚至因时而异。如果在目前的疾病发作中，两类症状在大部分时间里都很突出，则应归为混合性发作。

儿童病人及老年病人双相障碍的主要表现

儿童病人及老年病人的症状常不典型。儿童病人躁狂发作时多表现为活动和要求增多，抑郁发作时多表现为兴趣减退，不愿意参加活动，学习成绩下降等。老年病人躁狂发作时多表现为夸大、狂傲、恶意习难和易激惹，有夸大观念及妄想，言语多但内容重复，而情感高涨、意念飘忽及活动增多的症状并不明显。抑郁发作时除有抑郁心境外，焦虑、易激惹、敌意、精神运动性迟缓、躯体不适主诉等较为突出，病程迁延。

五、治疗要点

双相障碍的治疗应遵循以下原则：①综合治疗原则：即将躯体治疗（药物治疗和电抽搐治疗等）、心理治疗（包括家庭治疗）和危机干预等措施结合运用，其目的在于提高疗效、改善依从性、预防复发和自杀、改善社会功能及更好地提高病人的生活质量。②个体化治疗原则：制订治疗方案时需结合病人的年龄、性别、主要症状、躯体情况、既往治疗史、是否合并使用药物等因素来选择合适的药物。同时，需密切观察治疗反应、不良反应以及可能出现的药物相互作用等，并及时调整，提高病人的耐受性和依从性。③长期治疗原则：包括急性治疗期、巩固治疗期和维持治疗期。④心境稳定剂为基础治疗药物：不论双相障碍为何种临床类型，都建议以心境稳定剂为主要治疗药物。⑤联合用药治疗原则：根据病情需要可及时联合用药。⑥定期检测血药浓度原则：由于锂盐的治疗剂量和中毒剂量接近，应定期监测血锂浓度。卡马西平或丙戊酸盐治疗躁狂的剂量也应达到抗癫痫的血药浓度水平。

（一）双相躁狂发作的治疗要点

1. **药物治疗** 以心境稳定剂为主。目前比较公认的心境稳定剂主要包括锂盐（碳酸锂）卡马西平、丙戊酸盐。此外，一些抗癫痫药物（如拉莫三嗪、加巴喷丁）、第二代抗精神病药物（如喹硫平、奥氮平、利培酮与氯氮平等）也具有一定的心境稳定作用，可作为备选。临床上对急性期病人采用第二代抗精神病药物联合锂盐或丙戊酸盐治疗，比单一使用心境稳定剂效果好。

（1）**锂盐**：是治疗躁狂发作的首选药物，临床上常用碳酸锂，从小剂量开始，3~5 天内逐渐增加至治疗剂量，分 2~3 次服用，通常 7~10 天起效。锂盐的治疗剂量与中毒剂量较接近，因此治疗时应监测血锂浓度。锂盐的不良反应主要有恶心、呕吐、腹泻、多尿、多饮、手抖、乏力、心电图的改变等。锂盐中毒时病人可出现意识障碍、共济失调、高热、昏迷、反射亢进、心律失常、血压下降、少尿或无尿等，必须立即停药，及时抢救。

（2）**抗癫痫药物**：当碳酸锂疗效不佳或病人不能耐受时可选用此类药物。目前临床上主要使用丙戊酸盐（钠盐或镁盐）和卡马西平。抗癫痫药物可与碳酸锂联用，但剂量应适当减小。

（3）**抗精神病药物**：对严重兴奋、激惹、攻击或伴有精神病性症状的急性躁狂病人，治疗早期可短期联用抗精神病药物。对伴有精神病性症状的急性躁狂病人需要较长时间联用抗精神病药物。尽量选择第二代抗精神病药物，如喹硫平、奥氮平、利培酮、氯氮平、齐拉西酮、阿立哌唑等，剂量视病情严重程度及药物不良反应而定。

（4）**苯二氮䓬类药物**：躁狂发作治疗早期常联合使用苯二氮䓬类药物，如氯硝西泮，以控制兴奋、激惹、攻击、失眠等症状，对不能耐受抗精神病药物的急性躁狂病人可代替抗精神病药物与心境稳定剂合用，在心境稳定剂疗效产生后即可停药，避免产生药物依赖。

2. **改良电抽搐治疗** 对急性重症躁狂发作、极度兴奋躁动、对锂盐治疗无效或不能耐受者可使用改良电抽搐治疗,可单独应用或合并药物治疗,通常隔日一次,4~10次为一疗程。合并药物治疗时应适当减少药物剂量。

3.心理治疗 运用支持性心理治疗、认知行为治疗、精神分析治疗、人际心理治疗等方法帮助病人正确应对压力源,建立合理的情绪和行为反应。

(二)双相抑郁发作的治疗要点

1.心境稳定剂 研究证明,碳酸锂治疗双相障碍抑郁发作有效,且不会导致转相或诱发快速循环发作。双相障碍抑郁发作急性期治疗可单独使用足量锂盐,或在治疗开始时尽快使血锂浓度达到0.8mmol/L以上,以确保有效治疗。

2.第二代抗精神病药物 临床研究证实,奥氮平能有效治疗急性双相抑郁发作并预防其短期内转为躁狂发作(转躁)。奥氮平联合氟西汀的疗效更优于单用奥氮平。

知识拓展

慎用抗抑郁药物治疗双相障碍

抗抑郁药物虽然可以缓解抑郁症状,但是也会促使病人的情感状态转向另一个极端。有报道称与抗抑郁药物相关的转躁率为10%~70%,目前有关心境障碍的治疗指南均建议轻至中度的双相障碍抑郁发作应避免使用抗抑郁药物,而单用心境稳定剂。对重度或持续的双相障碍抑郁发作者,使用抗抑郁药物至症状缓解后应尽快撤用抗抑郁药物。因此,治疗双相障碍抑郁发作时是否加用抗抑郁药物需要充分权衡利弊后慎重决定。

第二节 双相障碍病人的护理

【护理评估】

1.健康史 包括个人成长史、既往史、家族史、过敏史、有无特殊嗜好等。

2.身体状况 评估病人的意识是否清晰、生命体征是否在正常范围内;有无营养状况与体重的变化;有无食欲、性欲的改变;睡眠的时间、时长和质量;有无外伤及造成外伤的原因;有无躯体不适的主诉;生活自理的程度及个人卫生情况等。

3.心理状况 评估病人病前性格特征及病前生活事件;情绪与言行方面的显著变化;有无幻觉、妄想症状及内容;有无暴力、出走、自杀行为的倾向;如何看待自己目前的状态;应对挫折与压力的方法及效果;对治疗的态度等。

4.社会状况 评估病人的社交、沟通能力,有无人际交往、人际关系的显著变化;是否出现家庭角色功能的改变;病人的家庭与生活环境;病人可利用的社会支持系统等。

5.辅助检查 评估病人的实验室检查和影像学检查等是否有明显异常;还可以借助心理学量表进行评估。

【常见护理诊断/问题】

(一)与躁狂发作有关的常见护理诊断/问题

1.有对他人实施暴力的危险 与情绪易激惹有关。

2.有受伤的危险 与情绪易激惹、暴力行为有关。

3.营养失调:低于机体需要量 与消耗增多、休息和摄入减少、饮食无规律有关。

4.睡眠型态紊乱 与病情导致对睡眠的需要减少有关。

5.思维过程紊乱 与情感高涨引起认知障碍有关。

6. 不依从行为　与情感高涨、易激惹、自知力缺乏有关。

（二）与抑郁发作有关的常见护理诊断／问题

详见第八章相关内容。

【护理目标】

（一）躁狂发作的护理目标

1. 病人能描述自己的感受，用适当的方式表达情绪；逐渐学会控制自己的亢进的言行，不发生暴力行为。

2. 病人不与人争执，能照顾好自己，不受外伤。

3. 病人能规律进食，逐渐养成正确的进餐习惯；保持适当的活动量；保证机体消耗与摄入基本平衡。

4. 病人能遵医嘱服用安眠药物入睡；随着病情控制，能够养成良好的睡眠习惯，保持充足的睡眠。

5. 病人能觉察自己想法的不当之处，与护士商讨应对的方法，病态思维逐渐减轻或消失；对自己有正确的评价，建立起良好的人际关系，提高应对能力。

6. 病人能安心住院，配合医疗与护理。

（二）抑郁发作的护理目标

详见第八章相关内容。

【护理措施】

（一）躁狂发作的护理措施

护士要采取措施使病人高亢的情绪和异常的行为得以改善，满足其基本生理需要，帮助其获得良好的适应能力，保证病人安全、平稳地度过治疗期。

1. 基础护理　护士应提醒和鼓励病人自行完成有关个人卫生、穿衣等活动，对其不恰当的装扮给予恰当的引导和适当的限制。护士应限制病人过度活动，保证营养和水分的足量摄入，为病人准备便于进食的高热量、高能量食物，可不受进餐时间的限制，必要时单独进餐。进餐时要防止病人抢食、暴食和噎食。若病人出现便秘，可先增加水分、纤维素的摄入，如无改善再采取其他措施。合理安排日间活动，为病人提供安静、舒适的睡眠环境，睡前不做易引起兴奋的事情，必要时遵医嘱给予安眠药物。

2. 安全护理

（1）**提供安全的环境，减少环境中的应激因素**：躁狂病人容易受到周围环境的影响，嘈杂、拥挤、闷热的环境会加重病人的兴奋程度，因此，病室应空气流通、安静、宽敞、舒适、安全。房间设施宜简单、实用，避免有病人可利用的伤人工具，淡雅的色调有助于稳定情绪。极度兴奋、躁动的病人应被安置在单人病室内，专人护理。

（2）**密切观察病情，有效防范和处理安全事件**：护士要对有暴力风险的病人进行动态评估，及时了解掌握病人发生暴力行为的原因，设法消除或减少诱发因素。护士要善于观察暴力先兆症状，采取预防性的护理措施来杜绝暴力行为的发生。例如建立融洽的护患关系，做好心理护理，教会病人当行为难以自控时要及时告诉医生和护士。若病人提出不合理、无法满足的要求，护士应可以视具体情形尝试暂缓、转移等方法处理，适当解释或疏导，尽量避免直截了当地拒绝而引起病人反感。若病人出现情绪激动、愤怒、威胁性言语增多、拉扯他人肢体、伤人毁物等行为时，护士应保持沉着、冷静，启动暴力行为处置应急预案，设法稳定其情绪，分散其注意力，同时疏散围观人员，争取其他医护人员的支援和配合，有组织地制止病人的冲动行为，适当予以保护性约束或隔离，保证护患双方的安全。

3. 心理护理　护士应态度友善，充分运用治疗性沟通技巧鼓励病人配合，对其挑剔的态度、活跃的思维和行为要善于因势利导，多表扬，少批评，不争论。例如当病人陈述夸大妄想和被害妄想时，要根据其症状的特点、性质来纠正其错误的认知，可以用缓和、肯定的语气将自己的看法告诉病人，陈述现实状况，护患双方共同商讨，不能嘲笑、责备病人。若病人表现出情绪激动、反感则不要与其争论是非对错，此时应预测病人可能产生的行为，注意防范。若病人因危险行为被实施了约束或隔离，护士也应及时地做好心理护理，让病人明确自己行为的危害，这种措施是为了保护他而非惩罚他，了解冲动暴力行为的原因和病人心理状态的变化，与病人一起分析，共同商讨以后的解决办法。

护士与躁狂病人沟通时要善于引导谈话，防止话题分散或转移。对病人的疑问和要求应及时回应，运用同理心等沟通技巧向病人表达医护人员的关心。护士还可以和病人一起讨论治疗前后的变化，及时进行表扬和多种形式的鼓励来强化病人的遵医行为。

4. 治疗相关护理

(1)给药护理：护士要帮助病人明确服从医嘱、维持用药在治疗中的意义。在执行医嘱时，要确保操作安全，防止病人藏匿药物、拒服药物或乱拿药物，注意观察疗效、不良反应和病人的心理反应。对联合用药的病人，要了解用药的原因、配伍禁忌，掌握常见的不良反应及处置措施。对应用锂盐治疗的病人要监测血锂浓度，急性治疗期血锂浓度应维持在 0.6~1.2mmol/L，维持治疗期为 0.4~0.8mmol/L，血锂浓度上限不宜超过 1.4mmol/L，以防中毒，老年病人血锂浓度不宜超过 1.4mmol/L。若护士发现异常情况如恶心、呕吐、手的细小震颤等应及时报告医生，并如实记录。若病人出现意识障碍、共济失调、高热、昏迷、反射亢进、心律失常、血压下降、少尿或无尿等，必须立即停药并实施抢救。

(2)其他治疗的护理：病人常感到精力旺盛，又很难善始善终地做事，可以安排一些容易完成、没有竞争性、体力强度中等或稍强的镇静性工娱治疗，如清扫病室、使用健身器做运动等，引导病人把多余的精力运用到正性的活动中。护士在这些活动中要指导病人如何正确地表达意愿、如何恰当地与他人交往，减少或避免病人与他人发生摩擦或发生发泄、破坏性行为，严格执行工娱治疗的护理常规，防止病人出走和收集危险物品。护士也可鼓励病人通过书写或绘画把自己的生活呈现出来，这类静态活动既安定了病人的情绪，又可抒发病人内心的感触。护士还可以适当发挥病人的积极性，让其参与一些病房活动的组织工作，例如指导病人协助配合教学查房、组织病房活动、排练节目等，从而训练病人的生活技能和社会交往技能，学会自我控制，也体会到成就感。护士对于病人完成的每一项活动都应及时给予肯定，既体现了对病人的关注，又增进了护患关系，有利于病人病情恢复。

5. 健康教育　护士要做好疾病知识的宣教，让病人和家属认识到坚持服药、定期复查的重要意义。鼓励病人规律生活，保持稳定的情绪，改善人际交往，把握好维护自身健康的主动权，尽早实现真正地回归社会和家庭。指导家属提供良好的康复支持，对病人过分的言行不必一味迁就，可以与医生保持联系，随时就诊。

(二)抑郁发作的护理措施

详见第八章相关内容。

知识拓展

细致观察，正确判断

双相障碍病人可能会出现抑郁与躁狂的交替或混合发作，护士应全面、细致地做好对病情的观察。例如，对处在抑郁发作期的病人，不仅要着重观察其自杀风险，还应着重观察其是否有转为躁狂发作的倾向，如出现情感高涨、思维奔逸和活动增多、意志行为增强等前驱表现。若病人在短时间内变得话多、活动增多、自我感觉良好，自称"想通了""康复了"，可能会使护理人员误认为病人病情好转。因此，护士要不断提高自身病情观察能力，充分结合病人的病史客观、真实地进行评估，及时发现异常情况并及时告知医生。

【护理评价】
（一）躁狂发作的护理评价
1. 病人的情绪是否平稳，是否消除了暴力行为风险，有无发生暴力行为。
2. 病人有无外伤。
3. 病人是否保持正常的就餐行为，体重是否正常。
4. 病人的睡眠是否充足，是否得到了良好的休息。
5. 病人对自身和外界能否正确地认识。
6. 病人能否认识到自己的病态，配合治疗和护理。
（二）抑郁发作的护理评价
详见第八章相关内容。

（曾 艳）

思考题

1. 病人，女性，19岁，3年前被诊断为"双相障碍"，患病以来病情呈间歇发作。1周前病人再次出现心情极佳、精力充沛、活动增多、话多、对进食和睡眠的需要减少。入院后病人应用碳酸锂和丙戊酸钠，出现厌食、恶心、肌肉酸痛、体重增加，自觉心情烦躁，想叫喊发泄、摔砸物品。
请思考：
（1）目前病人处于双相障碍的哪个阶段？
（2）针对病人的情绪反应可以采取哪些护理措施？
2. 病人，男性，30岁，因"情绪低落与兴奋交替发作8年，加重1个月"入院。病人8年前因家庭变故出现入睡困难，噩梦多，睡眠浅。逐渐感到疲乏无力，不能胜任工作，自觉记忆力下降，思维及反应迟钝，诊断为"抑郁症"，经治疗后好转。但之后出现兴奋、话多、易激惹等症状，用药治疗后病情改善，出院诊断为"双相障碍"。近8年来上述症状间断出现，随诊随治，间歇期能继续学习、工作和生活。1个月前病人因工作繁忙再次出现情绪低落，有时烦躁，感到前途渺茫、生活乏味、度日如年，对一切事物都不感兴趣，感到力不从心，什么都不想做。
病人睡眠差，整夜难以入睡；食欲下降，体重下降5kg。
请思考：
（1）请提出此病人目前主要的护理诊断/问题。
（2）结合病人目前的心理特点，在改善病人的饮食、睡眠、活动状态方面可以采取哪些护理措施？

思考题
解析思路　　练习题

第十章 | 精神分裂症

ER 10-1
教学课件

ER 10-2
思维导图

学习目标

1. 掌握精神分裂症的概念、临床表现和护理措施。
2. 熟悉精神分裂症的治疗要点。
3. 了解原发性精神病性障碍的临床特点。
4. 学会正确运用护理程序,对精神分裂症病人进行护理和健康教育。
5. 具备高度的责任心,积极引导病人配合治疗,帮助病人正视疾病,树立信心,消除病耻感。

精神分裂症是全世界重点防治的精神疾病,其终生患病率约为 0.6%,且致残率较高。精神分裂症的治疗率低、依从性差、复发率高、住院率高、致残率高,是导致精神分裂症病人与家庭贫困或因病返贫的主要原因。此外,在疾病症状期有可能出现危害财产及人身安全的异常行为,给社会安全带来不良影响。如何有效改善精神分裂症病人的不良预后是治疗精神分裂症的重中之重。

第一节 概　述

导入情境

病人,女性,35 岁。病人无明显原因逐渐出现精神异常,表现为行为明显反常,疑心重,无故哭泣,失眠,称邻居经常说她,无故写信给社区称"某局长是她的亲生母亲"。病人在家里什么活也不干,个人生活需督促,做事很慢,有时刷牙要刷半个小时。近一周来病人病情加重,经常自言自语,称自己很难受,不理人,丈夫做饭给她吃,她却说"饭有农药味,有毒,丈夫害她"。病人大小便正常,既往体健,其外祖母有精神分裂症病史。病人今日由家属送医院治疗,入院后不承认自己有病,存在外走行为,无伤人、毁物、消极行为。

工作任务:

1. 该病人存在的主要护理诊断 / 问题有哪些?
2. 针对病人的病情,护士应该如何干预和护理?

一、概念

精神分裂症(schizophrenia)是一组病因尚未完全阐明,以精神活动与周围环境不协调为特征的精神病,常有感知、思维、情感、行为方面的障碍,一般无意识障碍和智力缺损。本病多起病于青壮年,常缓慢起病,病程迁延,有慢性化倾向和衰退的可能,可导致明显的职业和社会功能损害。

"精神分裂症"名称的由来

目前精神分裂症的症状描述可以追溯到古代埃及、印度、中国及希腊(至少在公元1世纪)。然而,将其作为一个医学疾病来研究与治疗则始于19世纪中叶。法国的莫雷尔(Morel,1857)首先报道了一组起病于青少年,表现为智力严重衰退的病人,并首次应用早发性痴呆这一诊断术语;赫克(Hecker,1870)将发病于青春期且很快导致智力衰退的疾病命名为青春型痴呆;卡尔巴姆(Kahlbaum,1874)将一种具有特殊的精神症状并伴有全身肌肉紧张,但并无神经系统器质性改变的疾病命名为紧张症。20世纪初,瑞士学者布鲁勒(Bleuler,1911)对本病进行了细致的临床研究后指出,情感、联想和意志障碍是本病的原发症状,而核心问题是人格的分裂,故提出了"精神分裂"的概念,建议将本病命名为"精神分裂症"。

二、分类

2022年世界卫生组织发布的ICD-11中,将精神分裂症及其他原发性精神病性障碍归为一组障碍。其他原发性精神病性障碍包括分裂情感性障碍、分裂型障碍、急性而短暂的精神病性障碍、妄想性障碍、原发性精神病性障碍。

三、病因及发病机制

精神分裂症的病因及发病机制迄今未明,至今尚未确定单一的、决定性的发病因素。

1. **遗传因素** 家系研究表明,本病病人近亲中的患病率要比一般人群高,且血缘关系越近,病情越重,其亲属中患病的人数越多,则患病的风险度越大。此外,寄养子研究发现精神分裂症母亲所生子女从小寄养出去,生活于正常家庭环境中,成年后仍有较高的患病率,提示遗传因素在本病发病中具有重要作用。

2. **神经发育障碍因素** 如分娩时产伤、母孕期病毒感染、父母有药物依赖等,也可能与精神分裂症发病有关。

3. **神经生化、病理改变** 神经科学的迅速发展,引发了具有影响力的神经递质学说理论与病理学发现。多巴胺(DA)假说认为精神分裂症是由于病人中枢DA功能亢进所致。5-羟色胺(5-HT)假说认为精神分裂症病人脑内5-HT水平明显低于一般人群。氨基酸类神经递质假说认为中枢谷氨酸功能不足可能是精神分裂症的病因之一。计算机断层扫描(CT)、磁共振(MRI)、正电子发射体层摄影(PET)等现代医学检测手段,发现部分精神分裂症病人有脑室扩大和沟回增宽,额叶区体积减小,中位脑区域较小,大多数脑区信号减低,胼胝体后长度增加,海马旁回及颞叶体积变小,提示存在脑组织萎缩或其他脑结构异常的可能。

4. **社会环境因素** 在精神分裂症的发病因素中,环境因素具有不可忽视的重要作用。文化背景、家庭环境及社会背景可能与发病有关联。国内外的研究资料显示,贫困人群本病患病率较高,可能与这一人群易受到心理社会应激影响,精神压力较大有关,但贫困究竟是该疾病的诱因还是后果尚有争议。除了前述的精神分裂症与家庭环境、经济状况有关外,临床上发现,大多数精神分裂症病人的病前性格多表现为内向、孤僻、敏感多疑,很多病人病前6个月可追溯到相应的生活事件。目前的观点认为,心理社会因素对精神分裂症的复发有重要的诱导作用。

四、临床特点

（一）前驱症状

在出现典型的精神分裂症症状之前，病人常伴有异常的行为方式和态度变化。由于这种变化进展较缓慢，并且不具有特异性，所以不太引起重视，一般常易被误解为病人思想或性格发生了问题，而不易被人理解为病态的变化，有的则是在追溯病史的时候才会发现。精神分裂症前驱症状多种多样，与起病类型有关，最常见的前驱症状可以概括为以下几个方面：

1. **个性改变**　可表现为对亲属、同事或同学的态度从热情变得冷淡，生活中从勤快逐步变得懒散，从过去的循规蹈矩逐步变得不严格遵守劳动纪律，性格变得反常、孤僻，无故发脾气、执拗、难以接近。

2. **类神经症症状**　病人可表现为不明原因的焦虑、抑郁、失眠、头痛、易疲劳、注意力不集中、工作缺乏热情以及学习和工作能力下降等症状。

3. **言行古怪**　有的病人可出现不可理解的言行。例如，有一名女性病人，病前职业为护士，在精神分裂症典型症状出现前 6 个月，她将科室内的体温计均编上号，试表时必须床号与编号相对应，如果不对应就要重新试。有的病人可表现为对自身某个部位的不合理关注。例如，一名男性病人，在主要症状出现 10 个月前，逐步感到自己的嘴有点歪，病人因此而苦恼，不愿去上班，在家反复照镜子，虽然家人及朋友均认为病人嘴长得很对称，但病人仍多次到医院要求做手术矫正，虽然医生解释说他面部正常，不需要进行手术，但病人仍然为自己的嘴而苦恼。

4. **多疑、敌对及困惑感**　有的病人可以出现对周围环境的恐惧、害怕，虽然从理智上自己也觉得没有什么不妥，但就是感到对于周围环境的恐惧和对某些人不放心。病人往往相信日常生活中具有专门针对自己的、特殊的（通常为凶险的）的处境。因此，病人在日常生活中表现出多疑，对家人及朋友有敌对情绪，并与他们疏远。

针对以上前驱期症状，根据出现频率的高低排列依次为注意减退、动力和动机下降、精力缺乏、抑郁、睡眠障碍、焦虑、社交退缩、猜疑、角色功能受损和易激惹。由于病人的前驱期症状不具有特异性，并且出现的频率较低，进展缓慢，可能持续几个月甚至数年，因病人不迫切要求治疗，易错过最佳治疗时期，影响预后。

（二）感知觉障碍

精神分裂症最突出的感知觉障碍是幻觉，以幻听最为常见。精神分裂症的幻听内容多半是言语性的，有的幻听内容为争论性的，如有声音议论病人的好坏，有的幻听内容为评论性的，声音不断对病人的所作所为评头论足；幻听也可以是命令性的，此种幻听最应该引起工作人员注意，病人可以在幻听的支配下做出违背本性、不合常理的举动，而且通常病人是很难违抗幻听命令的，如不许病人吃饭等。评论性幻听和命令性幻听是精神分裂症具有的特征性幻听。其他类型的幻觉虽然少见，但也可在精神分裂症病人身上见到。如一位病人拒绝进食，因为闻到食物里有毒药的味道（幻嗅）；有的病人感到恐惧，经常看到有人在她面前来来往往，欲对她施暴（幻视）；一位病人一坐到床上就感到有一种被电的感觉（幻触）等。

精神分裂症病人的幻觉体验可以非常具体、生动，也可以是朦胧模糊的，会给病人的思维、行动带来显著的影响。如有的病人在幻听的影响下辱骂甚至殴打亲人，有的病人为了躲避幻听的"骚扰"而出走，某老年病人因为经常听到声音讲水里有毒，为了喝上"干净"的水，用时 4 小时提着暖瓶走了二十多公里。具有幻听的病人在病房中常表现为自言自语、自笑，或者侧耳倾听，又或者对空怒骂、表情愤怒、具有冲动行为等。

（三）思维障碍

1. **妄想**　妄想的荒谬性往往显而易见。也许在疾病的初期，病人对自己的某些明显不合常理的想法还持将信将疑的态度,但随着疾病的进展,病人逐渐与病态的信念融为一体。

最多见的妄想是被害妄想与关系妄想,可见于各个年龄层。涉及的对象从最初与病人有过矛盾的某个人渐渐扩展到同事、朋友、亲人,直至陌生人。他人的一颦一笑、一举一动都暗有所指,寒暄问候、家常聊天都别有深意。严重者甚至连报纸杂志、广播电视的内容都认为与自己有关。

妄想的内容与病人的生活经历、教育背景有一定程度的联系。如一位病人是大学教授,他认为有人破坏他的科研成果,将他用于科研观察的动物换来换去;一位病人是农民,她认为食物被邻居下毒,提着家里的食品到处上告,要求化验里面的毒物;一位病人是护士,她认为自己在上次住院时被人注射了艾滋病病毒。

2. 被动体验　正常人对自己的精神和躯体活动有着充分的自主性,即能够自由支配自己的思维和运动,并在整个过程中时刻体验到这种主观上的支配感。但在精神分裂症病人中,常会出现精神与躯体活动自主性方面的问题。病人丧失了支配感,相反,感到自己的躯体运动、思维活动、情感活动都是受人控制的,有一种被强加的被动体验,常描述思考和行动身不由己。

被动体验常常会与被害妄想联系起来。病人对这种完全陌生的被动体验赋予种种妄想性的解释,如"受到某种射线影响""被骗服了某种药物""身上被安装了芯片"等。一位病人这样表述自己的被动体验:"我觉得自己变成了一个木偶,一举一动都受人操纵。想什么事,说什么话,做什么表情,都是被安排好的。最让人难受的是,我说的话,我做的事,跟我平常没什么两样,外人根本看不出来我有什么变化。只有我自己知道我已经不是我,是完全受人摆布的。"

3. 思维联想障碍　有经验的精神科医生通过与病人的一般性交谈,仅凭直觉就可以做出倾向精神分裂症的判断。这种直觉具体说来就是同精神分裂症病人交谈"费劲"。同精神分裂症病人交谈,即使为了收集一般资料,也需要较多的耐心和较高的沟通技巧;而要想同病人做深入的交谈,往往会十分困难。读病人书写的文字材料,往往不知所云。由于原发的精神活动损害,精神分裂症病人在交谈中忽视常规的修辞、逻辑法则,在言语的流畅性和叙事的完整性方面往往出现问题。

病人在交谈时经常游移于主题之外,尤其是在回答医生的问题时,句句说不到重点内容上,但句句似乎又都沾点儿边,令听者抓不住要点(思维散漫)。病情严重者言语支离破碎,根本无法交谈(思维破裂)。

有的病人说话绕圈子,不正面回答问题,或者对事物做一些不必要的、过度具体化的描述,令人费解,明明可以用一个大家都懂的通俗的名称,却偏偏不必要地使用具体概念加以解释,如病人在被问到"做什么工作"时,答"我在单位做数数的工作",实际上病人在单位做会计。

与上述情况相反,有的病人不恰当地使用符号、公式、自造的字、示意图(语词新作)表达十分简单的含义。如一位女性病人写"男女"表示男女平等,用"%"表示离婚。

病人言谈令人难以理解的另一个原因是逻辑关系混乱。如一位女性病人说:"我脑子里乱哄哄的,都是因为我太聪明了。我的血液里全是聪明,又浓又稠。我必须生个孩子,把我的聪明分给他一半,我才能好。要不然我就得喝汽水,把我的聪明冲淡一点。我真的想喝汽水。"这里也有概念含义上的混乱,如病人把抽象的"聪明"视为可被"汽水稀释"的具体物质。

有的病人语量贫乏,缺乏主动言语,在回答问题时异常简短,多为"是""否",很少加以发挥。同时病人在每次应答问题时总要延迟很长时间。有些病人即使在回答问题时语量足够,内容却含糊、过于概括,传达的信息量十分有限。

(四) 情感障碍

情感障碍主要表现为情感平淡或淡漠。情感平淡并不仅仅以表情呆板、缺乏变化为表现,病人同时还有自发动作减少、缺乏体态语言,在谈话中很少或几乎不使用任何辅助表达思想的手势和肢体姿势,讲话语调很单调,缺乏抑扬顿挫,同人交谈时很少与对方有眼神接触,多茫然凝视前方;部分病人丧失了幽默感及对幽默的反应;部分病人对亲人感情冷淡,亲人的伤病痛苦对病人来说无关痛痒。一位精神分裂症病人,每到探视日,只关心七旬母亲给自己带来什么零食。一次母亲在来院途中因雨天路滑摔倒,待母亲到后,病人接过食物便大吃起来,对母亲脸上、身上的伤痕不闻不问。少数病人有情感倒错,如一位病人在接到母亲因意外死亡的电话时却哈哈大笑。抑郁与焦虑情绪在精神分裂症病人中也并不少见。

(五)意志与行为障碍

1. 意志减退　病人在坚持工作、完成学业、料理家务方面有很大的困难,往往对自己的前途毫不关心、没有任何打算,或者虽有计划,却从不施行。活动减少,可以连坐几个小时而没有任何自发活动。有的病人忽视自己的仪表,不知料理个人卫生。一位青年病人连续1年从来没有换过衣服,身上气味难闻,但病人自己却不在意。

2. 紧张综合征　以病人全身肌张力增高而得名,包括紧张性木僵和紧张性兴奋两种状态,两者可交替出现。木僵时以缄默、随意运动减少或缺失以及精神运动无反应为特征。严重时病人保持一个固定姿势,不语不动、不进饮食、不自动排便,对任何刺激均无反应。在木僵病人中,可出现蜡样屈曲,甚至"空气枕头"。木僵病人有时可以突然出现冲动行为,即紧张性兴奋。

> **考点提示**
>
> 精神分裂症病人的临床表现。

ER 10-3

精神分裂症的症状

> **知识拓展**
>
> ### 全心奉献,永不言休——精神病学家沈渔邨教授
>
> 沈渔邨教授是我国当代著名的精神病学家,20世纪50年代,沈渔邨教授率先改革精神病院约束病人的旧的管理模式,创立了人工冬眠新疗法,为控制病人兴奋、实行开放管理创造了条件。
>
> 20世纪70年代,她首创在农村建立精神病的家庭社会防治康复新模式,并获得成功,为精神科医务人员和设施极为匮乏的农村创建了一个有效的服务模式。此项成果荣获原卫生部乙级科技成果奖。

五、治疗要点

(一)治疗原则

药物治疗是最关键的治疗手段。用药应系统而规范,强调早发现、早诊断、早治疗,降低未治率。药物选择应根据疾病的临床类型及特点、病程及症状特点。药物剂量应遵循从低至高,缓慢加量的原则。急性期应以控制精神症状,提高病人的自知力为主要目标;慢性期的治疗应在药物治疗的同时,加强心理康复训练,以减少和预防病人衰退、提高病人适应社会生活的能力为主要目标。维持治疗对减少和预防病人复发、衰退具有肯定的作用。维持治疗应个体化,剂量为治疗期剂量的1/2~2/3,一般情况下不能突然停药。无论是急性期用药还是维持治疗,以单一用药为原则,提高用药安全性;出现不良反应时应酌情减少药量,严重时应停药或换其他抗精神病药物。

(二)治疗方法

1. 抗精神病药物治疗　常见药物有两种。

(1)**经典药物**:又称神经阻滞药,主要通过阻断DA受体起到抗幻觉、妄想的作用,按临床特点

分为低效价药物、中效价药物和高效价药物三类。低效价药物以氯丙嗪为代表,镇静作用强,抗胆碱能作用明显,对心血管和肝功能影响较大,锥体外系副作用较小,治疗剂量比较大;高效价药物以氟哌啶醇为代表,抗幻觉、妄想作用突出,镇静作用很弱,心血管及肝脏毒性小,但锥体外系副作用较大。

(2)**非经典药物**:近年来问世的非经典抗精神病药物通过阻滞 5-HT 与 D2 受体起到治疗作用,不但对幻觉、妄想等阳性症状有效,对情感平淡、意志减退等阴性症状也有一定疗效。代表药物有利培酮、奥氮平、氯氮平和喹硫平等。

2. 心理治疗和社会康复训练 是治疗中必不可少的手段,对改善精神症状、提高自知力、增强病人对治疗的依从性、稳定病情、减少复发、促进病人回归社会有极其重要的作用。急性期病人应给予系统的、充分的药物治疗。病人病情明显好转时,应及时给予支持性心理治疗,提高病人的自知力,解除其思想顾虑,增强其治愈疾病的信心,使病人正确认识和对待家庭及工作环境中各种心理应激,加强病人与医护人员、社会和家庭的联系。开展社区康复治疗,在社区设立康复机构,如工疗站、工疗车间、日间康复机构等,对病人进行康复训练、日常生活能力训练、职业劳动能力训练和人际交往能力训练,以降低复发率,提高病人回归社会后的社会适应能力。

3. 改良电抽搐治疗 是一种有效的治疗方法,运用广泛。改良电抽搐治疗可用于治疗精神分裂症中的极度兴奋躁动、冲动伤人者,拒食、违拗和紧张性木僵者。需要强调的是,禁止用改良电抽搐治疗作为威胁恐吓病人或打击报复病人的手段。

> **考点提示**
>
> 精神分裂症病人的用药原则是什么?

第二节　原发性精神病性障碍的临床特点

一、分裂情感性障碍

根据 ICD-11 的定义,分裂情感性障碍(schizoaffective disorder,SAP)是一种发作性的精神障碍,是一种在同一次疾病发作期内同时满足精神分裂症和心境障碍诊断要求的发作性疾病,精神分裂症症状和心境障碍症状可以同时出现或相隔几天出现。典型的精神分裂症症状(如妄想、幻觉、思维形式障碍等)与典型的抑郁发作、躁狂发作或混合发作相伴出现。精神运动性障碍包括紧张症症状群也可出现。症状必须持续至少 1 个月。

ICD-11 将分裂情感性障碍分为以下三类:

1. 躁狂型 在疾病的同一次发作中分裂性症状和躁狂症状均突出。通常为情绪高涨,伴自我评价增高和夸大;有时有明显的兴奋或易激惹,还有攻击性行为和被害妄想。上述两种情况均存在精力旺盛、活动过多、注意力集中受损以及丧失正常的自我约束力。可伴随关系妄想、夸大妄想或被害妄想,但需要其他更典型的精神分裂症症状方能确立诊断。例如,病人可能坚持认为他们的思维正被广播或正被干扰、别人的力量正试图控制自己,或表露出不仅仅为夸大或被害内容的古怪妄想性观念。此型病人通常急性起病,症状鲜明,虽常有广泛的行为紊乱,但一般在数周内可完全缓解。

2. 抑郁型 在疾病的同一次发作中分裂性症状和抑郁性症状均突出。抑郁心境表现为某些特征性抑郁症状或行为异常,如思维迟缓、失眠、意志活动减退、食欲或体重下降、正常兴趣减少、注意力集中受损、自责、无望感及自杀观念或行为。同时或在同一次发作中,存在其他典型的精神分裂症症状,如妄想、幻觉及各种被动体验等。此型病人的临床表现不如躁狂型病人的临床表现鲜明和生动,但一般持续时间较长,而且预后较差。

3. 混合型　在疾病的同一次发作中精神分裂症症状与混合型双相障碍同时存在。根据诊断标准的定义，此病可以表现为与心境障碍类似的发作性病程，也可以表现为慢性精神分裂症样病程或介于两者之间的中间状态。在疾病发展过程中，如精神分裂症状出现的增加则提示较差的预后。结局的好坏与病人占优势的症状有关，情感症状占优势者预后好于精神分裂症症状占优势者。

二、分裂型障碍

分裂型障碍以持久地（通常为数年以上）表现为语言、外表和行为的古怪，伴有感知障碍，不寻常的信念常使病人感到不舒服并导致人际关系不良为特征。

常见的症状有：①情感不恰当或受限制（病人显得冷酷和淡漠）；②古怪或独特的行为或外表；③人际关系差，倾向于社会退缩；④不寻常的信念或思维影响其行为；⑤猜疑或偏执观念；⑥无内在抵抗的强迫性穷思竭虑，常伴畸形恐怖性的或攻击性的内容；⑦不寻常的知觉体验，包括躯体感觉异常或其他错觉、人格解体或现实解体；⑧思维模糊、赘述，表现为离奇的言语或其他形式，但无严重的言语不连贯；⑨偶尔有短暂的精神病发作，伴错觉、幻听或其他形式的幻觉以及妄想样观念，起病往往没有外界诱因。

本病为慢性病程，病情波动，少数可发展成精神分裂症；无明确的起病时间，其病程演化类似于人格障碍。

三、急性而短暂的精神病性障碍

急性而短暂的精神病性障碍（acute and transient psychotic disorder）是一类急性发作、病程短暂的精神病性综合征。其特点是无前驱期精神病性症状的情况下急性起病，在 2 周内达到最严重的程度，通常伴有社会和职业功能的急剧恶化。症状可包括妄想、幻觉、思维过程的紊乱、意识模糊或混乱、情感障碍等，也可出现紧张症样的精神运动性紊乱。通常症状的性质、强度均快速变化，可每天变化甚至在一天之内变化。发作通常持续几天到 1 个月，不超过 3 个月。本病缓解完全，个体能恢复到病前功能水平。

四、妄想性障碍

妄想性障碍（delusional disorder）又称偏执性障碍（paranoid disorder），是指一组病因未明，表现为存在一个妄想或与一套内容相关的妄想，持续至少 3 个月的时间（通常远超 3 个月），不存在抑郁、躁狂、混合发作。除妄想以外，不存在其他精神分裂症的表现（如持续性的听幻觉，思维紊乱）。即使存在不同程度的感知觉紊乱（如幻觉、错觉、人物识别的异常），若紊乱的主题与妄想内容相关，仍可诊断妄想性障碍。在与该妄想或妄想系统直接相关的行为和态度之外的情感、言语和行为通常不受影响。症状不是另一种精神、行为或神经发育障碍的临床表现（如脑肿瘤），也不是某种作用于中枢神经系统的物质或药物（如糖皮质激素）的效应，包括戒断效应（如酒精戒断）。

五、原发性精神病性障碍的症状表现

原发性精神病性障碍的症状表现（symptomatic manifestations of primary psychotic disorder），这些类别仅用于描述精神分裂症及其他原发性精神病性障碍个体的临床表现，可同时应用多个类别，但不适用于未诊断为该组障碍的个体。若症状可归因为精神、行为或神经发育障碍以外的某种健康情况或损伤的直接病理生理学效应，或可归因为中枢神经系统物质或药物的效应（包括戒断效应），则不应视为原发性精神病性障碍的相应类别症状表现。

紧 张 症

ICD-11中明确紧张症是一组主要为精神运动性的紊乱的临床综合征，表现为同时出现以下症状中的数个：木僵、强直、蜡样屈曲、缄默、违拗、故作姿势、作态、动作刻板、精神运动性激越、扮怪相、模仿言语和模仿动作。

第三节　精神分裂症病人的护理

【护理评估】

1. 健康史

(1)**现病史**：此次发病的时间、有无明显诱因、对学习和工作的影响程度、就医原因、就医经过、饮食和睡眠情况、生活能否自理、大小便情况、是否服用药物等。服药后有无药物不良反应等。

(2)**既往史**：既往健康状况，既往精神障碍疾病情况，有无发病，发病情况，是否就医，治疗经过，服药情况，病后的社会交往能力等；有无躯体器质性病变，如癫痫、脑栓塞等疾病。

(3)**个人成长史**：评估病人生长发育情况，病人是否为足月顺产者；母孕期及围生期有无异常；成长及智力情况；生活能否自理；学习、工作能力如何。

(4)**家族史**：病人近亲三代以内是否存在精神病性家族史。

2. 身体状况

(1)**病人的生命体征**：体温、呼吸、脉搏、血压是否正常。

(2)**饮食、睡眠、二便情况**：病人能否独立进食，是否有营养失调、电解质及代谢功能紊乱；有无入睡困难、早醒、多梦等；大小便能否自理，有无便秘、尿潴留等。

(3)**肌张力情况**：病人肌张力是否增强，有无皮肤受伤、肢体畸形、功能障碍等。

(4)**其他情况**：病人日常生活能否自理，衣着是否整洁。

3. 心理状况

(1)**思维状态评估**：病人有无思维联想障碍，有无幻觉、妄想，幻觉、妄想的表现形式和内容。

(2)**情绪情感状态评估**：有无抑郁、焦虑、兴奋、易激惹，有无情感平淡、情感迟钝、情感反应与周围环境是否相符等。

(3)**意志行为状态**：病人的意志是否减退，行为是否被动、退缩；有无异常行为；有无违拗、空气枕头等情况；有无攻击、伤人、自伤等情况。

(4)**自知力**：病人是否存在自知力，对疾病有无求治的愿望。

(5)**病前个性特点**：病人病前性格是内向型还是外向型；有无兴趣爱好。

4. 社会状况

(1)**人际交往能力**：病人的人际交往能力如何，与周围人是否容易建立亲密关系，是否有社会退缩、回避等表现。

(2)**支持系统**：同事、同学、亲属对病人的态度是否改变，其主要亲人如父母能否提供时间、知识和治疗费用等，其他家庭成员能否提供支持、理解、帮助。

【常见护理诊断/问题】

1. 思维过程紊乱　与思维内容障碍（妄想）、思维逻辑障碍、思维联想障碍等有关。

2. 有对自己/他人施行暴力的危险　与幻听、妄想、精神运动性兴奋、缺乏自知力等有关。

3. 营养失调：低于机体需要量　与受幻觉、妄想影响而拒食，消耗过大及摄入不足有关。

4. 睡眠型态紊乱 与妄想、幻觉、兴奋、环境陌生、不适应、睡眠规律紊乱等有关。

5. 社会交往障碍 与妄想、情感障碍、思维过程改变有关。

6. 躯体移动障碍 与精神运动抑制有关。

【护理目标】

1. 病人最大限度减轻幻觉、妄想症状。

2. 病人能合理控制情绪,住院期间无自杀及伤人毁物事件发生。

3. 病人能主动进食,改变不良行为和生活方式,使体重维持在正常水平。

4. 病人睡眠得到改善,睡眠时间能得到保证,并能学会一些应对失眠的方法。

5. 病人对疾病的知识有所了解,主动与他人建立关系,愿意参加集体活动。

6. 病人可在协助下或独立进行活动。

【护理措施】

(一)安全护理

精神分裂症病人由于认知、情感、行为、意志等精神活动具有明显障碍,易出现冲动、伤人毁物、自杀自伤、出走等异常行为。这些异常行为对病人自身及他人和环境具有威胁性和不可预测性,甚至带来严重后果。因此,安全护理是精神科护理工作中最重要的部分。

1. 严密观察,掌握病情 护理人员应高度重视安全护理,严格执行工作常规,为病人提供一个安全、安静的环境。重症病人(兴奋躁动、伤人毁物、自杀自伤、木僵、拒食、出走以及伴有严重躯体疾病的病人)应安置在重症监护室内、实行 24 小时专人护理。将冲动或易激惹的病人分开活动与居住。做好精神药物治疗中的护理工作,包括保证病人按医嘱服药,注意药物疗效观察及不良反应的处理等。夜间、凌晨、午间等时间段以及医护人员交接班时间段等较容易发生意外,护士应提高警惕,密切观察。

2. 病房的安全管理 勤查勤修,各个门随时上锁。禁止将玻璃制品、刀具、绳索(鞋带、腰带)、打火机等危险物品带入病房。病人应在医护人员的看管下使用指甲剪、针线并应及时收回。在病人入院、会客、请假出院或外出返院时应加强检查,防止病人将危险品带进病房,每天整理床单位时注意检查床头桌、床下、床垫下、衣服内有无积存药品、皮带、锐器等,每周做一次安全检查并做好记录。

(二)基础护理

1. 饮食护理

(1)了解病人不进食的原因,有针对性地采取相应的护理措施。对于有被害妄想而拒食的病人,可以采用集体进食,让病人任选饮食或者采取示范法,让别人先吃一口再让病人吃,以解除病人的疑虑。对于兴奋躁动、行为紊乱、不知进食者,宜单独进食,以免干扰其他病人进食。对于木僵病人可进食半流质或容易消化的食物,但不宜强行喂食;对于害怕食物中毒而拒食者,可让病人自己到配餐间参与备餐或集体进餐;对于年老吞咽功能差或因服用抗精神病药物出现锥体外系反应的病人,应注意防噎食;对于暴饮暴食者要严格控制入量;对于完全拒食达一日以上者,应静脉输液或给予鼻饲以维持营养和水分。

(2)注意评估进餐后情况,有无腹胀、腹泻等,记录进食量,每周称体重一次。

2. 睡眠护理

(1)为病人提供良好的睡眠条件,保持环境安静,温度适宜,避免强光刺激。

(2)评估病人睡眠情况,了解病人睡眠紊乱的原因。合理安排作息时间,鼓励病人白天尽量多参加集体活动,宣传各种有助于睡眠的方法及注意事项,必要时可遵医嘱使用镇静催眠药物辅助睡眠,以保证夜间睡眠质量。

(3)护士夜间巡房时做到"四轻",即说话轻、走路轻、关门窗轻、操作轻。巡视病房要认真仔细,掌握睡眠障碍的表现。如果发现病人具有睡眠障碍的症状,要观察病人的病情有无波动,精神症状尤其是幻觉、妄想是否加重,是否有心理因素的影响等。对于严重的睡眠障碍病人,如果经诱导无效,可通知医生,给予药物治疗。当护士巡视病房时,要观察病人睡眠情况,防止病人蒙头睡觉和假睡。

3. 生活护理

(1) 对于能自理者,制订合理的计划,指导并帮助病人搞好个人卫生,如刷牙、洗脸、洗澡、理发等,逐渐训练病人穿衣、进食、排便的能力和习惯,教会病人日常生活的技巧,培养其生活自理能力。

(2) 对木僵等生活不能完全自理的病人,应做好卫生护理、生活料理。如口腔护理、皮肤护理、女性病人经期的护理、大小便护理等。

(三) 心理护理

1. 与病人建立良好的护患关系 护士要注意观察病人情绪情感反应的程度和言行,及时预测病人的心理、生理需要,主动满足病人的需求,使病人感到自己是被重视和接纳的,以建立良好的护患关系,取得病人的信任,深入了解病情,顺利完成观察和护理工作。

2. 正确地运用沟通技巧 应耐心倾听,鼓励病人说出对疾病和有关症状的认识和感受。交谈时,态度应亲切温和,语言具体、简单、明确,给病人足够的时间回答问题,不要轻易评论妄想的内容,也不可与病人争辩。运用心理咨询技巧,解决病人所面临的心理压力。

3. 恢复期病人的心理护理 当病人处于恢复期时,病人的自知力恢复,可能会产生自卑、自罪的情绪,此时应耐心安慰病人,教导病人出院后要遵照医嘱,按时服药,防止复发。帮助病人思考与预后有关的心理社会问题,如工作、学习、婚姻、经济等方面的问题。同时,护理人员应向病人讲解疾病的相关知识,告诉病人在疾病发作时的一些表现只是疾病的症状,而不是出自他本意的行为,多给予病人一些支持性的心理护理。

(四) 对症护理

1. 幻觉状态病人的护理 对有幻觉的病人,从病人的表情、言语、情绪和行为的表现中了解病情。根据幻觉出现的内容、次数和时间,以及病人对幻觉所持的态度合理安置病室,专人护理,及时阻止病人在幻觉支配下产生伤人毁物等行为。对沉浸在病态体验中影响日常生活的病人,应给予帮助,保证其基本需要,给予同情和理解,让病人感受到关心和信任。

2. 妄想状态病人的护理 对有妄想的病人,应接纳病人,仔细观察和了解病人妄想的内容、特点。从关心病人的日常生活入手,主动询问,建立信任的关系。在症状活跃期,应将病人安置在重症监护室,随时观察病人情绪的变化。交谈时不可贸然否定病人的妄想内容,病人叙述妄想内容时要耐心倾听,掌握病人妄想的内容,接受病人对妄想的情感体验,否定其对妄想与幻觉内容的认知。在病人病情好转时及时进行治疗性沟通,帮助病人逐渐恢复自知力。

3. 兴奋状态病人的护理 精神分裂症病人在病程的每一个阶段都可能出现兴奋状态,甚至出现冲动暴力行为,尤以急性期多见。护理原则是预防兴奋的发生,减少或避免兴奋引起的伤害,积极配合治疗的开展。护士要掌握病人兴奋状态的行为特点、规律和发生攻击行为的可能性。当病人处于兴奋状态发生冲动时,护士要了解冲动发生的原因、诱发因素、持续时间等,控制好自己的情绪,耐心劝导,联合其他医护人员,从侧面或后面予以有效的控制,及时制止冲动行为的发生和造成的不良后果。

4. 木僵状态病人的护理 木僵状态是较深的精神运动抑制,要认真执行保护性医疗制度。病人终日卧床不起,不语、不动、不食,要做好生活护理,注意保暖,做好口腔护理、皮肤护理,注意病人的排泄情况,避免压疮、吸入性肺炎和口腔溃疡等并发症的发生。同时保证病人的营养和液体的摄入,适时采用喂食或鼻饲食物等,以维持水、电解质、能量代谢平衡。要密切观察病情变化,警惕有些病人由木僵状态突然转入紧张性兴奋,出现冲动、伤人、毁物等行为,必须加强防范、防止病人自伤和伤人。

5. 情感淡漠病人的护理　护理人员要训练自己去"同感"病人的孤独、寂寞，坚持以真诚、友善的态度接纳病人、关心病人，让病人感受到外界的一切是安全的，值得信赖的。教会病人日常生活技能训练，开展针对性的行为治疗，通过正向的激励，使病人形成良好的生活习惯。鼓励病人参与工娱治疗和体育锻炼，扩大社交范围，改善病人的社会适应能力，提高生活质量。

6. 不合作病人的护理　护士应主动关心、体贴、照顾病人，使病人感受到自己是被接纳、被重视的。选择恰当的时机，与病人建立良好的护患关系，宣教有关知识，说明治疗的重要性。严格执行操作规程，做到发药到手、看服到口，确保药物服下；对拒不服药的病人，除耐心劝导外，可鼻饲、肌内注射长效针剂或静脉给药。密切观察病人服药后的治疗效果和不良反应，鼓励病人表达对治疗的感受和想法，一旦出现药物不良反应应及时与医生联系并果断处理。

（五）药物护理

药物治疗是治疗精神分裂症的主要方法，但药物在治疗精神症状的同时，又会出现各种不良反应，从而导致病人服药依从性差。病人药物依从性差是疾病复发的重要原因。因此，对于服用抗精神病药物的病人应加强护理，从而提高病人的服药依从性，减少复发。

1. 确保药物服下　在急性期，精神分裂症病人大部分无自知力，不承认自己有病，常会出现藏药、拒服药的行为，护理人员在发药过程中，应一人发药，一人检查口腔，确保病人将药物服下。对于拒不服药且劝说无效者，应与医生协商，改用其他给药方式，如肌内注射长效针剂等。

2. 注意观察病人服药效果及服药后的反应　抗精神病药物在治疗精神症状的同时，也会存在各种不良反应和心理反应。这些反应严重影响了病人的服药依从性、生活质量及身体健康。精神分裂症病人往往缺乏主诉，所以密切观察病人用药后的效果，及时发现药物的不良反应和病人的心理变化，并予以恰当的处理是非常必要的。

3. 提高病人服药依从性

（1）**分析原因**：精神分裂症病人服药依从性差，其原因主要为：①病人无自知力，认为自己没有病，不需要吃药，而拒服药。②病人难以耐受药物不良反应。③病人受症状的支配而拒服药，如有的病人认为药物是别人用来毒害他的，或者听到声音告诉他不要吃药等。④病人未充分认识到坚持服药的重要性，有的病人认为自己的病已经好了，不需要再服药了，而擅自停药。⑤病人因为经济或结婚生子等原因而停药。

（2）**健康宣教**：针对以上原因，护理人员应帮助病人认识疾病发生的原因及服药对康复的作用，向病人及家属讲解有关精神分裂症的药物治疗知识，使其了解疾病的预后与药物治疗的关系，引导病人把病情好转与服用抗精神病药物联系起来，使其领悟到药物治疗的临床作用，从而真正认识到抗精神病药物的重要性。详细讲解药物知识、药物维持治疗与疾病预后的关系，同病人一起讨论、评价维持治疗的重要作用，消除其对药物的错误认识和对不良反应的曲解，提高病人的服药依从性。

（六）健康教育

1. 对病人的健康教育　使病人认识到坚持服药对防止病情复发的重要性。按时去门诊复查，坚持治疗，坚持服药；指导病人掌握复发的先兆、发现药物不良反应的方法；帮助病人建立自理模式；鼓励病人参加综合康复活动，加强工娱治疗，保持规律的生活制度，积极应对社会环境压力。

2. 对家属的健康教育　指导家属学习精神分裂症的相关知识和预防复发的常识。如：了解病情波动，复发的先兆症状，以便带病人及时就医；督促病人服药，并观察药物的不良反应。教会病人积极应对各种危机（冲动、伤人毁物、自伤自杀）的方法，争取获得家属、亲友的支持和社会支持，以减少或消除复发因素。

【护理评价】

1. 病人的精神症状缓解的情况，自知力恢复的情况。
2. 病人在住院期间能否控制自己的情绪，有无意外事件和并发症的发生。

3. 病人能否自行进食，营养及代谢是否发生紊乱。

4. 病人的睡眠是否改善，是否掌握了失眠的应对方法。

5. 病人的生活技能和社会交往技巧的恢复情况。

6. 病人在协助下或自行活动情况。

考点提示

精神分裂症病人的护理措施。

（马文华）

思考题

1. 病人，女性，20 岁，诊断为精神分裂症。病人病前性格内向，不善言谈。1 个月前病人因升学考试失利出现情绪消沉，对家人和一切事情漠不关心，整日卧床，不料理个人卫生，逐渐发展至表情呆板，僵卧于床，不食、不语、不动。

请思考：

（1）请列出病人主要的护理诊断 / 问题。

（2）如何恰当地运用护理措施护理此病人？

2. 病人，男性，26 岁。病人性格孤僻，特立独行，1 个月前无明显诱因出现紧张、不安，认为自己是个重要人物，被暗中保护；同时认为有坏人企图迫害自己，对自己进行跟踪监视。近日病人觉得家人对自己的态度异常，怀疑家人也是坏人伪装的，并在自己的饭菜里下毒，所以拒食。病人经常觉得头晕，萎靡不振，认为是坏人通过特殊仪器对自己施加影响。

请思考：

（1）目前病人的症状有哪些？

（2）请制订此病人被害妄想的护理措施。

思考题
解析思路

练习题

第十一章 | 神经认知障碍及相关疾病

教学课件　　　思维导图

学习目标

1. 掌握神经认知障碍及相关疾病病人的护理程序。

2. 熟悉神经认知障碍的概念及常见临床综合征；与神经认知障碍相关的脑部疾病；与神经认知障碍有关的躯体疾病。

3. 能正确运用护理程序，对神经认知障碍及相关疾病病人进行护理和健康教育。

4. 具备扎实的理论基础，加强对神经认知障碍相关疾病病人的病情观察，尽快控制病情，减轻病人的痛苦。

各种疾病，例如阿尔茨海默病、脑血管疾病、感染性疾病、糖尿病等，都可以引起神经认知障碍，严重影响病人及其照护者。

本章将重点介绍神经认知障碍的常见临床综合征、阿尔茨海默病病人的护理以及与神经认知障碍有关的躯体疾病的临床特点和护理要点。

第一节　概　述

导入情境

病人，女性，75岁。近2年来无明显诱因出现记忆力减退，常找不到刚用过的东西，时常忘记煤气灶上烧着水等。半年前表现为出门不识归家路，需家人寻找，偶尔不认识自己的老伴。与家人相处稍不如意就发脾气。近1月个人生活不能自理。睡眠差，睡眠不深。既往无脑卒中史。头颅CT示：轻度脑萎缩。

工作任务：

1. 病人有可能患哪种疾病？

2. 病人存在哪些护理问题？

3. 对该病人的护理要点有哪几个方面？

一、概念

依据ICD-11，神经认知障碍（neurocognitive disorder，NCD）是获得性的认知功能缺损，即神经认知障碍，不包括出生或生长发育过程中出现的认知障碍（它们应归类于神经发育障碍）。尽管许多精神障碍均可以出现认知障碍（如精神分裂症、双相障碍等），但只有那些以认知为核心的障碍才会被归类于神经认知障碍。神经认知障碍具有相对明确的病理生理机制，涉及多种脑部和躯体疾病。

二、常见临床综合征

神经认知障碍的常见临床综合征有谵妄、痴呆、遗忘综合征。

(一)谵妄

谵妄(delirium)是表现为急性、广泛性、短暂性、波动性的一组综合征,以意识障碍及注意力障碍为特征,其中意识障碍为核心症状,病情发展迅速,故又称为急性脑综合征(acute brain syndrome)。使用某些药物、代谢及内分泌紊乱、营养缺乏、躯体疾病、各种脑源性疾病等常导致谵妄的发生;高龄、痴呆、睡眠剥夺、手术等常为高危因素。谵妄的主要临床表现有以下几点:

1. 定向障碍 病人对时间和地点的定向障碍明显,严重者可出现人物定向障碍。

2. 注意障碍 难以保持注意力,注意力容易转移或难以集中。

3. 记忆障碍 短期和长期记忆均受损,谵妄消失后,病人往往对部分或全部过程失去记忆。

4. 知觉障碍 可以是视觉障碍和听觉障碍,以视觉障碍多见;常为恐怖性的,且形象生动。

5. 情感障碍 常表现为焦虑、惊恐、愤怒、情感淡漠和欣快。

6. 睡眠-觉醒障碍 常表现为入睡困难、昼睡夜醒、昼夜片段昏睡。

(二)痴呆

痴呆(dementia)是一组严重的认知障碍,为慢性、获得性、渐进性、持续性的认知功能缺陷综合征,故又称为慢性脑综合征(chronic brain syndrome)。临床上以缓慢出现的智力减退为主要特征,伴有不同程度的人格改变,但没有意识障碍。痴呆的临床表现有以下几个方面:

1. 认知障碍 是痴呆的典型临床表现,包括记忆减退(hypomnesia)、失语(aphasia)、失认(agnosia)、失用(apraxia),简称为"4"A症状。记忆障碍为突出症状,首先出现近记忆障碍,是最早的核心表现之一,逐渐进展为远记忆障碍,视空间障碍、抽象思维障碍、语言障碍、失认和失用。

2. 人格改变 对周围环境兴趣减少、自私、本能活动亢进,行为不顾社会规范、缺乏羞耻及伦理观念。

3. 精神和行为症状 幻觉、妄想、错认、类躁狂、言语性攻击、随地大小便、睡眠障碍等。

4. 社会功能衰退 日常生活能力下降,需要他人照料,重者表现为个人生活完全不能自理。

目前,国内外多使用Folstein等编制的简易智力状态检查(mini mental state examination, MMSE)测验痴呆程度。该测验总分为30分,小于20分为痴呆,21~23分为可疑痴呆,大于24分没有痴呆。

(三)遗忘综合征

遗忘综合征(amnestic syndrome)是一组表现为脑部器质性病变所致的选择性或局灶性认知障碍,以近事记忆障碍为主要特征,无意识障碍和智力障碍,又称科萨科夫综合征(Korsakoff syndrome)。最常见的病因是酒精滥用,酒精中毒引起B族维生素缺乏,造成间脑和边缘颞叶损伤的脑器质性病理改变。临床主要表现为近事记忆障碍,病人为弥补记忆的障碍,常产生错构和虚构。但病人注意力和即刻记忆正常,其他认知功能和技能保持相对良好。

第二节　与神经认知障碍有关的脑部疾病

一、阿尔茨海默病

(一)概念

阿尔茨海默病(Alzheimer disease, AD)是一种以进行性认知功能障碍等为主要表现的中枢神经系统退行性变性疾病,主要临床特征为痴呆综合征。其病理特征为老年斑、神经元纤维缠结、海马锥体细胞颗粒空泡变性及神经元缺失。本病起病隐缓,病程呈进行性、持续性进展,多伴有人格改变。它是导致老年前期和老年期痴呆的首要原因。随着老年人口预期寿命的延长和老年人口迅速增长，阿尔茨海默病的患病人数亦不断增加，不仅给患者带来巨大的痛苦，而且给家庭、社会都会带来负担，该病已成为影响全球的健康和社会问题之一。

考点提示

引起痴呆的首要原因是什么？

（二）病因及发病机制

AD 的病因和发病机制十分复杂，目前尚未阐明，虽然在分子生物学研究方面有了很大进展，为 AD 病理生理和病因学研究奠定了基础，但目前仍处于探索阶段，目前 AD 的病因假说和发病机制主要有：

1. 遗传学假说　家系调查、孪生子以及遗传病学的调查资料显示，AD 具有一定的家族聚集性，遗传因素起了重要作用；其中，1 号、14 号、19 号、和 21 号染色体与 AD 有关。早发型 AD 基因座分别位于 21 号、14 号、1 号染色体，迟发型 AD 基因座位于 19 号染色体。

2. 神经递质障碍　AD 病人还存在广泛胆碱能神经元变性和脱失、脑中乙酰胆碱及其合成酶水平低下，皮质和海马的去甲肾上腺素（NE）和 5- 羟色胺（5-HT）含量也减少。

3. β- 淀粉样蛋白（β-amyloid，Aβ）　Aβ 的积累及其在淀粉样斑块中的聚集和沉积被认为是 AD 发生的关键致病机制。

4. 病理及其他　病理检查发现 AD 病人的大脑弥漫性萎缩、脑回变平、脑沟变宽、脑室扩大、重量变轻。病理以老年斑、神经元纤维缠结及神经元减少为特征。另外，年龄的增长、性别、高血压、高血糖、高胆固醇、重大不良生活事件等因素与 AD 的发病风险有关。

（三）临床特点

本病呈慢性进行性病程，起病隐匿，早期不易被发现。

1. 病程分期　通常可将痴呆阶段的 AD 病程分为早、中、晚三期，但各期间可存在重叠与交叉，并无截然界限。

（1）**第一期（早期）**：病人典型临床表现是记忆障碍，以近记忆障碍为主，可有人格和行为改变、学习新知识能力下降、缺乏主动性等表现。

（2）**第二期（中期）**：病人记忆障碍日益严重，随着病情进展，远记忆也逐渐受损，认知障碍也日趋加重，学习和运用新知识的能力及社交能力明显下降。病人生活自理能力明显下降，需要家人进行日常监护，可出现不同程度的失语、失用和失认等，还可出现幻觉和妄想。

（3）**第三期（晚期）**：上述各项症状日趋加重，判断力及认知力几乎消失；逐渐出现肌张力增高、运动徐缓、拖曳步态、姿势异常等。社会功能严重受损，生活自理能力差。

2. 核心症状　包括认知功能障碍、精神行为症状、社会功能受损等。

（1）**认知功能障碍**：记忆障碍为主要核心症状，早期首发症状为近记忆受损，同时可出现定向障碍（时间、人物、地点定向障碍）；空间辨认困难（如外出找不到回家的路）；不能完成自主的有一定技巧的复合动作，如穿衣；出现视物失认、颜面失认；出现找词困难；出现执行能力下降等。

（2）**精神行为症状**：可出现焦虑、抑郁，随着病情进展出现幻觉和妄想（被害、嫉妒、被窃妄想常见），病人常常情绪不稳定，坐立不安，行为举止不得体，易激惹，常出现攻击行为，从而增加照顾者的负担。

（3）**社会功能受损**：可表现为计划、决策、统筹等能力下降，认知功能日益下降，严重影响日常生活及工作，最终出现生活完全不能自理。

（四）治疗

目前对于阿尔茨海默病尚无特效治疗方法，治疗的原则是改善认知、控制精神症状、防治并发症和支持疗法，延缓病人病情进展。

ER 11-3

阿尔茨海默病
的临床表现

1. 药物治疗

(1) 改善认知的药物

1) 多奈哌齐：为乙酰胆碱酯酶（AChE）抑制药，可改善认知功能，主要不良反应有腹泻、肌肉痉挛、乏力、失眠等。

2) 重酒石酸卡巴拉汀：是选择性地作用于脑皮质和海马的乙酰胆碱酯酶抑制剂，可以延缓本病的进展速度，不良反应以消化道症状为主，肌肉痉挛等副反应较少。

3) 石杉碱甲：是我国研制的胆碱酯酶抑制药，作用同上两类药。

(2) 促进脑代谢药

1) 二氢麦角碱：有扩张血管的作用，可促进脑对葡萄糖和氧的作用，提高脑细胞的代谢。

2) 其他药物：吡拉西坦（脑复康）、茴拉西坦（三乐喜）、依舒佳林（舒脑宁）、吡硫醇（脑复新）等均有辅助治疗作用。

(3) 若使用乙酰胆碱酯酶抑制药症状无改善时可小剂量使用抗焦虑药物、抗抑郁药物、抗精神病药物治疗，使用时注意药物之间的相互作用。

2. 非药物治疗

包括心理社会治疗（认知刺激疗法、音乐治疗，鼓励病人参加社会活动等）、一般支持治疗、生活技能的康复训练等。

二、血管性痴呆

（一）概念

血管性痴呆（vascular dementia，VD）是指由于脑血管病变所致的以严重认知障碍为主要表现的临床综合征，属于常见的重度神经认知障碍。VD的临床分类有多种，多发性梗死性痴呆为最常见的类型。

（二）病因及发病机制

血管性痴呆的危险因素目前尚不完全清楚，通常认为与卒中的危险因素相似，包括高龄、高血压、糖尿病、高同型半胱氨酸血症、高纤维蛋白原、吸烟等。血管性痴呆的发生与血管病变的性质、面积、部位和发生的次数有关，多发性小梗死灶对痴呆的发生有重要的作用，小梗死灶越多，出现痴呆的机会越多。

（三）临床特点

血管性痴呆的临床特征根据其临床分类的不同，临床表现也各有差异。如多发性梗死性痴呆，起病较急，病程以跳跃式加剧和不完全性缓解相交替的阶梯式加重且呈波动性的认知障碍为特点，有的病人可因脑血流改善而出现记忆改善或好转。记忆力衰退是早期精神症状的表现，以近事记忆障碍为主，晚期出现远事记忆障碍，但自知力保持良好。病人在行为及人格方面也逐渐发生相应的改变，如变得自私、感情失控等；生活逐渐地不能自理，不知饥饱，不知冷暖，外出找不到家门，不认识亲人，达到全面痴呆。在相对一段时期内病人的病情似乎好转，思维清晰，记忆力增强。这种阶段式波动会加重病人的焦虑心理，同时病人会出现情感的波动。VD与AD的表现鉴别见表11-1。

表 11-1　VD 与 AD 的表现鉴别表

项目	VD	AD
起病	较急，常有卒中史，多患高血压	隐匿发病
性别	男性多见	女性多见
病程	呈波动或阶梯恶化，可有多次脑卒中发作，脑血液循环改善后症状可减轻	病情缓慢、进行性发展，不可逆
早期症状	神经衰弱综合征、执行功能（自我整理、计划、精细动作的协同作业等）受损常见	近事记忆受损

项目	VD	AD
认知功能	斑片状损害的神经功能缺损	全面性痴呆
	自知力完好、人格改变不明显	自知力丧失、人格损害
神经系统体征	存在,如偏瘫、癫痫、口齿不清等	早期无
CT 或 MRI	局部脑血管病变	脑萎缩

(四) 治疗要点

血管性痴呆的临床早期诊断非常重要,治疗原则为首先控制血压和其他危险因素,同时改善脑血流、预防脑梗死、促进脑代谢。有神经认知障碍者应给予相对应的治疗。

同时,根据 VD 病人的临床表现以护理和心理支持为基础,尽早进行相应的康复治疗。加强健康宣教,早期发现、早期诊断、早期治疗。

三、麻痹性痴呆

(一) 概念

麻痹性痴呆(general paresis of insane,GPI)是指由梅毒螺旋体侵犯大脑实质而引起的一种晚期梅毒的临床表现,是神经梅毒最严重的一种类型。本病主要累及大脑实质、脑膜、脑神经及脊髓,可出现多种体征并引起躯体功能衰退而导致日益加重的痴呆、神经精神症状、人格改变等。

(二) 病因及发病机制

麻痹性痴呆病人所有的精神和躯体症状都是慢性脑膜炎的表现。本病的原发损害系一种间质性脑炎,而大脑实质的损害为继发性的。本病与梅毒感染有相关性,梅毒感染引起炎性反应,软脑膜变得混浊、增厚,即所谓慢性软脑膜炎,在额叶最为严重,显微镜下以炎性及变性改变为主要特征。整个大脑皮质显著萎缩,以额叶最明显。本病的产生还常常取决于机体的反应性和功能状态。此外,头颅外伤、过度疲劳、酗酒、其他传染病、精神创伤等不良因素也可削弱机体的防御能力,成为发病的诱因。

(三) 临床特点

本病常隐匿起病,发展缓慢,临床表现多种多样,一般精神、行为异常最先引起人们的注意。进展期典型表现为个性及智力方面的改变,病人的生活方式、行为举止及兴趣习惯与过去截然不同,也与病人的身份不相称,如有些病人变得情绪暴躁、缺乏责任感,无信用,极端自私,不修边幅,衣冠不整,甚至可能出现一些偷窃或违反社会道德的行为。病人有智力障碍,记忆力显著减退,从近记忆减退逐渐发展到远记忆减退。此外,病人在计算、抽象、概括、理解、推理及判断方面能力明显受损;可出现各种妄想;情绪多不稳定,极易激惹,可有情感脆弱和强制性哭笑;言语及书写障碍,常伴有口吃。

(四) 治疗要点

青霉素为目前治疗梅毒的首选药。对精神症状的治疗,可以在治疗梅毒的基础上给予小剂量抗精神病药物、抗抑郁药物、抗焦虑药物等对症治疗。

四、癫痫性神经认知及精神障碍

(一) 概念

癫痫(epilepsy)是多种原因导致的脑部神经元高度同步异化放电所致的以发作性、短暂性、重复性、刻板性为特点的脑功能失调综合征。由于异常放电神经元的位置不同等因素,癫痫病人的发作形式有很大的个体差异性,可有意识、运动、感觉、精神、行为和自主神经功能紊乱等。癫痫与精神科关系密切,癫痫病人容易出现多种类型的精神问题、情感障碍、心理社会障碍和行为以及人格的改变等。癫痫合并或者并发神经认知及精神障碍,将进一步增加癫痫病人及家属的负担。

(二) 病因及发病机制

癫痫性神经认知及精神障碍的病因、发病机制较复杂,尚不能完全明确,大脑的器质性或者结构性病变可以是造成癫痫的病因,也可以是癫痫性精神障碍的病因。癫痫发作时大脑缺血缺氧及某些部位神经元异常放电引起大脑神经元兴奋性增高,都会影响精神、行为,引发精神障碍。此外,精神障碍也可以是病人患癫痫后的心理反应,如病耻感、焦虑、担忧或感到孤独和无助。

(三) 临床特点

病人在癫痫发作前、发作时、发作后、发作间期都可能出现癫痫特有的神经认知及精神障碍,这些临床现象与癫痫密切相关,具有固有的临床及电生理特点。此处,仅介绍癫痫发作时神经认知及精神障碍。

1. 自动症(epileptic automatisms) 是指癫痫发作时或发作刚结束时出现的意识混浊状态,此时病人仍可维持一定的姿势和肌张力,无意识地完成简单或复杂的动作与行为。

2. 神游症(fugue) 表现为无目的地外出漫游,对周围环境有一定的感知能力,能做出相应的反应,历时可达数小时或数天,发作后遗忘或回忆困难,意识障碍程度轻。

3. 朦胧状态(twilight state) 表现为意识障碍伴情感和感知觉障碍,如恐惧、愤怒,也可表现为思维及动作迟缓,发作突然,可持续数小时甚至更长时间。

(四) 治疗要点

癫痫性神经认知及精神障碍应在治疗癫痫的基础上根据精神症状选用药物,注意选择致癫痫作用较弱的药物。治疗癫痫应依据癫痫的类型来选择药物,尽可能单一用药,并严密观察不良反应。

第三节　神经认知障碍相关的脑部疾病病人的护理

【护理评估】

1. 健康史 评估病人的现病史,如有无脑血管病、颅内感染、脑外伤、脑肿瘤、癫痫、脑寄生虫病等病史;熟悉原发疾病的进展情况及精神障碍的伴发情况;评估病人的生长发育史;评估病人家族中有无其他精神障碍病人;熟知病人药物治疗的具体情况,如效果如何、有无不良反应等。

2. 身体状况 评估病人的一般状况,包括生命体征、营养、进食、排泄、睡眠、大小便、皮肤是否正常,自理活动是否受限等。

3. 心理状况 评估病人有无定向力障碍(时间、地点、人物、自身状态能否正确认知)或自知力缺损;有无记忆力的减退,对新近及远期发生的事情是否容易遗忘,有无错构、虚构;评估病人的计算力、理解力、判断力是否受损,并评估智力障碍程度;通过病人语言的逻辑、内容等评估有无思维障碍,如幻觉、妄想等;病人有无攻击、伤害他人和自杀情况,有无情绪的波动,有无激惹、欣快、焦虑、抑郁、睡眠障碍等。

4. 社会状况 评估病人的个性特征、兴趣爱好、生活方式、学习能力、工作能力、社交能力,对自身患病的态度,病前有无发生严重的生活事件,病人的反应如何;评估病人家庭经济状况及支持系统:家属的护理能力和照顾病人的意愿,家属的情绪状况等;评估病人的社会功能,如职业、工作环境等,社区防治机构的具体情况。

5. 辅助检查 评估实验室及其他辅助检查,如血常规检查、尿常规检查、粪常规检查、生化检查、脑电图检查、头部 MRI、脑脊液检查等检查指标是否正常。

【常见护理诊断 / 问题】

1. 有对自己 / 他人实施暴力的危险 与幻觉、错觉、妄想、意识障碍、环境危险性识别能力下降有关。

2. **记忆功能障碍**　与认知障碍有关。

3. **言语沟通障碍**　与认知功能受损、理解能力减弱、失读、失语有关。

4. **沐浴 / 穿衣 / 进食 / 如厕自理缺陷**　与认知能力的丧失、痴呆、意识障碍等有关。

5. **思维过程紊乱**　与认知障碍有关。

6. **睡眠型态紊乱**　与原发病变导致缺氧、焦虑等有关。

7. **急性 / 慢性意识障碍**　与脑感染、外伤、变性改变等有关。

【护理目标】

1.病人能减少发生暴力行为的危险或不发生暴力行为。

2.病人能通过外部记忆辅助工具（如闹钟、病人以前的生活视频等）及固定的日常生活习惯的训练来提高记忆力。

3.当病人听到一个动作指令时，能正确地使用手势；病人对所提的问题回答"是"或"不是"；病人出现失语症时能借助图片或标签等方式表达自己的想法。

4.病人能在指导和提示下参与力所能及的自我料理。

5.病人妄想症状消除。

6.病人能保证规律的睡眠，睡眠质量提高。

7.病人能保持清醒的意识状态。

【护理措施】

1. **基础护理**

（1）**生活护理**：护士应鼓励尚有自理能力的病人做好力所能及的自我护理，如穿衣、洗澡、如厕等，保证病人有充足的时间去完成生活自理项目，并尽可能地与其家庭日常生活保持一致；对自理能力不足的病人，按其严重程度有针对性地进行生活训练，由简单到复杂，重复强化，指导或协助病人穿衣、如厕、洗澡等，保持清洁，防止感染，帮助病人提高生活自理能力；对痴呆病人要尽量保持规律的生活方式，作息时间相对固定，以便记忆。

（2）**饮食护理**：护士应为病人提供多样化的食物，清淡饮食，荤素搭配合理，少食多餐，定时定量，适当饮茶，勿吸烟，慎吃油炸、腌制、生冷食物。

对中度及以上痴呆的病人应陪伴用餐，固定用餐习惯，养成规律进餐的习惯。用餐时避免人多嘈杂的环境，安静用餐。帮助病人识别餐具与食物并进行示范，以避免病人在不能辨别餐具与食物时发生焦虑。因病人感知觉减退，故在病人进食前，护士应帮其测试食物温度，以免烫伤。尽管知道病人进食很困难，也要帮助他们最大程度地自行进餐。

（3）**排泄护理**：观察病人的排泄情况，嘱病人定时排便，保持大便通畅，及时处理便秘、尿潴留。对不能自行管理排泄的病人，根据病人身体状况，协助其采取适宜的排泄体位和方法，可减轻排泄时的不便与痛苦。

（4）**睡眠护理**：了解病人睡眠的习惯及性格特点，确定病人是否存在睡眠不良习惯，有无睡眠障碍。指导病人消除不良睡眠因素，为病人创造良好的睡眠环境，帮助病人养成白天少睡眠、夜晚按时入睡、早睡早起的习惯。

2. **安全护理**

（1）密切观察病人有无冲动及暴力行为，提供安静舒适、无危险物品的环境（如地面防滑，禁止病人穿拖鞋或塑料底的鞋，台阶、走廊、厕所应设有扶手）。对有不同程度意识障碍的病人，应安置在专门病室由专人看护，密切观察病人的生命体征、意识状态、瞳孔等，必要时予以约束，约束期间注意经常检查病人肢体的血液循环、躯体舒适度等。

（2）病人癫痫大发作时密切观察发作情况，恰当保护，防止骨折或者摔伤，发作结束后做好记录，如生命体征、意识状态、瞳孔反应、神经系统反射等。对精神运动性发作、意识朦胧状态持续时间长或癫痫频繁发作者应及时报告医师并及时加以保护,按医嘱用药并严防意外发生。对有幻觉、妄想、兴奋冲动、谵妄状态等易发生伤人和自伤行为的病人,应注意采取相应措施加以保护。

(3)对痴呆病人要防走失,适当让病人外出,但必须有人陪同,防止意外发生。给病人随身携带身份识别卡或救护卡(姓名、家庭地址、血型、联系人及电话、有何疾病等),一旦走失方便寻找。

(4)有抑郁状态的病人,应将其置于护理人员容易观察及安全的环境中,避免单独居住和单独活动,防止病人自杀,鼓励病人积极参与工娱活动。

3. 心理护理 允许病人有情绪的表达,认可、接受病人的异常行为,不责备他们,保护他们的尊严与自尊心;对于有妄想的病人,如出现被害妄想、怀疑被偷窃等,护士要知道这是疾病引起的,不要和病人争辩。

4. 治疗相关护理

(1)认知功能训练

1)记忆力训练:采用恰当的评估方法(韦氏记忆量表、日常记忆问卷、记忆力广度测验等)评估病人的记忆力,制订记忆力训练方案,如可以给病人一些物品,如手机、水杯、苹果、手表、笔等,数量和种类随着训练逐步增加,让病人看并记忆这些物品,看的时间可以由长到短,然后把物品收起来,让病人回忆看到了哪些东西。

2)定向力训练:对病人进行定向能力训练,增加病人的现实定向感,及时纠正或提醒其准确的人、时间、地点等。如人物照片分享(依次呈现病人自己及家人等照片),请病人说出姓名、与病人关系。对病人不认识的照片,护士应告知并请病人复述,可增强病人对亲人与自己的认知。病房设置大指针的时钟和以日期分页的日历,护士经常提醒病人看时间、看日历,有助于病人对时间的认识。与病人一起把标识卧室、厕所、厨房等的大贴纸贴在相应的地方,并向病人解释这些标识,经常让病人看这些标识并记忆,有助于病人对地点的认识。

知识拓展

正确认知痴呆,关爱痴呆病人

痴呆病人病情发展到中度,病人不仅语言能力、计算能力等出现明显的降低,而且其逻辑思维、综合分析能力也会进一步混乱,记忆障碍日趋严重,严重影响工作和生活。病人情绪不稳定,常出现幻觉、妄想(常有被害妄想,怀疑他人偷窃,怀疑配偶出轨),不讲个人卫生;易激惹,常有打人、骂人、抗拒照护等异常行为;常伴人格异常,可表现为本能的活动亢进,如当众脱衣服等。病人的以上行为常给护理人员带来极大的挑战。作为护理人员,应该对病人的这些异常情绪及行为做到不嘲笑、不指责、不嫌弃,肯定、接纳病人的感受,对病人给予充分的理解与关爱。

---

(2)用药护理:做好宣传教育,让病人及其护理人员了解用药的目的、药物知识、服用方法、药物不良反应的观察和处理方法。如应用抗胆碱药物致排尿困难时,应及时解除尿潴留,避免因膀胱肌无力导致尿潴留而使病人烦躁不安,加重病情。

5. 健康教育 社区、家庭支持对病人疾病的康复是非常重要的,护士应指导家属掌握观察病情的观察方法和生活技能的训练,调动病人的家庭和社会支持系统。照顾痴呆病人最理想的场所是在病人家中,由熟悉的人来照顾对病人而言是非常有益的。病人若痴呆严重到生活不能自理,则需要住进特殊养护机构,由专业医疗人员照顾。

【护理评价】

1.病人能否识别危险,有无伤人或自伤行为。

2. 病人的记忆损害是否缓解。

3. 病人能否使用手势或通过图片等方式表达自己的想法。

4. 病人能否参与力所能及的自我料理，能否维持基本生理功能并保持规律的生活起居。

5. 病人的妄想症状是否消除。

6. 病人能否保持正常的睡眠节律，睡眠质量有无提高。

7. 病人的意识障碍是否改善。

第四节　与神经认知障碍有关的躯体疾病

一、概述

躯体疾病所致神经认知障碍（neurocognitive disorder due to physical diseases）是由中枢神经系统以外的躯体疾病导致脑功能失调而产生的神经认知障碍，包括躯体感染、内分泌障碍、风湿性疾病、内脏器官疾病等。精神障碍是躯体疾病全部症状中的一个组成部分，通常找不到脑部直接受侵犯的证据；且症状与躯体疾病的轻重常呈正相关关系；一般躯体疾病在前，精神症状在后；躯体疾病急性期的精神症状常有昼轻夜重的特点；躯体疾病的预后和病程决定了精神症状的预后及病程。常见的躯体疾病所致神经认知障碍有以下几类：

1. 躯体感染所致神经认知障碍　是由病毒、细菌或其他微生物引起的全身性感染所致的神经认知障碍，如流行性感冒、肺炎、伤寒、人类免疫缺陷病毒（HIV）感染等引起的神经认知障碍。原发病不同导致临床表现各有特点，如流行性感冒所致神经认知障碍可出现疲乏、注意力障碍、情绪不稳定、情感脆弱、睡眠障碍，高热时可出现意识障碍或谵妄状态；细菌性肺炎高热时常出现意识障碍，意识模糊较常见。

2. 内分泌障碍所致神经认知障碍　常由以下三类原因引起：①内分泌系统本身功能亢进或减退时对脑功能产生影响而引起的神经认知障碍。②急性严重的内分泌改变引起的脑代谢障碍所致，如甲状腺危象、糖尿病性昏迷等。③严重的内分泌疾病造成的弥漫性脑损害而引起的神经认知障碍，常见的有以下几种：

（1）**甲状腺功能亢进所致神经认知障碍**：是指各种原因所致甲状腺激素分泌过多，导致中枢神经系统功能紊乱所致神经认知障碍。甲状腺功能亢进所致神经认知障碍主要表现为焦虑不安、易激惹、失眠、话多、多疑、烦躁、攻击性增强等精神运动性兴奋症状，严重者可出现精神病性症状，如幻觉、妄想等。要注意淡漠型甲状腺功能亢进所致神经认知障碍常表现为迟滞性抑郁、淡漠、注意力不集中、食欲降低、体重下降、记忆力减退等，多发生于中老年人，虽然少见，但其表现类似痴呆，应予以鉴别，防止漏诊和误诊。

（2）**甲状腺功能减退所致神经认知障碍**：是由多种原因引起的甲状腺激素合成、分泌不足或生物效应缺陷引起的神经认知障碍。成人常表现为抑郁、注意力不集中、情感淡漠、思维和语言迟缓等，严重时出现痴呆，甚至出现幻觉和妄想等精神病性症状，若短时间内出现体温下降、嗜睡等表现，要注意是否出现了黏液水肿性昏迷。婴儿时期出现甲状腺功能减退会引起智力发育迟缓和/或明显缺陷，应早发现、早诊断、早治疗，确诊后应立即开始正规治疗，预后良好。若出生后3个月内开始治疗，预后尚可，智力绝大多数可达到正常。

（3）**糖尿病所致的神经认知障碍**：糖尿病是一组以血糖升高为主要表现的内分泌代谢疾病，其主要发病机制是由于胰岛素分泌绝对或相对不足和/或靶细胞对胰岛素敏感性降低而引起的糖、蛋白质、脂肪及水、电解质代谢紊乱。除抑郁、焦虑情绪外，病人常出现轻度认知障碍，瞬间记忆或延迟记忆受损。若出现急性严重并发症如糖尿病酮症酸中毒等，在病程处于高血糖时期，病人可出现急性认知障碍,行为紊乱,严重时有谵妄、昏迷等意识障碍表现。

(4)肾上腺皮质醇增多症和肾上腺皮质功能减退所致的神经认知障碍:皮质醇增多症是由于肾上腺皮质分泌过量的糖皮质激素所致的一组疾病,该病引起的神经认知障碍常表现为注意力不集中、记忆减退等,亦可出现幻觉和妄想;肾上腺皮质功能减退引起的神经认知障碍与疾病的急缓有关,急性者可表现为谵妄、昏迷,病情重,威胁生命;慢性者,神经认知障碍出现隐匿,抑郁较突出,还常有情感淡漠、易激惹、记忆障碍、注意障碍等表现,幻觉、妄想少见。

(5)性腺功能异常所致的神经认知障碍:是指由于各种生理和病理的原因引起性腺激素平衡失调以致性腺功能异常引发的神经认知障碍,常出现在女性的不同时期,如月经期、妊娠期、分娩期、产后和围绝经期等。原发病不同,表现出的神经认知障碍有各自的特点,如围绝经期常出现焦虑、抑郁、偏执等表现。

3. 结缔组织疾病所致神经认知障碍 结缔组织疾病是一组自身免疫性疾病,病变常累及多系统和多脏器。其病程中常有神经认知障碍,甚至为部分患者的首发症状。在这类疾病中,与神经认知障碍关系密切的疾病有系统性红斑狼疮、类风湿性关节炎、皮肌炎和多发性肌炎、结节性动脉周围炎、硬皮病和白塞病等。

4. 内脏器官疾病所致神经认知障碍 是指因内脏器官疾病(如心、肺、肝、肾等)所导致的神经认知障碍。精神障碍的严重程度随原发疾病的变化而波动。常见如下类型:

(1)**心血管疾病所致的神经认知障碍**:各类心血管疾病都可能因循环障碍而造成脑部缺血、缺氧及水肿等病理过程,致使大脑功能紊乱而出现各种精神障碍。例如冠状动脉粥样硬化性心脏病所致神经认知障碍常有语言沟通障碍、焦虑、抑郁、逻辑思维能力下降、综合分析能力下降等表现;心律失常如房颤所致神经认知障碍可出现焦虑、抑郁,当出现意识丧失伴抽搐即阿斯综合征时,护士要及时辨别及处理;风湿性心脏病所致神经认知障碍常有不同程度的意识障碍、情绪低落、焦虑、抑郁,还可出现幻觉、妄想等。

(2)**呼吸系统疾病所致的神经认知障碍**:是指各种呼吸系统疾病在呼吸功能不全的基础上,呼吸生理学、血液学和脑代谢等多方面改变而引起的神经认知障碍,病人常表现为焦虑、抑郁、认知功能障碍,重者出现木僵、昏迷。较常见的疾病是肺性脑病,病人呈现先兴奋(如昼夜倒错、失眠、烦躁等)后抑制(嗜睡、昏睡、昏迷等)的现象。

(3)**消化系统疾病所致的神经认知障碍**:①肝脏疾病所致的神经认知障碍:肝性脑病是多种肝脏疾病晚期的严重并发症和导致死亡的重要原因。临床上将肝性脑病分为前驱期(情绪障碍、行为异常、生活懒散等)、昏迷前期(明显嗜睡、定向障碍、认知功能减退,可伴幻觉、妄想)、昏睡期(意识清晰度明显下降,不能完全唤醒)和昏迷期。②胰腺疾病所致的神经认知障碍:包括急性、慢性胰腺炎及胰腺癌所致的神经认知障碍,由于胰腺出血或坏死,引起肾、肝、肺等功能不全,导致多脏器功能衰竭,影响到脑功能,进而出现神经认知障碍,常表现为抑郁、智力障碍、谵妄,可有幻觉、妄想等。

(4)**肾脏疾病所致的神经认知障碍**:是指各种肾脏疾病引起的急性、慢性肾功能不全(包括肾透析、肾移植)所致的神经认知障碍,可表现为抑郁、注意力下降、睡眠障碍、神经衰弱综合征,并伴有神经症状。

5. 其他躯体疾病所致神经认知障碍,仅介绍如下类型:

(1)**癌症所致的神经认知障碍**:癌症是指机体内某种体细胞失去正常的调节控制,不断繁殖,同时有不同程度的分化障碍,并常侵犯邻近组织或转移到远离部位的一组疾病。而癌症病人在发病前后出现神经认知障碍也较多见。

(2)**手术前后(围术期)的神经认知障碍**:手术对病人是一种严重的心理应激,手术前后病人普遍存在心理紧张、焦虑、抑郁、恐惧等应激反应。术后精神障碍并非独立疾病单元,其中有心因性反应和内因性精神病的诱发,但大多为症状性精神障碍。

二、病因及发病机制

躯体疾病所致神经认知障碍的最主要因素是躯体疾病导致大脑功能紊乱。其次,年龄、性别、遗传因素、应激状态、营养状况、心理与躯体素质、人格特征、环境因素、社会支持系统等均可影响神经认知障碍的发生。主要发病机制可能为代谢障碍导致大脑能量供应不足、脑缺氧、毒素作用、水电解质紊乱、酸碱平衡失调等导致病人中枢神经功能紊乱,从而出现精神症状。

三、临床特点

躯体疾病所致神经认知障碍因原发病的不同而呈现出多种多样的临床表现,常见的有:

1. 急性脑病综合征　常由急性躯体疾病引起,以谵妄状态最早、最常见,意识障碍为主要表现。

2. 慢性脑病综合征　常由慢性躯体疾病引起或急性脑病综合征迁延而来,常在躯体疾病的晚期或迁延不愈时出现,不伴意识障碍,常表现为遗忘综合征、智力障碍。

3. 脑衰弱综合征　见于躯体疾病的初期、恢复期和慢性病的过程中,表现为疲乏、头晕、注意力不集中、思维迟钝、情感不稳或脆弱、感觉过敏等。

4. 情感障碍　一般出现在躯体疾病之后,常见抑郁和躁狂障碍。

5. 精神病性症状　可出现幻觉、妄想、紧张综合征等,往往是片段的。

四、治疗要点

1. 病因治疗　积极治疗原发躯体疾病。

2. 支持治疗　纠正水电解质紊乱和酸碱平衡失调,补充营养、能量和维生素等,加强脑保护。

3. 控制精神症状　应用精神药物要特别慎重,开始剂量应更小,逐渐增加剂量,症状稳定后要逐渐减少剂量。

第五节　与神经认知障碍有关的躯体疾病病人的护理

【护理评估】

1. 健康史　评估病人躯体疾病的症状、体征及其与精神症状的关系、发展的规律和演变的情况、治疗情况。评估病人的生长发育史;评估病人家族中有无其他精神障碍病人;评估病人药物治疗的具体情况,如效果如何、有无不良反应等。

2. 身体状况　评估病人的一般状况、生命体征、营养、进食、排泄、睡眠、大小便、皮肤是否正常,生活能否自理。

3. 心理状况　对病人意识状态、认知功能、情绪状态等是否正常,对病人所出现的各种幻觉、妄想、谵妄、抽搐、兴奋、易激惹、遗忘等表现及程度进行认真评估。

4. 社会状况　评估病人的环境因素、文化程度、个性特点等,评估发病与社会因素的相关性等。

5. 实验室及其他辅助检查　血、尿、便常规检查,生化检查,脑电图检查,头部 MRI,脑脊液检查等。

【常见护理诊断/问题】

1. 营养失调:低于机体需要量　与病人生活自理能力差导致营养摄入不足有关。

2. 沐浴/穿衣/进食/如厕自理缺陷　与意识障碍、智力障碍及躯体疾病导致病人活动受限有关。

3. 睡眠型态紊乱　与紧张、恐惧、焦虑、躯体不适有关。

4. 有受伤的危险　与意识障碍、神经系统症状及精神症状有关。

5. 有自我认同紊乱的危险　与躯体疾病导致的外表或功能改变有关。

6. 健康自我管理无效　与躯体疾病导致的感知觉受损、沟通障碍、缺乏相应知识有关。

【护理目标】

1. 病人能摄入足够的营养、保证水电解质的平衡。

2. 病人生活自理能力改善或恢复。

3. 病人睡眠改善，恢复正常睡眠型态。

4. 病人不发生外伤，并能掌握预防受伤的知识和方法。

5. 病人能接受躯体疾病导致的外表或功能改变，并能积极配合治疗与护理。

6. 病人维护健康的能力和信心得到提高，能利用有利的资源维持或增进健康。

【护理措施】

1. 基础护理

（1）**生活护理**：帮助病人制订日常生活时间表，鼓励病人自理生活，制定有针对性的护理方案。

（2）**饮食护理**：根据病人原发疾病的特点，满足病人的营养需求，允许病人选择个人喜好的食物。为病人提供适宜的进食环境，给予病人充足的进餐时间，必要时给予鼻饲或静脉补充营养以保证营养的摄入。对于烦躁、兴奋的病人应单独进食，由专人陪伴。

（3）**排泄、睡眠护理**：针对病人存在的便秘、尿潴留等问题，采取适当的措施，保持大小便通畅。为病人提供良好的睡眠环境，消除不良因素，如减少白天睡眠时间、避免睡前喝咖啡、浓茶等，帮助病人记录睡眠时间，协助病人做好个人卫生。

2. 安全护理　加强安全管理工作，清除所有危险物品，创造舒适的、安全的病房环境。密切观察病人的病情，对行为紊乱、有明显兴奋躁动的病人，必要时设专人护理，需要时予以约束。严禁病人单独活动或独处，防止病人在精神症状影响下产生出走、冲动、自伤行为。

3. 心理护理　建立良好的护患关系，尊重、理解病人。运用语言或非语言技巧表达对病人的关心与支持。鼓励病人表达内心的想法，调动病人的积极情绪，阻断病人的负性情绪，教会病人学会控制情绪的方法，恰当表达自己的需要及欲望，使病人能叙述造成自己愤怒及激动的原因，指导病人愤怒时使用正确发泄愤怒的方法，如跑步、撕纸片、做操等。

4. 治疗相关护理

（1）**对症护理**：注意观察原发躯体疾病的症状，如有无心、肝、肾等重要器官受损的表现，对高热病人及时正确降温，保护脑细胞，防治脑水肿。监测意识改变情况，减少并发症，使病人维持最佳的功能状态。如病人出现智力障碍后遗症，应注意尽早开始各种技能训练和康复治疗护理。

（2）**药物护理**：对不能自行服药的病人应在监护下完成药物治疗，并监测药物的不良反应。

5. 健康教育　护士要耐心让病人及家属全面了解原发疾病的相关知识，特别是有关药物的知识，例如所用药物的名称、剂量、服用时间、常见的不良反应等，遵医嘱服药，绝对不能擅自增减药量或停药。若病人出现幻觉、妄想、自伤、伤人等精神症状应及时到医院就诊。

【护理评价】

1. 病人能否摄入足够的营养、保证水电解质的平衡。

2. 病人生活自理能力有无改善或恢复。

3. 病人睡眠有无改善，是否恢复正常睡眠型态。

4. 病人是否发生外伤，是否掌握预防受伤的知识和方法。

5. 病人能否接受躯体疾病导致的外表或功能改变，是否积极配合治疗与护理。

6. 病人有无自我管理健康的能力，能否利用有利的资源维持或增进健康。

（权　苑）

1. 病人,女性,80岁,于2年前开始出现与家人聊天时分不清上午还是下午,对于月份和季节也会搞错,他人纠正其说错时间的时候,病人很固执地认为自己没有错。该症状近3个月来日渐加重,近来病人会忘记吃饭,问其原因,病人说还在早上,不到吃饭的时间。

请思考:

(1)请列出病人主要的护理诊断/问题。

(2)针对该病人的表现,设计提高病人时间定向力的训练。

2. 病人,男性,70岁,于1年前开始出现健忘,例如拿着手机找手机,经常找不到要用的东西;出门去买菜,到了菜市场却忘了要买什么菜。病人患有高血压,最近常忘记吃药。头部磁共振检查提示双侧颞叶、海马萎缩严重。

思考题
解析思路 　　练习题

请思考:

(1)目前病人最有可能患哪种疾病?

(2)请制订对该病人主要的护理措施。

第十二章 | 人格障碍

ER 12-1
教学课件

ER 12-2
思维导图

学习目标

1. 掌握偏执型人格障碍、边缘型人格障碍及反社会型人格障碍病人的临床特点和护理要点。

2. 熟悉依赖型人格障碍、强迫型人格障碍、分裂样人格障碍以及表演型人格障碍病人的临床特征。

3. 了解人格和人格障碍的概念。

4. 能正确运用精神科护理的知识对不同人格障碍的病人采取针对性的措施。

5. 具备良好的沟通能力,耐心帮助病人建立良好的应对方式。

人格障碍是指在没有认知过程障碍和智力缺陷的情况下人格明显偏离正常,它是介于正常人和精神病病人之间的行为特征。人格障碍者往往终身具备某种异常人格,难以治愈。

本章将重点介绍对病人自身以及社会影响较大的三种人格障碍,即偏执型人格障碍、边缘型人格障碍和反社会型人格障碍。

第一节 概 述

导入情境

病人,女性,22 岁,曾多次因割伤自己的前臂而入院。这次接收其入院的护士对其经历很同情,精心地照顾病人,病人也非常喜欢这位护士,愿意将自己的经历与护士诉说。然而 1 周后,病人忽然对这位护士说:"你过去对我很好,我喜欢你,但现在我恨你"。

工作任务:

1. 病人属于何种人格障碍?

2. 对于病人的行为,护士应该采取何种措施予以干预?

一、概念

人格(personality)是由人格倾向性和人格心理特征两个方面构成的,具体体现在对人或对事的态度、信仰、欲望、价值观和行为方式等方面。人格的形成是由先天生理因素和后天环境因素的影响所决定的,即个体在遗传和环境的交互作用下,逐渐形成独特的身心结构,一般到青春期时固定下来。一种特定的人格一旦形成,往往是持久的、相对稳定的,它是通过心理活动和行为表现出来的。

人格障碍(personality disorder)是指个体的行为和对生活的体验长期、持续并且明显地与其所生活的社会文化形式不一致。当一个人具有某种人格障碍时，他的人格特征是多变的、不适应的或占有欲过强，常与社会生活发生严重的冲突，明显影响其人际关系和职业功能。人格障碍多在少年或儿童期开始形成，到青春期定形，经常持续生命的整个过程。对人格障碍的诊断首先基于个体在情绪、认知、人际关系和对冲动的控制等方面显著偏离主流社会文化，并且对个体的社会功能、人际关系等带来明显的损害或导致个体主观痛苦。

知识拓展

个性理论

个性又称人格，是指一个人独特的、稳定的和本质的心理倾向和心理特征的总和。艾森克和荣格将人的个性分为外向和内向两种。他们认为外向性格的人表现为热情、健谈、爱活动、喜社交、不甘寂寞，有进取、冒险精神，而内向性格的人则尽量避开外界刺激，喜孤独，活动少，少交谈，不爱热闹。

二、分类

DSM-5 和 ICD-10 对人格障碍的分类略有不同，ICD-11 认为人格障碍的严重程度取决于个体在人际关系中的问题程度或履行预期社会和职业角色的能力和意愿，根据严重程度将人格障碍分为轻度人格障碍、中度人格障碍和重度人格障碍。轻度人格障碍是指人格问题仅影响人格功能的部分方面，能够保持一些人际关系，并能胜任工作要求，一般不会对自身或其他人造成重大伤害，因而在一些场合中其问题表现得并不明显。中度人格障碍是指人格问题会影响到人格功能的多个方面，因而影响到社会角色、职场和私人关系中的表现，经常并持续性地与他人产生冲突，往往伴有对自身或他人的伤害，但未达到长期损害或是危及生命的程度。重度人格障碍是指有广泛而严重的人格问题，影响到近乎全部人格功能，病人几乎没有朋友，工作能力丧失或严重受损，无法履行社会职能，通常伴有对自我或他人的严重伤害。

三、病因与发病机制

造成人格障碍的原因即发病机制不明，通常认为它是由生物、心理、社会等多种因素引起的。

（一）生物因素

遗传学研究表明，人格障碍病人的亲属患病率明显高于对照组，说明人格障碍的发生率与遗传因素有关，血缘关系越近，发生率越高。神经生化方面的研究表明，人格障碍病人情绪的不稳定性可能与边缘系统的 γ- 氨基丁酸能、谷氨酸能、胆碱能环路的过度反应有关。有学者认为人格障碍病人的大脑发育不成熟，这可能与母亲孕期及病人出生后发生的感染、中毒、营养不良等因素有关。

（二）心理社会因素

童年生活经历对人格的形成非常重要。如缺乏应有的亲情、受到虐待、教育方式不当（溺爱、苛求、期望过高）等使孩子承受巨大的心理压力，容易形成人格扭曲，家庭的不和谐等也可能导致人格障碍的形成。

四、临床特点

（一）偏执型人格障碍

1.敏感多疑　病人认为周围的人或现象都对自己别有用心，无端猜疑，总是被"忠诚"和"信任"缠绕着，特别是对亲人和朋友，认为他们在伤害、欺骗、剥削自己。病人经常怀疑、嫉妒、考验配偶，跟踪配偶的行踪,甚至将配偶或其他家庭成员告上法庭。

2. 人际关系紧张 病人对周围的人和事极度敏感,经常将别人说的话看成是对自己的进攻,从而具有高度的警惕性和极强的自我防卫心理。他们外表显得严肃认真、孤单阴沉、死板,缺乏幽默感;内心常满怀委屈和怨恨,有着强烈的敌意和报复心,固执喜辩,过于自尊及自信;在行动上遮遮掩掩、拐弯抹角,一生处于紧张不安的状态。人们通常很难与他们保持良好的人际关系。

> **知识拓展**
>
> ### 让理解、关爱和尊重持续"在线"
>
> 偏执型人格障碍以极度敏感和多疑为特点。护士应充分理解病人的人格特点,既不能怠慢病人,又不能过于热情地接待病人,以免病人因对微小的细节过分敏感多疑而导致强烈的情绪反应。
>
> 与病人进行沟通时,护士要在光线明亮的环境中,保持门及通道敞开。护士正视病人,与病人保持适当的距离,清楚、简单地将问题说明,避免用过于丰富的面部表情及触摸等非语言沟通方式,以免引起病人的反感。允许病人通过适当的方式解除猜疑,逐渐与病人建立起相互信任的护患关系,进而帮助其表达影响社交的因素和感受,并纠正其受损的社交功能。

(二)反社会型人格障碍

1. 易冲动 不遵守法律及社会规范,办事缺乏计划,容易被挑衅或经常做出攻击行为,表现为经常斗殴或冒犯他人。

2. 缺乏内疚感 以自我为中心,缺乏道德准则,没有内疚感。尽管有时做了错事会说声对不起,但并非出自真心。

3. 冷酷无情 缺乏爱心,冷酷无情,爱说谎话,不诚实,表里不一,不能从亲身经历中获得有益的体验。

> **考点提示**
>
> 反社会型人格障碍的临床特点有哪些?

(三)边缘型人格障碍

1. 不定性情感 情感活动不稳定,经常突然出现情感低落、忧虑或烦躁、沮丧等。不能承受压力,在别人看来都是生活中的常见问题,但在边缘型人格障碍病人眼里,这些问题犹如祸从天降,难以逾越,所以病人经常怒气冲冲,表现出不适宜的、过于强烈的愤怒,并缺乏对愤怒情绪的控制。

2. 自残行为 病人总是认为自己不如别人,因此而依赖他人,发狂似的企图避免事实上的或想象中的被人抛弃。病人总想成为人们帮助的中心人物,很少有满意的时候,心情总是处于焦虑状态。为了发泄心中的不平衡,病人经常威胁或做出自杀或自残的事情。

3. 人际关系不稳定 病人长期在自我形象、长期目标、职业选择、交友、期待别人如何评价自己等方面不确定,总是在极度的理想状态和极度的贬低状态间变化,从一种(人际)关系跳到另一种(人际)关系,甚至在工作和生活中常采用操纵行为。

> **知识拓展**
>
> ### 身份紊乱与创伤后同一性建构
>
> 身份紊乱是边缘型人格障碍的核心症状,是其他症状的基础。病人的身份紊乱包括三个部分:僵硬、消极的身份模式,不稳定、碎片化的身份状态,不一致、不协调的自我体验。早期的潜在创伤性经历、儿童的无序依恋关系与边缘型人格障碍的形成有关。当病人再次遭遇创伤事件,怀疑和战斗模式使其陷入对创伤事件的反刍思维当中,在同一性探索的双循环模型

中，个体回到探索承诺的阶段而无法认同承诺，其同一性建构失败。边缘型人格障碍病人倾向于采用自残自伤、破坏关系等方式来应对创伤事件。对这类病人身份问题的研究可以进一步推演到青少年的同一性进程。

（四）其他常见人格障碍

1. 依赖型人格障碍 以缺乏自信、过度依赖他人为特征。病人自尊低下，内心无助，低估自己的能力，害怕独处；做事被动、顺从，自我怀疑，想方设法地摆脱责任。无论是在人际关系中，还是在工作或治疗过程中，他们每时每刻都在寻找能够为他们提供帮助的人。

2. 分裂样人格障碍 以行为和观念奇特、情感冷漠、孤独、脱离社会及人际关系差为特点。病人对任何事情都漠不关心，缺乏情感反应；性格孤僻，内向刻板，缺乏幽默感；喜欢独来独往，很难适应社会，从而疏远、脱离社会。他们的工作和生活尽可能地远离人群或过着隐居生活。

3. 表演型人格障碍 病人的处事方式具有戏剧性，以自我为中心，用过分夸大的言行来表现自己，想方设法地吸引别人的注意力，若得到别人的注意就会感到满足，没人理睬就变得空虚无聊。人际关系肤浅，总想操纵支配别人，与配偶缺乏深厚的感情。

4. 自恋型人格障碍 病人过高地评价自己，头脑中充满无限的成功、权力、智慧和幻想，而忽视他人的感受，因此造成与他人的关系紧张。由于病人总是善于抬高自己的地位而忽视他人的态度，常常会侵犯他人的利益。在他们骄傲自大的背后，有着强烈的惭愧感和被抛弃感，他们夸张地表现自己，是因其内心缺乏对自身价值的自信。

5. 强迫型人格障碍 以过分谨小慎微、严格要求或追求完美但内心有不安全感为特征。病人在生活和工作中总是处于紧张焦虑状态，他们通过自己独特的行为来抵消焦虑和恐惧，而这些焦虑和恐惧的行为是由于他们失去对某些情境、事物以及人的控制。严重者会出现强迫行为或强迫观念。

6. 冲动型人格障碍 以情感暴发、难以自制的冲动为特点，男性多于女性。病人对事态缺乏预见能力及计划性，自控能力非常差，极易激惹，常常因微小的刺激便引起争吵、冲动，甚至暴力伤人，或有自杀或杀人行为。

7. 焦虑型人格障碍 以经常性紧张焦虑为特点；办事缺乏自信，常有不安全感，总是提心吊胆，生怕出错；对别人的批评或评论非常敏感，生怕别人不能接受自己。病人习惯于夸大现实生活事件和情境，总想回避某些日常活动，生活中求稳，害怕改变和创新。

五、治疗要点

人格障碍的治疗主要采用精神心理治疗纠正病人的异常行为，必要时可配合药物治疗。当病人出现精神病性症状时，可选用氯丙嗪、氟哌啶醇等抗精神病药物；出现情感不稳定时，可选用碳酸锂、卡马西平来稳定情绪；对易冲动且常伴有抑郁的病人，抗抑郁药物常有较好的效果，如氟西汀；焦虑明显时可用苯二氮䓬类药物。

第二节　常见人格障碍病人的护理

【护理评估】

1. 健康史

(1) **个人成长史**：①偏执型人格障碍病人是否在童年时出现孤独、敏感、言语刻薄，到成年早期（青春期）是否表现出猜疑和偏执。②反社会型人格障碍者是否在15岁之前（幼年时）有明显行为失常表现，出现学习成绩不良、不遵守学校纪律、经常逃学、被开除、离家出走、过早性行为、说谎、虐待动物、破坏公物、偷窃等。③强迫型人格障碍者是否在幼年时表现为过分要求严格与完美无缺。④依赖型人格障碍者是否在幼年时表现出对他人的依赖和过分需要他人的保护。

(2)**既往史**：病人既往是否有其他精神障碍病史，是否有酒精和物质滥用等。

(3)**家族遗传史**：病人是否有精神疾病家族史。

2. 身体状况　人格障碍以心理和行为问题为主，很少有躯体症状，但人格障碍与其他疾病共病时，可能出现躯体症状。

3. 心理状况　不同类型的人格障碍有其特有的心理或行为的异常表现。

(1)偏执型人格障碍者有无极度的敏感和多疑。

(2)反社会型人格障碍者有无对抗社会或有犯罪史。

(3)边缘型人格障碍者有无性情不稳定和承受压力无能的特点。

(4)依赖型人格障碍者有无缺乏自信和过度依赖的特点。

(5)分裂样人格障碍者有无行为、观念奇特和情感冷漠的特点。

(6)表演型人格障碍者有无以自我为中心和过分夸大言行来表现自己的特点。

(7)自恋型人格障碍者有无过分夸大自我重要性的特点。

(8)强迫型人格障碍者有无过分谨小慎微、严格要求或追求完美的特点。

(9)冲动型人格障碍者有无情感暴发、难以自制的冲动等特点。

(10)焦虑型人格障碍者有无经常性紧张焦虑的特点。

4. 社会状况　评估病人沟通能力和社会功能，例如是否出现人际关系紧张、家庭角色功能不良等问题，家庭、社会对病人的支持情况等。

5. 辅助检查　约有 65% 反社会型人格障碍病人的脑电图异常，呈慢波和尖峰信号。部分冲动型人格障碍者的脑电图显示慢波增加，脑脊液检查发现 5-HT 代谢异常。由于人格障碍本身通常不伴有躯体器质性的问题，因此，实验室检查常无阳性指征。脑电图、头颅 CT 或 MRI 检查可以排除脑部重大病变。

【常见护理诊断 / 问题】

1. 焦虑　与内心空虚、自尊低下和过度紧张有关。

2. 有对自己 / 他人实施暴力的危险　与不能控制冲动、充满敌意、情感不成熟、自我认识扭曲有关。

3. 自我认同紊乱　与缺乏自信有关。

4. 社交孤立　与不能正确地自我评价和缺乏人际沟通技巧有关。

5. 个人应对无效　与急切满足眼前的欲望或心愿、自私及操纵行为有关。

【护理目标】

1. 病人能描述轻松和焦虑的感觉，并能识别何时焦虑加重；能用一种适宜的方式来发泄、减轻焦虑；自觉轻松的时候多于焦虑。

2. 病人能用谈话、写信、体力活动等方式表达愤怒和受挫感，采用社会能接受的方式发泄情绪，而不采取进攻行为；控制冲动的意识有所增强；消除任何自我伤害的想法；病人如果出现自残想法时，能亲自或委托他人与护士联系，避免自残行为发生。

3. 病人能确认引起低自尊的行为，能肯定地表达自己的意见和优点，能正确评价自己，确认自己的价值，增强自信及自尊。

4. 病人能接受护士及其他人对自己的接近和有利于自己心身健康的帮助，提高沟通技巧，增强与他人（特别是家人或朋友）的互相信任，与他人相处共事。

5. 病人最初能够在外界协助下做些简单的生活自理，逐渐能独立生活和工作。

【护理措施】

1. 建立治疗性信任关系　护士应与病人建立良好的治疗关系，充分理解病人，并帮助病人找出影响人际关系的因素。例如，护理偏执型人格障碍病人时，护士应认真听取病人带有多疑情感的陈述。在病人用语言进行攻击或企图找借口来掩盖自己的多疑感受时，护士要尊重病人，切忌直接反驳。护士要始终以和蔼友善的态度对待病人，但对偏执型人格障碍者不要过分热情，以免引起病人猜疑。当病人能够与护士愉快相处时，他们的多疑也就减少了。

2. 指导病人以一种自己和他人都满意的方式参与日常活动　护士应首先帮助病人找出影响社交的因素，鼓励病人表达感受，再帮助病人纠正受损的社交技术。护士与病人进行交流时要清楚、简单地说明问题，以减少他们的误解。在取得病人信任之前，先与病人所信任的人进行交往。鼓励病人参与集体活动，但要避免竞争，病人可能对小的细节、符号及不经意的态度都很敏感，会引起发怒。反社会型人格障碍和边缘型人格障碍病人均可因操纵行为而影响其社会关系，护士应指导病人用能接受的方式与人交往，并向其说明操纵行为是一种不健康的行为以及操纵行为所带来的后果。

3. 针对暴力行为的护理　反社会型人格障碍和边缘型人格障碍病人忍受挫折的能力非常低，做事无计划，只针对眼前的利益，常草率行事，缺乏考虑，经常由于冲动及个人需要未能如愿时出现暴力行为。护士要帮助病人探究诱发暴力行为的因素，讨论这些行为给自己及他人带来的危害及痛苦，向其解释他们的行为会给别人带来的反应和影响，使其意识到自己的行为是不正常的，并教会病人用其他的方式代替冲动，例如鼓励病人用语言表达感受，发泄受挫感，而非采用暴力行为。护士还要帮助病人提高解决问题的技巧以应对挫折和紧张的心理。当病人无法调节自己的愤怒心情即将要发生暴力行为时，护士应清楚、明确、严肃地向其讲明破坏行为可能造成的后果，及时制止病人的行为，让病人知道应对自己的行为负责。必要时护士可以遵医嘱对病人予以隔离或约束，也可根据医嘱使用镇静药物。

4. 针对自残行为的护理　护士要评估病人在自残行动前的异常想法，帮助他们回忆自残想法出现时的情境，找出过去引起敌意的人际关系情况；与病人共同探讨如何将不良情绪合理疏导，告知病人如果不能控制自己的情绪，一定要寻求护士帮助；与病人一起探索采用建设性而非消极的、破坏性的方式表达不满情绪，鼓励病人用语言表达愤怒而非采用自残行为。护士应明确告诉病人不允许其伤害自己和他人。一旦病人有自残行为发生，护士应调节自己的情绪，既要关心病人，积极地予以救护，又不要过分地关注自残后的伤口情况，应注意重新评估病人导致自残的想法和感受。

5. 健康教育　人格障碍的发生、形成以及预防和干预都与家庭有着密切的关系，因此，护士要使病人和家属认识和正确对待疾病，积极配合治疗和护理。护士在病人住院后应立即开始家庭治疗。首先，根据家庭成员对本病的了解情况，护士应向其解释人格障碍的形成与病人早期所受的社会和家庭的环境的影响有关，家属在有意或无意间促成和支持了病人的非适应性行为。因此，家庭的每个成员在病人重建健康人格方面都担负着责任。其次，护士教会家属认识常见人格障碍的临床特征及护理，自始至终地以积极的态度去帮助病人。第三，护士要指导病人家属做好充分的心理准备，疾病带来的影响可能是持久的、难以接受的，但家庭必须接纳和关爱病人，创造和谐的家庭氛围，给予病人有力的家庭支持，这是家庭护理的核心。

ER 12-3

人格障碍的
护理

【护理评价】

1. 病人的焦虑是否有效缓解，能否用一种以上适宜的方式来减轻焦虑。

2. 病人是否发生对自己/他人的暴力行为，能否用适宜的方式宣泄情绪。

3. 病人能否正确地认识和评价自己，自信心是否增强。

4. 病人能否与他人和睦相处。

5. 病人能否独立生活和工作。

（苏　红）

1. 李某,男,16岁,从小因父母外出打工被托付给爷爷、奶奶和伯父扶养。幼年时小李经常受同学欺负,学习成绩差。李某上中学后多次违反校纪校规,后休学在家。李某离开学校后发生了巨大的变化:打架斗殴、酗酒、乱花钱、懒惰、经常夜不归宿……李某父母在管教他的过程中多次与其起冲突,在万般无奈的情况下,李某的父亲带其来精神专科医院就诊。

请思考:

(1)李某属于何种人格障碍?

(2)针对李某的现状,护士应如何护理?

2. 病人,男性,27岁,已婚。病人身为家中独子,自小受到家人宠溺,平素喜欢鲜艳的衣着装扮,喜欢听到别人的夸奖,总想成为活动的中心、焦点;与人谈话时,总夸大地描述自己的外貌、能力、家庭背景等,如果对方转移话题,病人常会千方百计地将话题转回自己,而对别人的讲话内容则心不在焉。若自己的愿望不能得到满足或感到自己受了委屈,就会烦躁、发脾气、哭闹,让对方难堪,或伺机报复。

思考题
解析思路 　　练习题

请思考:

(1)该病人属于何种人格障碍?

(2)护士在与该病人沟通时可以运用哪些沟通技巧?

第十三章 | 心理因素相关生理障碍

教学课件

思维导图

学习目标

1. 掌握进食障碍、睡眠 - 觉醒障碍病人的临床特点和护理要点。
2. 熟悉进食障碍、睡眠 - 觉醒障碍病人的治疗要点。
3. 了解进食障碍、睡眠 - 觉醒障碍的病因。
4. 学会正确运用护理程序对心理因素相关生理障碍病人实施整体护理。
5. 具备良好的专业态度，提供有力的心理支持，帮助病人建立起正向的认知、情绪和行为。

心理因素相关生理障碍（physiological disorders related to psychological factors）是指一组以心理社会因素为主要病因，以生理障碍（进食、睡眠和性行为异常）为主要临床表现的精神障碍。本章主要介绍进食障碍和睡眠 - 觉醒障碍。

第一节　进食障碍

导入情境

病人，女性，17 岁，高二学生，因进食少、消瘦、闭经 1 年入院。护士每天想尽办法让身高 160cm 而体重却只有 38kg 的病人多吃点饭，可病人一直很冷淡，不配合。到了吃饭时间，病人又在病房里喊叫拒食，护士劝阻时被其将饭菜扔到了自己身上，病人愤愤地说："要吃你吃！没看见我多胖了还让我吃！"

工作任务：

1. 病人属于哪一类精神障碍？
2. 病人此时的心理状况如何？
3. 对于病人的不合作，护士可以采取哪些措施？

一、概念

进食障碍（eating disorder）是由心理社会因素导致的进食行为异常，可伴有显著的体重改变和心理紊乱。进食障碍多发生在青少年和成年早期，尤其是女性群体，男性青少年患此病较少。本章重点介绍神经性厌食症、神经性贪食症和暴食障碍。

二、分类

2022 年世界卫生组织发布的 ICD-11 中，将进食障碍分为神经性厌食症、神经性贪食症、暴食障碍。

三、病因及发病机制

进食障碍的病因与发病机制尚不明确,可能与以下几方面因素有关:

1. 生物因素　与异常的进食行为相关的神经内分泌中枢功能失调可能是进食障碍发生的生物学基础,如下丘脑-垂体-性腺轴系统异常使病人出现月经紊乱和体温调节障碍。

2. 心理因素　进食障碍的病人发病前多有负性生活事件发生,如因身材问题不被人喜欢等。病人往往追求完美,自我控制感较低,缺乏自信,处理心理冲突的能力较差。"怕胖"的恐惧心理使病人具有"以瘦为美"的超价观念,并在此基础上形成体像障碍。

3. 社会文化因素　不同时代有不同的审美标准。受现代某些社会文化的影响,一些女性把体型苗条作为自我约束、有吸引力的象征,一旦这种审美意识转化为某些人刻意追求的目标时极易出现进食障碍。对父母过于依赖、家庭破裂、家庭中有节食减肥或酗酒抑郁者,或家庭中存在过多谈论减肥者,容易发生神经性厌食症。

四、临床特点

(一)神经性厌食症

ER 13-3

神经性厌食症病人的临床表现

神经性厌食症(anorexia nervosa)是以病人有意节制饮食,致使体重明显低于正常标准为特征的一种进食障碍。

1. 恐惧肥胖且极度关注体型　本病的核心症状是对肥胖的强烈恐惧和对体型、体重的过度关注。多数病人为自己制订了明显低于正常的体重标准,即使已经骨瘦如柴,仍认为自己太胖,或认为身体的某一部位过于肥胖,如腰太粗等,即使别人反复解释、劝说也无效,这种现象称为体像障碍。有些病人虽不承认怕胖,但即使体重已经很轻,仍不肯进食。

2. 过度限制热量摄入　为避免体重增加或达到自己理想中的体重,病人常常严格限制饮食。最初只是少吃主食、蛋、肉等,逐渐发展为完全避免食用高糖分或高蛋白的食物,仅以清水煮菜叶充饥。多数病人对各种食物的热量了如指掌,对食谱有严格的要求。有的病人在某段时间只吃某一种自认为不使人发胖的食物。病人进食时速度非常慢,会把食物分成很小的块,再送入口中细嚼慢咽,或是只在口中咀嚼,然后吐出,确保食物不被吸收。绝大多数病人初期并不是真正厌食,只是为了减肥不敢吃,甚至有部分病人有发作性暴食的表现。然而,长期节食最终损害了大脑功能,导致病人不再进食。

3. 采取各种方法控制体重　部分病人会采用进食后立即用手指刺激咽后壁进行引吐或服用泻药、利尿药等方式避免体重增加。这些行为常常是秘密进行,需要注意观察才能发现。有些病人采用过度运动的方法避免体重增加,如每日不停地走动、跑步、游泳、做健身操或做家务等,甚至拒绝休息或坐卧。病人的活动强度多与体力极不相称,即使极度消瘦、虚弱时仍坚持锻炼,使人感到病人是在自我折磨。

4. 生理功能紊乱　长期热量摄入不足导致各种生理功能发生改变,病人会出现一系列的躯体并发症。症状轻者表现为消瘦、皮肤干燥、脱发、代谢减慢、便秘、畏寒、头痛、多尿和睡眠障碍等,严重者表现为器官功能低下、水电解质紊乱,甚至可导致死亡。

5. 精神症状　大约2/3的厌食症病人合并一种或多种精神障碍,其中最常见的是抑郁,表现为情绪低落、情绪不稳、易冲动,严重者有自杀的危险。其次是焦虑或惊恐发作,恐惧也较常见。部分病人存在强迫观念和行为,表现为一定要说服别人,做事追求完美。有的病人会强迫他人进食,或每餐必须剩下部分食物,或进食时按特定顺序和要求进行。厌食症与人格障碍的共病率也较高。

(二)神经性贪食症

神经性贪食症(bulimia nervosa)是以反复出现的强烈进食欲望和难以控制的、冲动性的暴食以及因怕胖而采取不适当行为以防止体重增加的一种进食障碍。

1. 不可控制的暴食　不可控制的发作性暴食是本病的主要特征。每当对某种特定食物的渴望排山倒海般袭来时，贪食症病人都无力抗拒。他们吃得又多又快，甚至来不及咀嚼就咽下。进食量也远高于一般人的平均水平，进食时伴失控感，每次都要吃到腹部胀痛或恶心时才停止。病人较喜欢高热量的松软甜食和含油多的食物，如蛋糕、巧克力、油条等；个别病人会看到能吃的东西就往嘴里放，甚至是自己的呕吐物，吐完再吃。病人进食时常常避开他人，在公共场所尽量克制进食。

2. 避免体重增加　为抵消暴食引起的体重增加，病人常采用自我诱吐、导泻、过度运动的方法来清除摄入的热量。由于暴食和代偿行为的相互抵消，病人的体重虽有波动，但大多仍处于正常范围内。

3. 生理功能受损　频繁的呕吐和泻药、利尿药的滥用可引起一系列躯体并发症，如水电解质失衡，胃酸和呕吐物所致的牙釉质腐蚀，少数病人可发生胃、食管黏膜损伤，急性胃扩张，甚至胃破裂。月经紊乱、闭经也较为常见，其他症状还包括头痛、唾液腺肿大、虚弱无力等。

4. 精神障碍　贪食症病人的心理障碍较厌食症病人更为突出。暴食前，病人通常会有抑郁情绪或因进食冲动所致的内心紧张、焦虑，暴食可以缓解这种紧张感，但暴食过后病人会感到更加抑郁，甚至悔恨、内疚。

> **知识拓展**
>
> ### 关注厌食症，树立正确审美观
>
> 审美应该是多元化的，不要一味地追求瘦，也不要放纵到肥胖的程度，健康最重要。
>
> 神经性厌食症是一种与心理状况息息相关的疾病。当孩子出现这种倾向时，父母就应该及时沟通介入了。对于尚未成熟的孩子，应该及时疏导孩子的心理挫败感。孩子出现神经性厌食症时往往不能意识到这是病态反应，不愿意接受治疗。这时，监护人一定要带孩子让心理医生评估介入。如果孩子出现抗拒治疗乃至威胁生命的情况，监护人要及时联系医生，必要时需采取强制手段让病人接受治疗。同时，要引导孩子树立健康的审美观念。

（三）暴食障碍

暴食障碍（binge-eating disorder）是一种以周期性出现的暴食行为为特征的进食障碍。病人在短时间内（一般在 2 小时以内）个人进食明显增多，或较平常明显不同，并无法停止进食或对进食类型、数量进行控制。病人进食后心里感到痛苦，通常不会出现代偿行为如引吐、导泻、过度运动等。

五、治疗要点

进食障碍的治疗以综合治疗为主，包括支持治疗、心理治疗、药物治疗。

1. 支持治疗　急性期以支持治疗为主，包括纠正水电解质平衡，给予足够的能量，尽快解除生命威胁，使病人恢复至正常的营养状态。

2. 心理治疗　急性期过后以心理治疗为主，配以药物治疗。治疗的目标是病人恢复理想体重和重建正常的进食行为模式。

（1）**认知治疗**：主要针对病人的体像障碍进行认知行为纠正。具体方法：探讨、了解病人对体像和疾病的错误认知，深入了解病人的心理问题，帮助病人消除心理冲突，纠正不良认知，增强治疗信心，合理安排病人的饮食，培养其建立良好的生活规律。

（2）**行为治疗**：充分利用正强化和负强化的方法调动病人的积极性，可有效地减少呕吐行为，逐渐建立规律、适量的饮食习惯，对短期内增加体重有一定的治疗效果。当病人能逐渐改善进食行为并主动进食时应及时给予表扬（正强化），并给予病人一些特权或较多的行动自由作为奖励。当病人拒绝治疗、不按计划进食或自我引吐时则给予惩罚（负强化），如取消某些特权。

（3）**家庭治疗**：对家庭矛盾冲突尤其是发病年龄早的病人有一定效果。家庭治疗主要是帮助病人的家属正确认识该病的发病原因，避免对病人进食问题过分关注和不安，以解决家庭矛盾和促进家庭功能，从而协助病人建立良好的生活习惯，促进病人早日康复。

3. 药物治疗　目前尚无确切有效的药物治疗进食障碍。抗抑郁药物、苯二氮䓬类药物和锂盐不能直接改善病人怕胖的观念，但对病人的恐惧、抑郁、焦虑、易激惹、沮丧等情绪有一定疗效，可间接促进病人进食行为的改善，并可用于治疗伴发其他精神障碍的病人。

知识拓展

异 食 癖

　　异食癖（pica）多发生于婴幼儿和儿童时期，病人出现持续性嗜食非食用性物品或无营养物质，如泥土、头发、肥皂、树叶、塑料、纸等，症状持续或严重到需要临床关注。异食行为与病人的年龄及发育水平不符，且非其他精神障碍所致，常可导致贫血、腹泻、便秘、铅中毒、肠梗阻、寄生虫感染等多种躯体并发症。随着年龄增长，异食癖症状一般多可自行缓解。

六、进食障碍病人的护理

【护理评估】

1. 健康史

（1）**个人成长史**：病人生活、饮食习惯是否规律，病前体重有无异常；病人生活和工作压力是否过重，有无职业因素促使病人控制体重。

（2）**既往史**：病人是否患过精神疾病，是否服用过相关药物等。

（3）**家族遗传史**：病人及家庭成员是否曾有过进食行为反常病史。

2. 身体状况　评估病人的营养状况、病人的饮食习惯和结构以及皮肤、心血管系统、消化系统、第二性征发育和性功能情况、女性病人的月经情况等。

3. 心理状况　评估病人对自身体型的认知情况和对发胖的恐惧程度；有无节食行为，若有，评估节食的开始时间和程度；有无暴饮暴食现象；近期有无遭遇重大生活事件；对自身身材和自我概念的看法；对疾病有无自知力；情绪状况和有无自杀、自伤倾向。

4. 社会状况　评估病人有无因进食障碍而影响学习、工作、生活和人际交往；病人与家属的关系以及家属对疾病的认识和态度。

5. 辅助检查　血、尿、便常规检查，重要器官功能等有无异常。

【常见护理诊断/问题】

1. 营养失调：低于机体需要量　与限制、拒绝进食以及代偿行为有关。

2. 有超重的危险　与不可控制的暴食有关。

3. 体液不足或有体液失衡的危险　与摄入不足、引吐、导泻行为有关。

4. 体像紊乱　与家庭功能不良、对自身体型不满有关。

5. 焦虑　与对生活感到无助、缺乏控制感有关。

【护理目标】

1. 病人能够通过进食、补充营养的方式使体重逐渐恢复正常。

2. 病人能够用正常的方式替代暴食发作。

3. 病人能够认识到目前体液不足的现状和原因。如果出现引吐、导泻的想法时，病人能主动反映给护士,避免清除行为的发生。

4.病人能够认识到自身对理想体重的偏激态度,能够为自己重新制定正常的体重区间。

5.病人能描述自己轻松和焦虑的感受;并能识别何时焦虑加重,能用适宜的方式来减轻焦虑。

【护理措施】

1.饮食护理　当病人出现营养不良、水电解质紊乱时,首要的护理措施是保证病人的摄入量,维持水电解质平衡。因此,饮食护理是进食障碍病人的护理重点,目的是保证营养,恢复并维持正常体重。然而,进食障碍病人对改善进食的抵触往往较大,尤其是厌食症病人,因此,在实施过程中需要医护人员密切配合,运用恰当的沟通方式让病人接受建议,逐渐改变进食行为。

(1)**制订饮食方案**:与营养师、病人一起制订饮食计划和体重增长计划,确定目标体重和每日应摄入的最低限度热量以及进食时间。摄入热量一般从每天800~1 500kcal开始,每2~3天增加200~300kcal,逐渐增加至正常。对厌食严重者,进食进水需从最小量开始,逐步缓慢增量,食物性质也应按流质、半流质、软食、普食的顺序过渡,使病人的胃肠道能逐渐适应,减轻饱胀感。通常目标体重宜为标准体重的85%~90%,以防病人过度关心体型而抗拒治疗。食物种类宜选择高热量、清淡、高纤维素的食物。

(2)**重建正常的进食行为模式**:护士要帮助病人正确认识营养方面的问题,让病人知道减肥、节食是发生进食障碍的重要因素,长期节食会损伤大脑从而对认知功能产生影响,可结合病人的自身经历进行宣教,说明低体重对病人的危害,帮助病人正确理解食物与身材的关系。

对于厌食症的病人,要提供安静、舒适的进食环境,鼓励病人自己选择想吃的食物。当病人进餐时,护士要一直陪伴在身旁,餐后也要至少陪伴1小时,确保病人按量进食,不诱吐。一般要求病人每餐进食时间不超过30分钟,保证进食速度。病人餐后若进行过度活动或长时间沐浴时,要进行限制。当病人主动进食或体重增加时,护士要及时地奖励病人,如满足病人的某项要求,如果病人拒绝进食、过度运动、诱吐、体重减少时,则将取消奖励作为惩罚,通过正、负强化的方法帮助病人逐渐恢复正常的饮食行为模式。

对于贪食症病人,要制订限制饮食的计划。①自控技术:指导病人定点就餐,有人在场时就餐,记录每次进食量,以监控自己的进食次数和进食量;欲暴食时,用散步、看电视或读书等方式分散注意力,以减少进食次数。②进食监控:病人在进食过程中,由护士或家属进行监督,密切观察其有无藏匿食物和假进食,包括只咀嚼不吞咽、趁人不注意时吐掉等行为,餐后检查餐桌、桌布、口袋等部位有无藏匿食物。在符合病人以往饮食习惯的前提下,逐步限制高糖、高脂食物和进食量,以便病人容易接受。

2.心理护理　护士首先要向病人表达关心和支持,与病人建立相互信任的关系,使病人有被接纳感。评估病人对肥胖的感受和态度,鼓励病人表达对自身体型的看法,了解病人对自己的身材哪些地方喜欢,哪些地方不喜欢,当身材有变化的时候病人有何想法。了解亲属或朋友对病人的看法和态度对其产生了哪些影响。然后,将病人实际的身体尺寸与其主观感受作对比,帮助病人认识到自我认知的偏差和主观判断的错误。鼓励病人多发现自己身材的长处,适当地修饰和打扮自己。通过多表扬、多鼓励,帮助病人学会接受现实的自己。

3.健康教育　进食障碍在康复期极易复发,这也是病人彻底治愈的最大障碍,需教会病人处理的策略,以预防复发。

(1)与病人一起探讨对进食的正确认识,养成良好的进食习惯。

(2)指导病人及家属找出对病人造成不良影响的因素,并避免或去除这些因素。

(3)指导病人回忆过去是否有过成功的应对方法。如有,护士与病人一起总结、记录,以便未来应激再次发生时可以采用;如果没有,则通过角色扮演等方法与病人一起探讨、寻求应对方法,并做好记录。

【护理评价】

1. 病人是否恢复健康的目标体重。
2. 病人是否恢复正常的饮食模式。
3. 病人能否保持体液的平衡。
4. 病人能否客观地评价自己的形象。
5. 病人的焦虑、抑郁等精神症状是否改善。

第二节　睡眠-觉醒障碍

导入情境

病人，女性，50岁，公司职员，最近两个月无明显诱因出现入睡困难，需要2~3小时才能睡着，严重时整夜不眠；睡眠浅，易醒，醒后不易再次入睡，多梦。病人因为睡眠不佳，次日精神差，乏力，注意力不集中，记忆力也越来越差，明显影响工作和家务劳动。病人无明显焦虑、抑郁等情绪异常，因不满意睡眠而心烦急躁入院就诊。

工作任务：

1. 从哪些方面对病人进行评估？
2. 病人存在哪些现存/潜在的护理问题？
3. 简述对该病人的护理要点。

睡眠与觉醒功能的调节是脑的基本功能之一。正常人对睡眠时间的需求因年龄及个体差异而有所不同，而睡眠质量对健康更为重要。睡眠-觉醒障碍既可以是独立存在的原发性疾病，也可以继发于某种精神障碍或躯体疾病。

一、分类

2022年世界卫生组织发布的ICD-11中，将睡眠-觉醒障碍分为失眠障碍、嗜睡障碍、睡眠相关呼吸障碍、昼夜节律睡眠-觉醒障碍、睡眠相关运动障碍和异态睡眠障碍。

知识拓展

睡眠时相

正常睡眠是由两个交替出现的不同时相组成——慢波睡眠和异相睡眠。慢波睡眠，又称非快速眼动睡眠；异相睡眠，又称快速眼动睡眠。人们入睡后所发生的睡眠大多数属于慢波睡眠。根据人脑电波的特征，一般将此时相区分为1、2、3、4期，相当于睡眠由浅入深的过程。异相睡眠为在睡眠过程中周期性出现的一种激动状态。脑电图与觉醒时相似，呈现低振幅去同步化快波。虽然各种感觉功能进一步减退、运动功能进一步降低、肌肉几乎完全松弛、运动系统受到很强的抑制，但自主神经系统活动增强，如血压升高、心率及呼吸加速、脑血流量及耗氧量增加等。

二、病因及发病机制

1. 生物因素　如饥饿、疲劳、疼痛、频繁咳嗽、夜尿多等躯体因素，以及遗传因素。

2. 心理社会因素　如各类生活事件(亲人去世、遭遇强烈的刺激、人际关系紧张、就业困难、家庭矛盾等)造成病人焦虑、紧张、恐惧不安等。

3. 环境因素　如作息时间昼夜颠倒等睡眠节律改变;居住环境嘈杂、拥挤,居室温度过冷或过热,光线刺激等。

三、临床特点

(一) 失眠障碍

失眠障碍患者典型临床表现(视频)

失眠障碍(insomnia disorder)是以频繁而持续的入睡困难或睡眠维持困难并导致睡眠满意度不足为特征的睡眠障碍,常影响日间社会功能,为临床最常见的睡眠障碍。失眠障碍可以是单独的一种疾病,也可以是其他疾病的临床表现之一,如果没有明显的发病原因,即称为原发性失眠障碍。

1. 失眠症状　以入睡困难和睡眠维持困难为主要表现。入睡困难指尽管有充足的睡眠机会和环境,仍然不能较快理想入睡,是病人最常见的主诉。其次是睡眠表浅和早醒等睡眠维持困难,如经常醒转、多梦、醒后不易再睡等。每周出现3次或以上,持续至少一个月。

2. 觉醒期症状　失眠往往引起非特异性觉醒期症状,表现为次日日间功能损害。部分病人可有睡眠感丧失。病人醒后有疲乏感或全身不适感,白天感到困倦、焦虑、抑郁、易激惹,因而常过多地考虑如何得到充足的睡眠以及个人健康状况等,进一步导致工作或学习效率下降,甚至影响社会功能。对失眠的焦虑和恐惧可形成恶性循环,导致症状持续存在。

> **考点提示**
> 失眠障碍的临床特点有哪些?

(二) 嗜睡障碍

嗜睡障碍(hypersomnolence disorder)是以日间过度思睡及睡眠发作为主要特征的睡眠障碍。这种情况并不是由于睡眠不足、药物、酒精或躯体疾病所致,也不是某种精神障碍(如神经衰弱、抑郁症)症状的一部分。临床特征为发作性睡病和特发性睡眠过多。

发作性睡病以难以控制的思睡、发作性猝倒、睡眠瘫痪、入睡幻觉及夜间睡眠紊乱为主要临床特征。特发性睡眠过多表现为日间过度思睡但不伴猝倒。

(三) 睡眠-觉醒节律障碍

睡眠-觉醒节律障碍(sleep-wake rhythm disorder)指由于内源性睡眠时钟的结构或功能调节紊乱,或与外部环境如光照明暗时相不一致,或与个体所需求的学习、工作及社会活动时间不匹配而引起的睡眠-觉醒紊乱。

1. 睡眠时相延迟　最常见。典型病人常在凌晨入睡,次日下午醒来;在应入睡的时候不能入睡,在应觉醒的时候需要睡眠。有的病人入睡时间变化不定,总睡眠时间也随入睡时间的变化而长短不一,有时可连续2~3天不能入睡,有时整个睡眠时间提前,过于早睡和过于早醒。病人多伴有忧虑或恐惧心理,并引起精神活动效率下降,妨碍社会功能。

2. 睡眠-觉醒时相提前　表现为相对于常规或社会接受的作息时间,病人睡眠时段提前,通常提前≥2小时。典型病人晚上6~8点入睡,凌晨2~5点觉醒。由于长期早睡早起,病人诉早醒或失眠和晚间过度困倦,常见于老年病人。

(四) 异态睡眠

异态睡眠(parasomnia disorders)是以入睡、睡眠期间或从睡眠中觉醒时发生非自主性躯体运动或主观体验为症状的睡眠障碍,包括各种行为、情绪和认知过程的异常。

1. 梦魇(nightmare)　是指在快速眼动睡眠期间反复为噩梦所惊醒,梦境内容通常涉及与生存、安全相关的恐怖事件,如被怪物追赶、攻击,或是伤及自尊的事件。显著特征是病人醒后对梦境中的恐怖内容能清晰回忆,伴有心跳加快和出汗,但病人能很快恢复定向力,处于清醒状态,部分病人难以再次入睡,有的病人在一晚上会反复出现几次。

2. 睡行症(sleep walking) 又称梦游症,是睡眠和觉醒现象同时存在的一种意识模糊状态。主要表现为病人在睡眠中突然起身下床徘徊,或穿衣、整理物品,甚至外出。发作时病人表情茫然,难以唤醒,有时可自言自语,但言语不清,答非所问,无法交谈。一般历时数分钟,少数持续 0.5~1 小时,而后病人自行上床或就地躺下入睡。若在睡行期内强行加以唤醒,病人可能出现意识模糊、定向力障碍、反应迟钝。通常出现在睡眠前 1/3 阶段的深睡期,次日醒来对发生经过不能回忆。睡行症最常见于儿童期,大多至青少年期自行缓解。

知识拓展

关注睡眠,助力"脱困"

　　长期失眠会给病人的躯体、心理、生活、工作等带来负面影响。判断睡眠是否正常的标准有三个:首先,睡眠模式稳定;其次,自我感觉睡眠满意,醒来后有舒适感和幸福感;第三,白天活动不受影响,精力充沛,精神愉悦。过去一度认为中老年人更容易出现睡眠问题,他们更应该受到关注,而如今很多年轻人存在不良睡眠习惯。高竞争、高压力的社会环境以及电子产品的快速发展,使得睡眠问题正在逐步年轻化。因此,对睡眠问题需要全龄关注、及时就医,切勿让睡眠问题发展成为睡眠障碍。

四、治疗要点

(一) 失眠障碍的治疗要点

1. 消除病因 消除或减少造成失眠的各种因素,培养良好的睡眠习惯。

2. 心理治疗 心理治疗是治疗失眠症的主要方法,目的是使病人能够忽视失眠症状,将注意力集中到外部世界,从而为睡眠创造良好的心理环境,重建正确的睡眠模式。可以用认知疗法来调节病人对睡眠的错误看法;使用行为疗法让病人身心放松;使用森田疗法,利用"忽视症状,忍受痛苦,顺其自然,为所当为"的理念,改善睡眠。利用刺激控制训练、睡眠定量疗法、矛盾意向训练、暗示疗法和放松疗法重建规律、有质量的睡眠模式。

3. 药物治疗 镇静催眠药可作为治疗失眠症的辅助手段短期使用,避免长期用药,一般不超过 4 周,尤其是慢性失眠病人,长期用药往往无效,并可导致药物依赖。被批准用于治疗的药物是苯二氮䓬类和褪黑素受体激动药。苯二氮䓬类药物可缩短入睡潜伏期,减少夜间醒来次数,分为超短效、短效、中效、长效四类,使用时应根据病人病情来选择,入睡困难者应选用超短效类药物,夜间易醒者可用短效或中效药物,早醒者则使用中效至长效类药物以延长睡眠。对于顽固性失眠病人,药物治疗可以使病人找到睡眠的感觉,使身心放松,增强病人的信心。

(二) 嗜睡障碍的治疗要点

　　嗜睡障碍主要采用对症治疗。首先消除发病的诱因,可遵医嘱适当给予中枢神经兴奋剂如哌甲酯、莫达非尼、苯丙胺、匹莫林等,药物应从小剂量开始,症状改善后及时停药。其次可辅以支持疗法和疏导疗法,以达到治疗和预防疾病的目的。白天主动安排短时小睡,可减少甚至终止嗜睡发作。

(三) 睡眠 - 觉醒节律障碍的治疗要点

　　睡眠 - 觉醒节律障碍主要是调整病人入睡和觉醒的时间以使病人的睡眠恢复到正常人的节律。可逐步或一次性调整至正常作息时间,并不断巩固、坚持下去。为防止反复,常需结合催眠剂与促觉醒药物巩固效果。

（四）异态睡眠的治疗要点

异态睡眠的治疗方法主要是消除诱因，如过度疲劳、压力过大等。必要时可以使用中长效苯二氮䓬类药物，如氯硝西泮或地西泮，也可以使用阿米替林、丙米嗪等抗抑郁药物。结合心理行为治疗效果更佳。

考点提示

治疗失眠障碍的首选药是什么？

五、睡眠 - 觉醒障碍病人的护理

【护理评估】

1. 健康史 评估病人的个人史、患病史、家族史、治疗及用药情况。如有无不良的生活习惯与不良的睡眠卫生习惯，如是否有经常吸烟、饮酒、饮浓茶、饮咖啡的习惯。评估病人是否有其他精神障碍，如精神分裂症、神经症等。

2. 身体状况 评估病人是否主诉多种身体不适，如心慌、胸闷、胃肠胀气、消化不良等；有无早醒、入睡困难、睡眠维持困难，以及睡眠时数、入睡方式、深度，使用药物的情况。评估病人有无外伤或瘢痕及其原因。

3. 心理状况 评估病人近期有无诱发失眠的社会事件，如调动工作、负性生活事件等。评估病人对睡眠的认知，对睡眠时间与质量的期望值，有无对睡眠质量过高关注等。评估病人是否有焦虑、恐惧、抑郁等精神症状，对疾病有无自知力。

4. 社会状况 评估病人有无因睡眠障碍而影响学习、工作和生活；是否出现家庭角色功能的改变；是否出现工作学习效率低下；家庭、社会对病人的支持情况等。

5. 辅助检查 实验室及其他辅助检查，如血、尿、便常规检查，以及心电图、脑电图、多导睡眠图检查等。

【常见护理诊断 / 问题】

1. 睡眠型态紊乱 与心理社会因素的刺激、焦虑、睡眠环境改变、药物影响等有关。

2. 疲乏 与失眠、异常睡眠引起的不适状态有关。

3. 有受伤的危险 与梦游时意识模糊、不识危险有关。

4. 焦虑 与对生活缺乏控制感、无助感、睡眠型态紊乱有关。

5. 恐惧 与异态睡眠引起的梦魇、幻觉有关。

6. 应对无效 与长期失眠或异常睡眠有关。

【护理目标】

1. 病人能够保持 6~8 小时不间断的睡眠，醒后精神状态良好。

2. 病人能调整昼夜节律，保证夜间睡眠质量，最终使白天能够保持精力正常。

3. 病人居住环境安全，未发生意外伤害。

4. 病人能通过一定方式来表达焦虑情绪，学会几种缓解焦虑的方法。

5. 病人对睡眠的恐惧感消除。

6. 病人能够认清自己睡眠障碍的原因，在指导下能够重建规律、有质量的睡眠模式。

【护理措施】

1. 基础护理

（1）**睡眠护理**：为病人创造良好的睡眠条件，如病房的空气新鲜、温湿度适宜、安静。医护人员夜班期间要做到"四轻"，即说话轻、走路轻、关门窗轻、操作轻，帮助病人养成按时入睡、早睡早起的睡眠习惯，减少白天睡眠时间，鼓励病人多活动，提高夜间睡眠质量。

（2）**饮食护理**：睡眠 - 觉醒障碍的病人往往出现食欲下降，护士应协助病人保持口腔卫生，了解病人的饮食习惯，注意饮食搭配，利用不同食物的色、形、味，促进和提高食欲。可通过集体进餐，或采用少量多餐的方式保证病人的营养需求。

2. 安全护理 增强安全意识,防范意外发生。对于睡行症病人,要保证夜间睡眠环境的安全,如给门窗加锁,防止病人睡行时外出、走失;清除环境中的障碍物,防止病人被绊倒、摔伤;收好各种危险物品,防止病人伤害自己和他人。嗜睡障碍病人要避免从事可能因突然进入睡眠而导致意外发生的活动和工作,如开车、高空作业等。

3. 心理护理 注意疏导和消除病人由于睡眠障碍产生的各种不良情绪。

(1)**消除诱因、建立信任的护患关系**:对于由于心理因素、不愉快情绪导致的失眠,心理护理的重点在于建立良好的护患关系,加强护患间的理解与沟通,通过倾听、理解、陪伴等支持性心理护理技术,帮助病人认识心理刺激、不良情绪对睡眠的影响,使病人学会自行调节不良的情绪,消除失眠诱因。

(2)**认知疗法**:失眠病人常常会形成失眠—焦虑—加重失眠的恶性循环,使用认知疗法可以帮助其了解睡眠的基本知识,使病人重塑睡眠质量观,即:①对睡眠保持符合实际的期望;②不把白天发生的不愉快都归咎于失眠;③不试图入睡;④不给睡眠施加压力;⑤一夜睡不好后不会悲观;⑥学会承受睡眠缺失的后果。护士应引导病人解除心理负担,纠正恶性循环状态。

(3)**森田疗法**:其理念是"顺其自然,为所当为",即教会病人接受失眠症状的出现,把心思放在应该去做的事情上。例如,失眠障碍病人的焦虑与恐惧是非常正常的心理反应,如果病人不去关注这些情绪或者不把它转化为努力睡觉的动力,它很快就会消失。但若病人认为自己不应该出现失眠,对睡眠越加关注,那么失眠就会越来越严重。只要不去关注它,由于失眠引起的情绪就会在规律化生活的过程中不知不觉地消失,睡眠也就逐渐恢复正常。

4. 治疗相关护理

(1)**给药护理**:失眠病人常常自行用药,造成药物耐受和药物依赖。护士要指导病人切忌自行选药和随意加药,仔细观察病人用药后的疗效、不良反应以及心理反应,及时处理以保证疗效。

(2)**其他治疗的护理**:护士要指导病人积极参加睡眠模式的重建训练,了解病人训练中遇到的困难,并做好记录,观察训练后的效果并与治疗师、病人及时沟通,确保最佳训练效果。

5. 健康教育

(1)**睡眠知识教育**:教会病人自我处理失眠的各种措施,包括:①生活规律:三餐、工作、睡眠的时间尽量固定。②营造最佳的睡眠环境:选择合适的寝具,保持空气流通,避免噪声干扰,维持适当的温度和湿度,避免光线过亮。③白天多在户外活动,接受太阳照射。④睡前两小时避免易兴奋的活动,如看刺激、紧张的电视节目,进食,长久谈话等,避免进食浓茶、咖啡、可乐、巧克力等易导致兴奋的食物;用熟悉的物品或习惯帮助入睡,如用固定的被褥、听音乐等;使用睡前诱导放松的方法如腹式呼吸、肌肉松弛法等,帮助病人有意识地控制自身的心理生理活动,降低唤醒水平。⑤正确使用镇静催眠药物。

(2)**减少发作次数**:帮助病人和家属认识和探索疾病的诱发因素,尽量减少可能的诱发因素如饮酒、睡眠不足等。建立规律的生活,避免过度疲劳和高度紧张,减少心理压力,可使病人减少睡眠障碍发作次数。睡眠障碍发作频繁的病人可在医生的指导下服用药物,减少发作。

(3)**消除心理恐惧**:多数病人和家属对睡行症、夜惊、梦魇等带有恐惧心理,甚至会带有不科学的认知。因此,影响病人生活的往往不是疾病本身,而是因对疾病不了解产生的惧怕、恐慌心理。护士要及时地对病人和家属进行睡眠知识宣教,帮助他们认识睡眠障碍的实质、特点和发生原因,纠正他们对睡眠障碍的错误认识,消除心理恐惧。

【护理评价】

1. 病人是否恢复正常的睡眠型态,有效睡眠时间是否充足,醒后有无疲倦感。

2. 病人日间是否能保持清醒、精力充沛。

3. 病人是否发生意外伤害。

4. 病人是否能表达心中的焦虑情绪,学会缓解焦虑的方法。

5. 病人对睡眠的恐惧感是否消除。

6. 病人是否认清自己睡眠障碍的原因,是否重建规律、有质量的睡眠模式。

（马文华　惠亚娟）

思考题

1. 病人,女性,20岁,大二学生,1年前因舍友嘲笑自己身材(166cm、66kg)而开始节食,早餐一片面包,午餐一份粥,晚餐不进食。病人开始还觉得饿,后来自我感觉不饿,并且厌恶食物的味道,体重迅速下降至35kg,被学校强令休学。病人已出现闭经,还有乏力、潮热、盗汗等症状,极少进食,被家人带来入院治疗。病人既往健康,无阳性家族史。

请思考:

(1) 病人属于哪一类精神障碍?

(2) 如何恰当地运用沟通技巧给予病人心理支持?

2. 病人,女性,28岁,睡眠差、多梦10年。十年前,病人参加高考,每日学习至凌晨,但摸底考试的成绩不佳,遂担心自己考不上大学,心理压力很大。此后病人逐渐出现入睡困难,夜间易醒,醒来便难以再次入睡。病人下午五六点钟就开始想晚上如果睡不着怎么办,睡觉之前还觉得很疲乏,但头一挨枕头就精神起来了,越睡不着越着急,后来一看到床就紧张,总是担心失眠,自认为失眠导致成绩一落千丈,整日为睡眠发愁。病人现在已工作,依然入睡困难和早醒,造成工作时常出现差错,内心苦不堪言。医生的诊断为失眠障碍。

ER 13-5
思考题
解析思路

ER 13-6
练习题

请思考:

(1) 列出该病人目前的护理诊断/问题。

(2) 根据护理诊断/问题制订出对病人的护理措施。

第十四章 | 物质使用与成瘾行为所致障碍

ER 14-1　教学课件　　ER 14-2　思维导图

学习目标

1. 掌握阿片类物质使用所致障碍、酒精使用所致障碍、中枢神经系统兴奋剂和致幻剂使用所致障碍病人的临床特点及护理要点。

2. 熟悉精神活性物质、依赖、滥用及戒断状态的概念；常见物质使用所致障碍病人的治疗要点。

3. 了解精神活性物质的种类及其对人体的影响。

4. 学会正确运用护理程序，对物质使用障碍病人进行护理和健康教育。

5. 具备良好的职业道德，尊重和接纳病人，注意保护病人的隐私。

精神活性物质滥用是全球性的公共卫生问题和社会问题，滥用精神活性物质会引起各种心理、生理症状，导致行为或反应方式的改变，丧失对家庭和社会的责任感。病人受精神症状支配还可出现暴力伤人、消极自杀等行为，对社会危害极大。

第一节　概　述

一、概念

1. **物质使用与成瘾行为所致障碍**（disorders due to substance use and addictive behaviors）　是一组精神 - 行为障碍，在使用占主导地位的精神活性物质（包括药物）后出现或在反复尝试某特定的奖励或强化的行为后出现。

2. **精神活性物质**（psychoactive substance）　又称成瘾物质、药物，指来自体外，可改变人类情绪、行为、意识状态，并可使人产生依赖的一类化学物质。使用这些物质后可使人产生生理、心理上的满足感。

3. **依赖**（dependence）　是一组认知、行为和生理症状群，指依赖者为了取得特定的心理效应，同时为了避免身体上的戒断症状，从而追求或不间断使用某种药物的行为，包括精神依赖和躯体依赖。精神依赖指用药后产生愉快、满足或欣快感，从而使用药者产生不断使用药物的心理渴求。躯体依赖是由于反复使用药物所造成的一种病理性适应状态，停止用药后则表现为躯体不适，即戒断综合征。

4. **滥用**（abuse）　在 ICD-11 分类系统中称为有害使用（harmful use），是指偏离医疗所需的反复使用药物导致了明显的不良后果，如不能完成工作、学业以及躯体健康的损害等。滥用强调的是不良后果，滥用者没有明显的耐受性增加或戒断症状，反之就是依赖状态。

5. **耐受性**（tolerance）　指由于长期使用药物，导致使用者必须增加使用剂量才能获得所需效果的现象，如果使用原来的剂量则效果明显降低或达不到所需要的效果。

6. 戒断状态（withdrawal state） 指停止使用药物或减少使用剂量或使用拮抗剂后所出现的一组综合征，主要表现为躯体症状、精神症状以及社会功能受损。不同药物所致的戒断症状不同，一般表现为与所使用药物的药理作用相反的症状。

> **知识拓展**

国际禁毒日的由来

　　1987 年 6 月 12 日至 26 日，联合国在维也纳召开了由 138 个国家和地区的 3 000 名代表参加的"麻醉品滥用和非法贩运问题"部长级会议。会议提出了"爱生命，不吸毒"的口号。同时，为了进一步引起各国、各地区对毒品问题的重视，号召全世界人民共同抵御毒品的侵袭，与毒品犯罪活动作坚决的斗争，也为了纪念这次意义重大的国际禁毒会议，大会结束时，与会代表一致建议，将每年的 6 月 26 日定为"国际禁毒日"。

二、分类

ER 14-3

物质使用与成瘾行为所致障碍概念（微课）

　　世界卫生组织发布的 ICD-11 中，将物质使用与成瘾行为所致障碍分为物质使用所致障碍与成瘾行为所致障碍两类。前者包括物质的单次有害性使用、物质使用障碍和物质所致障碍。后者主要包括赌博障碍、游戏障碍等。本章主要介绍物质使用障碍中的阿片类物质使用所致障碍、酒精使用所致障碍、中枢神经系统兴奋剂和致幻剂使用所致障碍以及其他精神活性物质使用所致障碍。

> **知识拓展**

新精神活性物质及其危害

　　新精神活性物质（new psychoactive substance, NPS），又称"策划药"或"实验室毒品"，是不法分子为逃避打击而对管制毒品进行化学结构修饰得到的毒品类似物，具有与管制毒品相似或更强的兴奋、致幻、麻醉等效果。它是继传统毒品（如鸦片、海洛因等）、合成毒品（如冰毒、麻古等）后流行全球的第三代毒品，主要有氯胺酮、合成大麻素类、卡西酮类、芬太尼类、色胺类及植物类（如恰特草、卡痛叶、鼠尾草）。由于该类物质具有强烈的兴奋和致幻作用，吸食后会引起偏执、焦虑、恐慌、被害妄想等反应，由此诱发的恶性暴力案件犯罪屡有发生。

三、病因与发病机制

（一）生物因素

> **考点提示**
>
> 精神活性物质的分类有哪些？

　　动物实验研究发现，在没有社会、心理因素的作用下，动物也有主动获得精神活性物质的倾向。人类和其他动物一旦对精神活性物质形成依赖，其中枢神经系统的递质、受体就会发生一系列的变化，故有学者将依赖行为定义为慢性脑部疾病。从这个意义上来讲，依赖和其他躯体疾病的本质是一样的。

　　1. 脑内的"犒赏系统"与药物依赖 近年来的研究认为中脑边缘多巴胺系统可能是犒赏系统的中枢所在。其中，腹侧被盖区（VTA）和伏隔核（NAs）是研究者较为感兴趣的部位。研究发现，人类所滥用的物质，尽管它们药理作用不同，但最终都是作用于中脑边缘多巴胺系统，使脑内的多巴胺增加，过多的多巴胺连续刺激下一个神经元受体，就会产生一连串强烈而短暂的刺激"高峰"，于是大脑犒赏中枢发出愉悦的信号，吸食者就会产生欣快感和陶醉感。反复长期用药，使这些神经元发生适应性变化，改变了强化机制和动机状态，出现了耐受性、戒断症状、渴求等病理生理改变。药物对犒赏系统的作用是病人产生精神依赖及觅药行为的根本动因。

2. 代谢速度　机体对物质的代谢速度与依赖的形成有关。代谢速度不同，对精神活性物质的耐受性就不同，依赖的易感性也不同。如缺乏乙醛脱氢酶的个体，饮酒后乙醛在体内堆积，少量饮酒即出现严重不良反应，导致个体不敢继续饮酒，也就不易成为酒精依赖者。

3. 遗传学因素　家系、双生子及寄养子研究均发现，基因决定了物质依赖的易感性。目前发现有两个途径将这一易感性从上一代传至下一代：一是直接遗传，二是通过间接的方式，将反社会人格传给下一代。

(二) 心理因素

1. 性格特征　研究发现，有以下性格特征者易对精神活性物质产生依赖：反社会性格、品行障碍、情绪控制较差、易冲动、缺乏有效的防御机制、追求即刻满足等。但目前还无研究证明是这些个性问题导致了吸毒，还是由于吸毒改变了个性，抑或是两者互为因果。

2. 强化作用　行为理论认为，精神活性物质具有明显的正性强化和负性强化作用。很多精神活性物质都有增加正性情绪的作用，如可产生欣快感，同时摆脱不愉快感。而戒断症状的出现则是一种强烈的负性强化。戒断症状的出现，使药物使用者非常痛苦，为了减轻痛苦，必须反复使用精神活性物质。

(三) 社会因素

社会因素主要包括：①物质的易获得性。②家庭因素。③同伴影响。④文化、社会环境因素等。

第二节　阿片类物质使用所致障碍

任何天然的或合成的、能够对机体产生类似吗啡效应的一类物质被称为阿片类物质。阿片是一种从罂粟果中提取的粗制脂状渗出物，粗制的阿片含有包括吗啡和可待因在内的多种成分。吗啡是阿片中镇痛的主要成分，大约占粗制品的10%。

阿片类物质具有镇痛、镇静的作用，能抑制呼吸中枢、咳嗽中枢及胃肠蠕动，同时有兴奋呕吐中枢和缩瞳的作用。阿片类物质能作用于中脑边缘系统，产生强烈的欣快感。具有较强的成瘾性和耐受性，滥用后易产生依赖。

一、临床特点

(一) 阿片类物质依赖

1. 精神症状　病人服用阿片类物质后表现为情感高涨，思维活跃，自我感觉良好，精神振作，宁静安详。此外，病人会出现记忆力下降、注意力不集中、主动性及创造性减低，也可出现失眠、睡眠节律紊乱，但智力障碍不明显。阿片类物质依赖者性格变化明显，用药行为高于一切社会活动，变得自私、爱说谎、诡辩、缺乏责任感，甚至出现通过偷窃、诈骗等行为筹集毒资。

2. 躯体症状　食欲减退，体重下降，性欲减退；自主神经功能紊乱，出现如头晕、冷汗、心悸等症状。

3. 神经系统症状　可见震颤、步态不稳、缩瞳、腱反射亢进等。针尖样瞳孔是阿片类物质依赖者吸食过量的典型体征。而当病人出现戒断症状时，瞳孔会放大。

(二) 戒断综合征

成瘾者在减少或停用阿片类药物后会出现一系列戒断症状。戒断症状的强烈程度取决于所使用阿片类物质的剂量、对中枢神经系统作用的程度、使用时间的长短、使用途径等。短效药物如吗啡、海洛因的戒断症状一般在停药后 8~12 小时出现，48~72 小时达高峰，持续 7~10 天。长效药物如美沙酮的戒断症状出现在停药后 1~3 天，性质与短效药物相似，3~8 天达高峰，症状持续数周。

1.精神症状 吸食者表现为明显的内感性不适、各种表现形式的精神运动性兴奋、失眠或易惊醒、情绪恶劣、抑郁、焦虑、烦躁不安、惊恐、谵妄、幻觉等，出现强烈的心理渴求和觅药行为。

2.躯体症状 病人可出现打呵欠、涕泪齐流、多汗、竖毛、寒战、瞳孔扩大、双手微颤；消化系统出现厌食、恶心呕吐、腹痛、腹泻；心血管系统出现为心跳加快、血压升高；呼吸急促；还可出现全身广泛性疼痛，如肌肉痛、关节痛、背痛等。

3.慢性戒断综合征 急性戒断症状消失后，依赖者并不能达到身心完全健康的状态，表现为长时间感到全身疼痛、乏力、情感脆弱、焦虑、抑郁、易激惹、难以忍受挫折与打击、食欲缺乏以及顽固性失眠。这是导致病人重新用药的原因。

（三）急性中毒

针尖样瞳孔、呼吸抑制（可慢至每分钟 4 次）和昏迷是阿片类物质中毒的三联征。其他表现可有意识障碍、昏迷、呼吸变慢、面色发绀、皮肤湿冷、体温和血压下降、骨骼肌松弛等。

知识拓展

珍爱生命，远离毒品

毒品是人类的公害。它使人迷失心智，也让人生蒙上一层灰白。它不仅危害人民群众的身心健康，而且严重威胁着社会稳定、经济发展和社会进步。毒品带来的快乐只是一瞬间，但是它造成的伤害，需要用一辈子去承担。作为大学生，我们应该认真接受关于预防吸毒的教育，充分了解毒品的特性及其危害，树立"健康人生，绿色无毒"的观念，共同构建人人识毒、防毒、拒毒、无毒的良好校园。

（四）并发症

营养不良、感染性疾病、肺栓塞和便秘为常见并发症。静脉注射毒品时，可引起较多而严重的并发症，如肝炎、梅毒、痢疾、破伤风、皮肤脓肿、蜂窝织炎、血栓性静脉炎、败血症、细菌性心内膜炎、艾滋病等。

考点提示

阿片类物质中毒的三联征是什么？

二、治疗要点

阿片类物质成瘾采用综合治疗的原则，包括脱毒治疗、防止复吸和心理社会康复治疗、维持治疗。

（一）脱毒治疗

目前脱毒治疗常采用替代疗法，其理论基础是利用与阿片类物质作用相似的药物来代替阿片类物质，从而减轻病人的戒断症状。常用的有美沙酮替代递减法和丁丙诺啡替代递减法。其他药物如可乐定、镇静催眠药物、抗精神病药物等在脱毒治疗中也有一定的作用。

（二）防止复吸和心理社会康复治疗

1.阿片类阻滞药治疗 主要使用纳洛酮和纳曲酮。纳洛酮静脉注射有效，而纳曲酮口服利用率高。此类药物能够阻滞阿片类的效应，从而阻止机体产生对阿片类物质的依赖性，达到预防复吸的目的。

2.心理社会干预 包括认知行为治疗、群体治疗以及家庭治疗等，针对复发有一定效果。

（三）维持治疗

很多病人反复治疗，反复复吸，即使是成功戒毒者也很易发生复吸。因此，维持治疗是巩固疗效的重要环节和有效手段，常用药物为美沙酮。我国通过开展健康门诊、社区维持治疗，戒毒工作取得了良好的效果。做好健康教育，提高人们对毒品的认识，自觉远离毒品，是预防吸毒是关键。

第三节　酒精使用所致障碍

酒精是应用最广泛的成瘾物质，酒滥用和酒依赖带来一系列问题，给家庭和社会带来沉重负担，成为世界范围内严重的社会问题和医学问题。

一、临床特点

（一）急性酒精中毒

病人有大量饮酒史，醉酒的严重程度与血液酒精浓度关系密切，主要表现为冲动行为、易激惹、判断力及社交功能受损，并有诸如口齿不清、共济失调、步态不稳、眼球震颤、面色发红、呕吐等表现。如果中毒较深，可致呼吸、心跳抑制，危及生命。

（二）酒精依赖

病人表现为对酒精有强烈的渴求，为了饮酒不顾一切，不分时间、地点和场合地饮酒，不计后果。长期饮酒导致病人对酒精的耐受性不断增加，但后期可能由于肝功能受损而出现耐受性降低。形成依赖后，一旦血液中酒精浓度下降，病人就会出现戒断症状，为避免不适，病人逐渐形成了固定的饮酒模式，如晨饮，最终形成手不离酒。

（三）戒断反应

1. 单纯性戒断反应　长期大量饮酒后停止或减少饮酒量，在数小时后出现手、舌或眼睑震颤，并有恶心或呕吐、失眠、头痛、焦虑、情绪不稳和自主神经功能亢进，如心跳加快、出汗、血压增高等表现，少数病人可有短暂性幻觉或错觉。

2. 震颤谵妄　长期大量饮酒者突然停饮或减少饮酒量 48 小时后出现急性精神症状，表现为意识清晰度下降，定向力障碍，有大量的知觉异常，如错觉、幻觉、不安、情绪激越；全身肌肉粗大震颤，伴有发热、大汗、心跳加快。部分病人因高热、衰竭、感染或外伤而死亡。

3. 癫痫样发作　多在停饮后 12~48 小时后出现，多为大发作。

（四）记忆及智力障碍

1. 科萨科夫综合征　常在一次或多次震颤谵妄发作后出现，临床以记忆障碍为主并伴有错构、虚构及定向障碍。遗忘可为顺行性，也可为逆行性。

2. 韦尼克脑病　是由于维生素 B_1 缺乏所致，表现为眼球震颤、眼球不能外展和明显的意识障碍，伴定向障碍、记忆障碍、震颤谵妄等。

3. 酒精性痴呆　慢性酒精中毒致大脑功能损害，出现人格改变、记忆障碍，最后发展为痴呆，表现为失语、失认、失用、生活不能自理、大小便失禁等。

（五）其他精神症状

1. 酒精性幻觉症　为慢性酒依赖病人所出现的持久的精神病性障碍，也可能是酒依赖者突然停饮或骤然减少饮酒 48 小时后出现器质性幻觉，表现为在意识清晰状态下出现生动、持续性的视听幻觉。

2. 酒精性妄想症　是长期饮酒引起的妄想状态，病人意识清晰，有嫉妒妄想或被害妄想；病程迁延，戒酒治疗后，症状可逐渐消失。

3. 人格改变　病人只对饮酒有兴趣，变得以自我为中心，不关心他人，责任心下降，自私、说谎等。

二、治疗要点

1. 急性酒精中毒治疗　急性酒精中毒可危及生命，要立即催吐、洗胃，维持生命体征，促进代谢，尽快使用纳洛酮催醒。纳洛酮是纯阿片受体拮抗剂，其安全、有效，可反复使用，副作用小，可使血液中酒精含量明显下降，减少或避免意识模糊病人出现呕吐、窒息等并发症。

2. 戒酒　根据病情选择戒酒进度，症状轻者可一次性戒酒，症状重者采用递减戒酒法。也可采用厌恶疗法（如使用戒酒硫）。戒酒过程中密切观察病情变化，尤其在戒酒初期。

3. 对症支持治疗　对单纯的酒精戒断症状可用苯二氮䓬类药物来缓解；对紧张、焦虑与失眠的病人，可用抗焦虑药物如地西泮、氯硝西泮等；对幻觉、妄想、兴奋躁动的病人，给予小剂量抗精神病药物如奋乃静、氯丙嗪、氟哌啶醇等；对抑郁病人，可给予抗抑郁药物。在对症治疗的同时，应加强支持疗法，补充各种维生素，尤其是 B 族维生素；注意维持水、电解质平衡。由于多数病人有神经系统损害，因此，还应补充神经营养药。

4. 心理治疗　在戒酒和对症支持治疗的同时，给予病人支持性心理治疗、行为治疗及认知治疗，对戒酒和预防复发能起很重要的作用。

第四节　中枢神经系统兴奋剂、致幻剂使用所致障碍

中枢神经系统兴奋剂、致幻剂等，俗称新型毒品，其制剂品种多样，包括苯丙胺、可卡因、咖啡因、氯胺酮等物质，有的还含有海洛因，成瘾性更强。与传统毒品相比，新型毒品更容易获得，因人们对其危害认识不够，涉及的滥用人群更为广泛，危害极大。

一、临床特点

1. 急性中毒　病人表现有兴奋、欣快、焦虑、紧张、愤怒、判断力受损、运动困难、肌张力障碍、精力旺盛、对睡眠需求减少、厌食、恶心呕吐。自主神经紊乱症状有心动过速、血压升高、瞳孔扩大、出汗、震颤。其他症状有胸痛、心律失常、呼吸抑制、意识模糊、抽搐等。

2. 慢性中毒　长期滥用或大量使用此类药物可引起慢性中毒，导致中毒性精神病。表现为在意识清晰状态下出现丰富的幻听、幻视、错觉、关系妄想和被害妄想等；也可出现精神恍惚、抑郁、睡眠障碍。

3. 苯丙胺性精神病　滥用苯丙胺类药物会出现苯丙胺性精神病。临床表现与偏执型精神分裂症类似，病程较短。初始时病人表现为精神亢奋，不知疲倦，活动明显增加，冲动易怒，行为失控甚至发生自杀和伤人行为。苯丙胺类药物的兴奋作用可使服药者在嘈杂的环境长时间剧烈舞动，引起脱水、高热和心衰。停用该类药物后症状可缓解；但有部分病人停用后不进行治疗，症状不能消除，出现反复使用该药物的情况，导致大脑功能损害。少数病人预后不良。

4. 药物耐受和依赖　反复使用中枢兴奋药后，个体对药物逐渐产生耐受，用药剂量也逐渐加大，以期获得欣快效应。中枢神经兴奋药的戒断症状轻，突然停药不会引起严重的躯体戒断症状。常见的戒断症状主要表现为精神运动性迟滞、疲劳、抑郁、嗜睡及对药物的渴求。持续使用主要是因为病人对药物心理上的渴求，而不是为了减轻或消除戒断症状。上述戒断症状看似较轻，但病人对药物的心理依赖严重，导致反复使用该药物，并可产生焦虑及抑郁情绪，常导致伤人或自杀行为。

二、治疗要点

1. 急性中毒的治疗　足量补液，维持水、电解质平衡，促进排泄；保持呼吸道通畅，给予吸氧、气管插管、止痉等急救措施；血压高时可用降压药控制血压，高热时给予物理降温处理，肌肉痉挛时

用琥珀酰胆碱。一般情况下对出现的戒断症状给予支持治疗，2~3 天可自行缓解。

2. 精神症状的治疗　对病人出现的幻觉、妄想、冲动伤人等症状，可选用氟哌啶醇 5mg 肌内注射，或用地西泮等苯二氮䓬类镇静剂。对出现的幻觉、妄想等严重精神障碍可使用抗精神病药物给予对症治疗；对可能出现的伤人、自杀等暴力行为则需严加防范。

3. 认知治疗　病人多存在焦虑、抑郁情绪，可给予个别病人心理治疗和集体心理治疗。必要时可对症使用抗抑郁、抗焦虑药物进行治疗。对于心理依赖严重的病人可使用厌恶疗法。

第五节　其他精神活性物质使用所致障碍

一、烟草使用所致障碍

1998 年世界卫生组织将烟草依赖定义为慢性尼古丁成瘾性疾病。相关数据显示，目前全球吸烟人数已超 10 亿，每年有 500 万人死于因吸烟引起的疾病。若各国对吸烟问题不加以遏制，到 2030 年，这一数字可能升至 1 000 万~1 500 万。世界卫生组织和各成员国签订的《烟草控制框架公约》要求最大限度进行控烟，以保护公众健康。

1. 临床特点

(1) **烟草(尼古丁)依赖**：主要表现为躯体依赖和精神依赖。躯体依赖主要为心率减慢、食欲增加、体重增加、皮肤温度降低等躯体症状。长期吸入尼古丁可导致机体活力下降、记忆力减退、工作效率低下，甚至造成多种器官受累的综合病变。尼古丁依赖同样存在个体差异，有的人可能在开始吸烟后几天内就出现成瘾。心理依赖主要是无法控制的对烟草的强烈渴求，强迫性地、连续地使用尼古丁以体验其带来的欣快感和愉悦感，并避免可能产生的戒断症状；不能吸烟时出现情绪不稳、注意力不集中、坐立不安、易激惹、发脾气等。

(2) **烟草戒断综合征**：主要表现为对烟草的渴求、烦躁、易激惹、易怒、焦虑、抑郁、注意力不集中、坐立不安、失眠、心率降低、食欲增加、震颤、头痛、体重增加等症状。烟草使用量较大者（每日吸烟 10 支以上）在突然停止吸烟后可出现戒断症状，戒断症状约在停吸后 2 小时出现，24 小时达到高峰，之后数日内逐渐减轻，可能持续数周。

2. 治疗要点

(1) **药物治疗**：使用低剂量、安全性好的尼古丁制剂进行替代治疗，减轻戒断症状，直至逐渐停止，达到戒烟目的。可乐定可用于较重的烟草依赖者；去甲替林能减轻病人的焦虑症状，改善睡眠，提高疗效。

(2) **认知治疗**：开展健康教育和戒烟运动，给吸烟者提供心理咨询；采用家庭帮助、社会支持等措施，使吸烟者认识到吸烟的危害，自觉戒烟，争取戒烟成功。

二、镇静催眠药物和抗焦虑药物使用所致障碍

镇静催眠药物和抗焦虑药物在临床上应用较为广泛，若使用不当，易造成滥用和药物依赖。此类药物主要有巴比妥类和苯二氮䓬类。

1. 临床特点　镇静催眠药中毒症状的严重程度取决于滥用的剂量和滥用时间的长短。主要表现为冲动或攻击行为、情绪不稳、判断失误、说话含糊不清、共济失调、站立不稳、眼球震颤、记忆受损，甚至昏迷。

巴比妥类的戒断症状较严重，在突然停药 12~24 小时内陆续出现厌食、乏力、焦虑不安、头痛、失眠，随之出现肢体的粗大震颤；停药 2~3 天后，戒断症状可达高峰，出现呕吐、体重锐减、心动过速、血压下降、四肢震颤加重、全身肌肉抽搐或癫痫大发作，部分病人可出现高热谵妄。

苯二氮䓬类药物戒断症状虽不及巴比妥类药物那样严重,但易感素质者(如既往依赖者或有家族史者)在服用治疗剂量的药物 3 个月以后如突然停药,可出现严重的戒断反应,甚至出现抽搐。

2. 治疗要点

(1)**药物治疗**:逐渐减少药物剂量,也可使用情绪稳定剂,如卡马西平、普萘洛尔等。国外采用长效药物替代短效药物,如长效的巴比妥类药物(苯巴比妥)替代短效药物(戊巴比妥),或使用苯二氮䓬类的长效药物替代短、中效药物,再逐渐减少替代制剂的使用剂量。应严格管理和控制该类药物的使用,以减少个体对该类药物的滥用机会。

(2)**心理治疗**:很多滥用镇静催眠药或抗焦虑药物的病人存在较多的心理问题,在面对压力和困难时使用药物缓解内心冲突。因此,要做好病人的心理疏导,改善病人的认知,缓解病人的不良情绪,引导病人运用健康的方式应对生活和工作中的问题,减少或避免药物的使用。

第六节　常见物质使用所致障碍病人的护理

【护理评估】

1. 健康史

(1)**现病史**:评估病人此次就医的原因、发病时间、有无明显诱因、是否服用药物等情况。

(2)**既往史**:既往健康状况如何,有无重大疾病或物质使用所致障碍病史。既往有无药物滥用、依赖情况(药物种类、滥用的开始时间、初始剂量、使用方式、持续时间、药物不良反应等)及治疗情况。

(3)**个人成长史**:了解病人过往生活经历是否与滥用药物、烟酒依赖等有关。

(4)**家族史**:家族中是否存在滥用药物、烟酒依赖、自杀等情况。

2. 身体状况

(1)**病人的生命体征**:评估体温、呼吸、脉搏、血压是否正常。

(2)**饮食、睡眠、二便情况**:评估病人能否独立进食,是否有营养失调、电解质及代谢功能紊乱;有无入睡困难、早醒、多梦等;大小便能否自理,有无便秘、尿潴留等。

(3)**其他情况**:评估病人有无外伤,日常生活能否自理,衣着是否整洁;有无急性中毒症状;有无戒断症状。

3. 心理状况　评估病人情绪是否平稳、接触时是否合作、有无消极言语行为,是否经受挫折与失败,是否有心理压力,有无因滥用药物、饮酒或吸烟而产生的负罪感、自卑感及自我放纵等。

4. 社会状况

(1)**人际交往能力**:病人的人际交往能力如何,与周围人是否容易建立亲密关系,是否因交友不慎、追求刺激而吸食;是否因家庭冲突、社会压力而吸食。

(2)**支持系统**:家庭成员对病人的态度,是否能为病人提供有效的支持等。

【常见护理诊断 / 问题】

1. 焦虑　与个人应对无效、戒断症状、觅酒和觅药行为有关。

2. 急性意识障碍　与药物使用过量、戒断反应有关。

3. 营养失调:低于机体需要量　与消化系统功能障碍、食欲下降有关。

4. 有对自己 / 他人施行暴力的危险　与兴奋躁动及幻觉、妄想及觅药行为有关。

5. 穿着 / 进食 / 如厕自理缺陷　与生活能力受损、认知功能障碍有关。

6. 睡眠型态紊乱　与异常的行为模式及戒断反应有关。

【护理目标】

1. 病人可以准确描述焦虑的性质和症状;掌握一种或两种有效缓解焦虑情绪的方法;能控制

自己的情绪和行为，未出现觅药行为。

2.急性中毒病人保持生命体征平稳，未出现并发症；意识障碍程度逐渐减轻或意识清楚。

3.病人能描述体重减轻的原因；能够规律进餐，摄取能量；躯体营养情况逐步得到改善，体重增加。

4.病人能够确认并诉说造成自己情绪激动、愤怒的原因与感受；能够应用已学的知识和技巧控制自己的暴力冲动；不发生自伤或伤人的暴力行为。

5.病人能逐步按照提示穿衣服、洗澡等；在家属及护理人员指导下保持个人卫生，皮肤完好无损；独立完成自我生活料理。

6.病人能叙述妨碍睡眠的原因；能配合治疗，采取有效措施促进睡眠；睡眠规律、安稳。

【护理措施】

1.基础护理　在戒断治疗期间，对于生活不能自理的病人，护士应及时给予帮助。加强基础护理，如口腔护理、饮食护理、睡眠护理、大小便护理、皮肤护理等，及时更换污染的床单、被服、衣物，保证给病人创造清洁、舒适的治疗环境。

2.安全护理　为病人提供良好的住院环境，确保病房安全和病人的安全。做好对病人和家属的安全教育，严格执行安全检查和探视制度，杜绝各类精神活性物质流入病房。观察和了解病人有无暴力行为和自杀观念，以及出现的频率和强度，尽量减少危险因素并及时去除危险因素。对有意识障碍、烦躁不安、躁狂状态的病人，必要时安置在重症监护病房，专人重点监护，防止病人摔伤、坠床，必要时给予约束，并做好约束部位的护理。对抑郁状态的病人应将其置于护理人员视线范围内，避免病人单独活动。病人癫痫大发作时要防止舌咬伤、下颌脱臼，防止骨折和摔伤。

3.用药护理　在逐渐减药过程中，要认真观察病人有无不良反应，配合医生做好危重病人的抢救和护理。严格遵守用药制度，按时用药，提高病人服药依从性。同时在病房内备好抢救药品及器材。

4.对症护理

(1)**药物中毒的护理**：首先要确认是何种药物中毒，再给予适当的处理方法，如洗胃、给予拮抗剂等。密切观察病人的生命体征变化，保持水电解质及能量代谢的平衡。保持呼吸道通畅，做好吸痰、吸氧护理，生活护理，防止出现并发症。

(2)**戒断症状的护理**：密切观察戒断症状的出现，适时用药，减轻病人的痛苦。病人在戒断反应期间应卧床休息，避免剧烈活动，减少体力消耗，站立时要缓慢，不应突然改变体位。

(3)**躯体并发症的护理**：物质依赖病人多患有不同类型的躯体疾病，如心血管疾病、肝功能异常等消化系统疾病、神经系统损害及传染性疾病等。除做好生活护理外，对患心血管系统疾病的病人，应密切监测血压、脉搏；对肝功能异常及其他消化系统疾病的病人，要从饮食上加以重视，减少刺激性食物对消化系统的损害；对神经系统已存在不同程度损害的病人，如手指颤抖、共济失调的病人，应加强照顾，防止病人发生跌倒或其他意外；对于患有传染性疾病的病人应注意操作中严格遵守无菌技术操作原则，防止交叉感染。

(4)**开展工娱治疗**：包括引导式教育、文体治疗、音乐治疗、书法治疗、生物反馈治疗等，提高病人对疾病的认知，使病人充分认识精神活性物质的危害，主动拒绝滥用毒品或酒精。护士要向病人和家属开展健康教育，宣传精神活性物质对个人、社会带来的巨大危害，帮助病人应对戒断期间出现的各种不良反应。

5.心理护理　护士要有耐心和爱心，经常和病人沟通交流，鼓励病人树立信心，配合医护人员戒除精神活性物质，成功地回归社会和家庭。护士对病人可进行个别心理护理和小组心理护理，给予病人心理疏通、心理干预，及时发现病人的情绪变化，引导病人安心住院，积极配合治疗和护理，顺利完成临床治疗。

6. 康复期护理　对病情好转、即将康复的病人，护士应帮助其制订近期计划和目标，帮助病人争取家庭的支持和关心，切断所依赖药物的来源，切断与供药者的来往，以巩固疗效，防止复发。即将出院的病人，护士要告知病人按时服药，定期来医院复诊，并告知其将进行电话随访。

【护理评价】

1. 病人能否控制自己的情绪和行为。
2. 急性中毒病人的生命体征是否正常，有无并发症。
3. 病人经过护理后营养状况是否有显著的改善。
4. 病人的精神症状和戒断症状是否得到控制。
5. 病人的生活能力和认知功能是否恢复正常。
6. 病人的睡眠状态是否恢复正常。

（苏　红）

思考题

1. 病人，男性，27 岁，近来因情绪激动，无故谩骂邻居，认为邻居要害他，被家人送入院。体检：T 38.0℃，P 90 次 /min，R 25 次 /min，BP 180/100mmHg，身体消瘦，肘部和大腿处有许多陈旧性针眼。护士初步判断此病人可能为药物滥用的病人。

请思考：

(1) 病人目前存在哪些护理诊断 / 问题？

(2) 根据护理诊断 / 问题制订对该病人的护理措施。

2. 病人，男性，56 岁，长期大量饮酒 30 年。病人因母亲去世忙于料理母亲后事而停止饮酒，2 天后出现不识家人，不知自己身在何处，听见死去的亲人与他说话，看见房间里有很多青蛙。体温 39.5℃，四肢粗大震颤，表情惊恐。

请思考：

(1) 病人目前最可能的临床诊断是什么？

(2) 对于该病人的治疗要点是什么？

思考题
解析思路

练习题

第十五章 | 神经发育障碍

教学课件

思维导图

ER 15-1

ER 15-2

学习目标

1. 掌握智力发育障碍、孤独症谱系障碍、注意缺陷多动障碍的临床特点及护理措施。
2. 熟悉智力发育障碍、孤独症谱系障碍、注意缺陷多动障碍的治疗要点。
3. 了解神经发育障碍的病因与发病机制。
4. 能够应用护理程序为常见的神经发育障碍病人提供护理。
5. 具备持之以恒的工作态度，关爱患儿，呵护患儿成长。

神经发育障碍是一组在发育阶段（18 岁之前）起病的疾病，疾病会影响大脑发育，一般出现在发育早期，通常出现在学龄前期，可能对个体的社会功能有损害，如人际交往困难、学习能力低下等。本章主要介绍智力发育障碍、孤独症谱系障碍和注意缺陷多动障碍。

第一节　概　述

导入情境

患儿，男性，4 岁，因语言交流能力差就诊。病人 2 岁多时开始自言自语，内容无法被人理解；在幼儿园不与同伴玩耍，与人相处时无目光交流，不理睬父母。父母曾怀疑其有先天性耳聋，在五官科检查听力正常。患儿需要物品时会拉着父母走到物品前，用手示意他想要这个东西；常独自摆弄瓶盖，可以持续几个小时，若瓶盖被拿走便哭闹不止。

进行精神检查时患儿合作欠佳，无眼神交流，对名字和声音都无反应，无法配合完成指认、命名、模仿等指令；对于父母进出诊室没有反应；无法进行深入的检查。

工作任务：

1. 患儿存在的主要护理问题有哪些？
2. 针对患儿的病情，护士应该如何干预和护理？

一、概念

神经发育障碍（neurodevelopmental disorder）指儿童从胎儿期到 18 岁心理发展成熟以前，各种有害因素损害神经系统，导致儿童心理发展的各个方面，包括认知、情感、行为等心理活动以及能力、性格等心理特征，不能遵循儿童心理发展的规律发展，出现迟缓、倒退或偏离正常的现象，即心理发育实际水平不能达到相应年龄阶段的水平。

二、分类

ICD-11 中将神经发育障碍分为智力发育障碍、交流障碍、孤独症谱系障碍、注意缺陷多动障碍、特殊学习技能障碍、运动障碍等。

三、病因及发病机制

（一）智力发育障碍的病因及发病机制

智力发育障碍的病因复杂，多数还未明确，从围产期开始到 18 岁以前影响中枢神经系统发育的因素都可能成为致病原因。目前已明确的病因有：

1. 遗传及先天性因素 包括染色体异常（如唐氏综合征、性染色体畸变等）、基因异常（如苯丙酮尿症、半乳糖血症等）和先天性颅脑畸形（如家族性小脑畸形、先天性脑积水等）。

2. 围产期有害因素 包括母孕期感染、药物和毒物的影响等；产时各种并发症如先兆流产、妊娠高血压、前置胎盘等；母亲妊娠年龄偏大、营养不良、长期心理应激等；未成熟儿、低体重儿，以及新生儿疾病如核黄疸、新生儿肝炎、败血症等。

3. 出生后不良因素 出生后中枢神经系统感染、核黄疸、新生儿肝炎、败血症、颅脑损伤、营养不良、中毒等。

4. 心理社会因素 儿童、青少年在发育期发生社会隔离，未能正常接受社会教育。

（二）孤独症谱系障碍的病因及发病机制

孤独症谱系障碍的病因复杂，既往研究提示该类疾病与脑神经发育相关，目前已明确的病因有：

1. 遗传因素 家系调查、细胞遗传学研究和分子生物学研究均显示孤独症谱系障碍与遗传因素关系密切，遗传度高达 80%~90%。

2. 脑结构和功能异常 研究显示，部分孤独症谱系障碍病人存在小脑发育不良、脑干缩小、杏仁核缩小、胼胝体缩小、整个大脑体积增大、侧脑室扩大、尾状核体积增加等。

3. 母孕期不利因素 母孕龄高，母亲受孕时父亲年龄大，母孕期有先兆流产、病毒感染、吸烟、羊水的胎粪污染或服用某些药物，胎儿出生有窒息等，均是孤独症谱系障碍的危险因素。

（三）注意缺陷多动障碍的病因及发病机制

本病的病因和发病机制尚不清楚，目前认为可能与遗传、神经递质功能异常、神经解剖和神经生理异常、孕产期不利因素、铅暴露以及心理社会因素等有关。

四、临床特点

（一）智力发育障碍的临床特点

ER 15-3

神经发育障碍
的临床特点
（微课）

智力发育障碍（intellectual developmental disorder）是指个体在神经系统发育成熟（18 岁）以前，因先天或后天的不利因素导致智力发育停滞或受阻。智力低下和社会适应能力缺陷为本病的主要特点。智力发育障碍者其智商（intelligence quotient, IQ）在 70 以下或低于同人群均值 2 个标准差。社会适应能力缺陷者表现为在认知、语言、情感、意志、社会化等方面的能力显著落后于同龄儿童，可伴有一些精神症状如注意缺陷、易激动、冲动、刻板行为或强迫行为。ICD-11 和 DSM-5 将智力发育障碍分为四个等级：

1. 轻度 智商为 50~69（成年后智力水平相当于 9~12 岁正常儿童），约占智力发育障碍总病例的 85%。病人在幼儿期即可出现智力发育较同龄儿童迟缓，如语言发育迟缓、词汇不丰富、理解和分析能力差、抽象思维不发达等。就读小学后学习困难，但经努力可勉强完成小学学业。通过职业训练成年后能从事简单非技术性工作，获得简单的生存和生活能力，但社会适应能力水平低，难以应对复杂的环境变化。

2. 中度　智商为35~49（成年后智力水平相当于6~9岁正常儿童），约占智力发育障碍总病例的10%。病人从幼年开始智力和运动发育都明显较正常迟缓，语言发育差，表现为发声含糊不清，词汇贫乏，难以完整表达意思，不能适应小学就读。在指导和帮助下可学会简单生活自理，完成简单体力劳动，但质量低，效率差。

3. 重度　智商为20~34（成年以后智力水平相当于3~6岁正常儿童），占智力发育障碍总病例的3%~4%。病人在出生后即可出现明显的发育延迟，经训练最终能学会简单语句，但无法进行有效语言交流，不会计数，不能学习和劳动，生活需他人照料，无社会行为能力。常伴随显著的运动功能损害、身体畸形。经过反复训练可在监管下从事极为简单的体力劳动。

4. 极重度　智商在20以下（成年以后智力水平只相当于3岁以下正常儿童）。病人没有语言能力，仅以尖叫、哭闹等来表达需求。感知觉明显减退，对危险不会躲避，不认识亲人及周围环境，日常生活全部需他人料理。常合并严重的脑部损害，伴有躯体畸形。

（二）孤独症谱系障碍的临床特点

孤独症谱系障碍（autism spectrum disorder, ASD）是一类起病于婴幼儿期的神经发育障碍性疾病，主要表现为不同程度的社会交往障碍、交流障碍、兴趣狭窄和行为刻板。

1. 社会交往障碍　病人缺乏社会交往的兴趣和技巧，情感交流和互动少，难以理解他人的情绪和想法，不能根据社交情景调整自己的行为。不同年龄、不同疾病程度的病人表现有所不同。婴儿期病人回避目光接触，对呼唤、逗弄缺少反应，不愿与人亲近，对抚养者不依恋。幼儿期病人除上述表现外，还缺乏与其他儿童玩耍的兴趣，或以不恰当的方式与他人交往；病人不愉快或受到伤害时不会向他人寻求安慰，不会玩想象性和角色扮演性游戏。学龄期后病人仍然没有主动和他人交往的兴趣和行动，或愿意交往，但交往方式仍然存在问题，难以被他人接受和建立友谊。成年后，部分病人对异性可能产生兴趣，因缺乏交往技巧，难以建立恋爱关系和结婚。

2. 交流障碍　病人存在言语和非言语交流障碍。言语交流障碍更加突出，表现为语言发育迟缓或障碍，有些甚至语言不发育，是患儿就诊最主要的原因。有些患儿语言功能存在，但是对语言的感受和表达运用能力有某种程度障碍，往往不主动与人交谈，不会提出或维持话题，刻板重复语言和模仿语言也较多见。此外，患儿可有语音、语调、语义等方面异常，可出现错用代词（如把自己称为"他"等）。非语言沟通障碍表现为患儿常常以哭闹表示其不舒适或需要，而缺乏相应的面部表情，很少用点头、摇头、摆手等表达意愿。

考点提示

孤独症谱系障碍的临床特点有哪些？

3. 兴趣狭窄、行为刻板　病人对正常儿童所喜爱的玩具、活动、游戏等不感兴趣，却对非玩具的物品有特殊迷恋，尤其是圆的或可以旋转的物品，并常在较长时间内专注于某种或几种游戏或活动，如着迷于旋转陀螺。病人固执地要求保持日常活动程序不变，如每天要吃同样的饭菜，穿相同的衣裳，在固定的时间和地点解大小便等。若活动程序被改变，病人则会产生焦虑、易激惹等。一些病人还有刻板行为，如重复拍手，不停地转圈、跺脚、舔墙壁等。

4. 其他症状　部分病人存在听觉过敏、触觉过敏或痛觉减退现象。有些病人情绪不稳、烦躁哭闹或出现自笑、多动、冲动、攻击、自伤行为。病人的认知发展可能不平衡，部分病人可能出现超出同龄儿童的能力，如文字记忆能力、计算能力等。

（三）注意缺陷多动障碍的临床特点

注意缺陷多动障碍（attention deficit and hyperactive disorder, ADHD），又称多动综合征。其主要特点为与年龄不相称的注意力分散，不分场合的过度活动，情绪冲动并伴有认知障碍和学习困

ER 15-4

儿童孤独症的概述（微课）

ER 15-5

儿童孤独症的临床表现（视频）

难，病人智力正常或接近正常。

1. 注意力集中困难　病人的注意力容易受环境影响而分散，注意力集中的时间短暂。病人在玩游戏时往往不专心；在听课、做作业或其他活动时容易因外界刺激而分心，或不断从一种活动转向另一种活动。病人在交谈时常心不在焉，做事丢三落四，常忘记日常活动安排。

考点提示

注意缺陷多动障碍的临床特点有哪些？

2. 活动过多　病人活动明显增多，过分地不安静或来回奔跑或小动作不断，如在教室里无法静坐，常在座位上扭动或站起，严重时离开座位走动或擅自离开教室。不考虑后果，出现危险性或破坏性行为，事后不吸取教训。话多，讲话不注意场合，在别人讲话时插嘴。

注意缺陷多动障碍的概念及临床表现
（微课）

3. 情绪不稳、冲动任性　病人容易过度兴奋，也容易受挫而出现情绪低沉，或出现反抗和攻击性行为。渴望需要能及时满足，否则就哭闹、发脾气。由于缺乏克制能力，病人常对一些不愉快刺激反应过分，以致在冲动之下伤人或破坏东西。

4. 学习困难　病人智力水平大都正常或接近正常，然而由于上述症状给病人学习带来一定困难，学业成绩会低于其智力水平应达到的层次。

知识拓展

儿童好动与注意缺陷多动障碍的区别

　　正常的好动与注意缺陷多动障碍之间的区别主要有 4 点：①好动儿童虽然有注意力不集中的表现，但对有兴趣的事能专心致志，而注意缺陷多动障碍儿童做不到。②好动儿童虽然表现散漫，但当他意识到必须控制自己时能够控制得住，而注意缺陷多动障碍儿童却不能控制。③好动儿童做快速、反复和轮换动作时表现得灵活自如，注意缺陷多动障碍患儿却表现得笨拙。④中枢神经兴奋药使好动儿童兴奋，而注意缺陷多动障碍患儿服用后却很快表现为安静少动，注意力相对集中，注意缺陷多动障碍患儿服用镇静药后反而出现兴奋、多动。

五、治疗要点

　　对神经发育障碍类的疾病，不同的疾病均有其治疗和干预的原则。神经发育障碍的治疗通常包括药物治疗、行为治疗、康复治疗、教育干预等。

1. 行为治疗　通过行为矫正、心理治疗等方式改善病人的行为和认知功能。家庭、学校和社会的教育性方案和心理社会性服务方案至关重要。训练目标是促进病人的语言发育，增强病人的社交能力，使病人掌握基本的生活技能和学习技能。

2. 康复治疗　通过物理治疗、言语治疗等方式帮助病人恢复生活技能和社交能力。如对于孤独症谱系障碍的患儿目前国内外推荐的康复训练方法有行为分析法、结构化教学法和人际关系发展干预法。

3. 药物治疗　使用药物改善症状。对于智力发育障碍病人，仅少数病人需要对伴随的精神症状使用药物进行对症治疗。目前还缺乏能改善孤独症谱系障碍核心症状的药物。若病人伴随有明显的精神神经症状，或威胁到自身或他人安全，或严重干扰其接受教育和康复训练，可使用相应药物对症治疗。注意缺陷多动障碍患儿常用药物为中枢神经兴奋剂如哌甲酯或苯异妥因，也可小剂量使用抗抑郁药物、α受体拮抗剂等。药物能改善注意缺陷，降低活动水平，在一定程度上提高学习成绩，改善患儿与家庭成员的关系。

4. 教育干预　针对病人的特殊需求制订个性化的教育计划，提高病人的学习能力和适应能力。如对于注意缺陷多动障碍的病人，避免歧视、体罚或用粗暴的方法对其进行教育，恰当的表扬和鼓励能提高病人的自信心和自觉性。进行特殊教育时要注意对病人言语或行为表示否定时的技巧。

第二节　神经发育障碍病人的护理

【护理评估】

1. **健康史**

（1）**个人成长史**：评估病人生长发育情况，病人是否为足月顺产者；母孕期及围生期有无异常；成长及智力情况；生活、学习能力如何。

（2）**既往史**：评估病人的健康状况，既往是否患有某些躯体疾病或是否较正常儿童易于罹患某些疾病，是否就医，治疗经过，服药情况，病后的社会交往能力等。

（3）**家族遗传史**：病人是否有精神障碍家族史。

2. **身体状况**　将病人与同龄儿童比较，观察躯体发育指标如身高、体重是否达标；有无躯体畸形；有无饮食障碍；有无营养失调及睡眠障碍等。孤独症谱系障碍病人还需评估运动功能是否受限、运动协调性如何。注意缺陷多动障碍病人还需要评估有无受伤的危险、有无容易感染等生理功能下降。

3. **心理状况**　对智力障碍的患儿评估有无感知觉障碍、思维障碍、情感异常及意志行为异常（如有无意志减退和增强、怪异行为、多动行为，有无刻板、仪式化或强迫行为，有无暴力、自伤自杀行为，有无对立违拗或品行问题等）。对孤独症谱系障碍患儿评估认知活动、情感活动及意志行为方面有无异常（例如是否对某些物品特别依恋；是否有某一方面的特殊爱好或能力；有无刻板的生活习惯；有无冲动攻击行为、固执违拗行为）。对注意缺陷多动障碍患儿评估其活动量是否明显增多；是否有过分不安宁或小动作；控制力是否很差，是否有冲动行为等；有无撒谎、偷窃、逃学等品行方面的问题。

4. **社会状况**　对智力发育障碍患儿评估其生活自理能力（是否会自己进食、穿衣、如厕、使用公共设施等）、环境适应能力（包括学习能力、语言交流能力、自我控制能力、社交能力）。对孤独症谱系障碍患儿评估其社会交往能力、学习能力、言语交流和非语言交流能力以及生活自理能力。对注意缺陷多动障碍患儿主要评估其生活自理能力和环境适应能力。

【常见护理诊断/问题】

1. **营养失调：低于机体需要量**　与智力水平低下、自理缺陷、活动过多等有关。

2. **有受伤的危险**　与认知功能障碍、情绪不稳、活动障碍等有关。

3. **沐浴/穿着/进食/如厕自理缺陷**　与智力水平低下、认知功能障碍、活动过度等有关。

4. **社会交往障碍**　与智力低下、丧失语言能力、社交功能缺陷、注意缺陷等有关。

5. **言语沟通障碍**　与智力发育障碍、言语发育障碍等有关。

6. **有对自己/他人实施暴力的危险**　与情绪不稳有关。

【护理目标】

1. 病人能维持正常的营养状态，体重维持在正常范围。

2. 病人没有发生受伤现象。

3. 病人在进食、穿衣、如厕、使用公共设施等个人生活自理方面的能力逐步改善。

4. 病人能与周围熟悉的人建立稳定的关系，不疏远父母，掌握一定的社交技能。

5. 病人能与他人沟通交流，能逐步用语言表达不良情绪。

6. 病人未出现对他人及自身伤害的行为。

【护理措施】

1. 基础护理　护理人员要密切观察病人进食、睡眠情况，大小便次数、性质及量是否正常，并针对问题进行护理，保证病人正常生活需求。另外，要保证病人有良好的个人卫生状况，做好晨晚间护理。定期给病人洗澡、更衣、理发、修剪指（趾）甲，使病人保持清洁。

2. 安全护理

（1）提供安全简单的环境，做好安全防范。随时检查有危险隐患的物品和设施，如锐器、火柴、某些药品等。房间窗户应有相应的安全措施，禁止病人进行攀爬、打闹等危险活动。必要时专人护理，控制病人活动的区域，避免病人接触危险物品。

（2）密切观察病情，减少对病人的刺激。若病人情绪激动、兴奋，护士一定要有耐心，态度和蔼，转移病人的注意力，减少不良刺激，避免激惹病人，及时引导病人，避免让病人从事竞争性较强或冒险的游戏。

3. 教育和训练

（1）**生活自理能力训练**：中、重度以上智力障碍的病人生活自理困难，常需监护。护士及家属要坚持进行教育和训练。训练病人必要的生活技能，如洗漱、洗澡、如厕、穿衣服和鞋袜、吃饭、扫地等，使他们逐渐适应环境。孤独症谱系障碍病人的训练应根据病人的智力、生活技能状况、接受程度等，制订明确的训练标准和计划，并将训练计划分解成具体步骤进行，如穿衣可分为披衣、穿袖、系纽扣、翻衣领、整理等。在训练过程中要对病人的进步及时给予奖励，鼓励病人持续完成训练。对注意缺陷多动障碍病人，护士除了协助和督促病人做好晨晚间护理外，还应指导和训练病人生活自理，如严格遵守作息时间，培养饭前便后洗手、晨晚间洗漱的良好习惯，保持个人卫生等。

（2）**语言功能训练**：通过生活活动进行语言缺陷的矫正训练时要有耐心，不能操之过急。由于病人所处的家庭及社会环境不同，训练时应注意个体化。护士要根据病人的言语能力制订计划，从认物、命名到表述，从简单的音节到完整句子，锻炼病人用语言表达自己的需要，当达到一定程度时，让其参加语言交流的游戏。此外，还应经常带领病人接触社会和自然环境，使其在感知事物时进行言语功能强化。

（3）**劳动技能训练**：从自我生活服务劳动技术的培养开始（如洗脸、穿衣、吃饭、扫地等），逐渐进行社会生活服务劳动技术的培养。在劳动中进行日常工具使用方法的教育，然后进一步到职业技能教育，并根据病人的心理、生理和疾病的差异，进行职业选择的指导。

（4）**人际交往能力训练**：可以通过训练注意力、模仿动作、学习身体语言、提高语言交往能力等方法加强病人的人际交往能力，为成年后自立打基础。

（5）**行为矫正训练**：使用强化法、系统脱敏法、作业疗法等进行训练时要有耐心，循序渐进。训练内容由简单到复杂，方法要形象具体，对病人的进步要及时给予表扬。针对病人发脾气、尖叫、刻板动作、强迫、自伤、自残等应采用不同的矫正方法。例如，孤独症患儿有时用尖叫或发脾气来表达他的要求，而不用言语表达，为防止此情况发生，护士不要在患儿尖叫或发脾气时满足其要求。

4. 药物治疗的护理　对需要进行药物治疗的病人，护士应耐心指导他们遵医嘱按时服药，保证用药剂量准确，确保药物服下。服药后密切观察病情变化及用药后的反应，若出现严重的不良反应，要立即报告医生进行处理，同时安抚病人，避免病人过分紧张。

5. 健康教育　护士帮助家长了解疾病的原因、特点、预防及预后知识等，减少家长对疾病的恐惧。告诉家长不要互相指责埋怨，应冷静和理智地接纳现实，减少对孩子生病的自责与内疚。告知并指导家长应鼓励病人多与外界接触、多说话、多练习，及时表扬，切忌操之过急。教会家长教育训练的方法、注意事项，使家长能积极与专业人员配合，加强家庭、学校的联系，共同教育和训练病人。

【护理评价】

1. 病人的营养状况是否得到改善，体重是否维持在正常范围。
2. 病人是否有受伤情况发生。
3. 病人是否在进食、穿衣、如厕、使用公共设施等个人生活自理能力方面逐步改善。
4. 病人是否能与周围熟悉的人建立稳定的关系，是否掌握一定的社交技能。
5. 病人是否能与他人沟通交流，是否能逐步用语言表达不良情绪。
6. 病人是否出现对他人及自身的伤害行为。

（邓菲菲）

思考题

　　1. 病人，男性，12岁。病人出生时有缺氧表现，幼年生长发育尚可，2岁后独立行走和说话，但自6周岁读书后发现与其他同学相处和交往不好，学习困难，成绩差，读至小学四年级后辍学在家。家人发现其经常失眠，独自发呆，偶尔自言自语或发笑。近两年来，病人常独自外出乱跑，有时打骂家人，并有自残现象。病人被家人送至医院，经检测智商为60。

　　请思考：

　　（1）病人可能被诊断为哪种类型的神经发育障碍？

　　（2）如何向该病人及其家属开展健康教育？

　　2. 患儿，男性，6岁，因语言表达能力差就诊。围生期无异常，身体发育正常。患儿2岁时不会说完整的句子，3岁进幼儿园后很少与其他儿童一起玩耍。与亲人和周围人很少有目光接触，客人来访时从来没有高兴的反应。需要物品时会拉着大人的手走到自己想要的物品前。喜欢玩陀螺，有时一个人玩耍两三个小时。患儿情绪不稳定，经常哭闹或出现冲动行为。曾被怀疑为先天性耳聋，在五官科检查听力正常。进行精神检查时患儿只会说妈妈、爸爸或一些物品的名字，不能说完整的句子，认识100多个汉字。患儿无重大疾病史，无精神疾病家族史。

思考题
解析思路

练习题

　　请思考：

　　（1）患儿可能是哪种类型的神经发育障碍？

　　（2）患儿存在的主要护理问题有哪些？

［1］ 刘哲宁,杨芳宇. 精神科护理学 [M]. 5 版. 北京:人民卫生出版社,2022.

［2］ 美国精神医学学会. 精神障碍诊断与统计手册 [M]. 5 版. 张道龙,等译. 北京:北京大学医学出版社,2014.

［3］ 杨铤,高国丽. 精神科护理学 [M]. 北京:中国医药科技出版社,2018.

［4］ 钟沁玥,黄满霞,吴和鸣. 边缘型人格障碍病人的身份紊乱与创伤后同一性建构 [J]. 中国临床心理学杂志,2023,31(3):588-592.

［5］ HUANG Y, WANC Y, WANG H, et al. Prevalence of mental disorders in China: a cross-sectional epidemiological study[J]. Lancet Psychiatry,2019,6(3):211-224.

A

B

C

D

E

F

G

精神障碍（psychiatric disorder）　2

K

抗焦虑药物（anxiolytic drugs）　43

抗精神病药物（antipsychotic drugs）　38

抗抑郁药物（antidepressant drugs）　41

抗躁狂药物（antimanic drugs）　42

科萨科夫综合征（Korsakoff syndrome）　106

刻板动作（stereotyped act）　20

空间感知综合障碍（disturbance of space sensorial synthesis）　12

恐惧（phobia）　19

夸大妄想（delusion of grandeur）　15

L

滥用（abuse）　136

逻辑倒错性思维（paralogic thinking）　14

M

麻痹性痴呆（general paresis of insane，GPI）　109

慢性脑综合征（chronic brain syndrome）　106

矛盾意向（ambitendency）　20

朦胧状态（twilight state）　21，110

梦魇（nightmare）　131

梦样状态（dream-like state）　21

模仿动作（echopraxia）　20

N

耐受性（tolerance）　136

内感性不适（senestopathia）　10

内心被揭露感（experience of being revealed）　16

内脏性幻觉（visceral hallucination）　11

逆行性遗忘（retrograde amnesia）　17

P

偏执性障碍（paranoid disorder）　99

Q

强迫动作（compulsive act）　20

强迫及相关障碍（obsessive-compulsive and related disorders）　62

强迫思维（obsessive thinking）　14

强迫症（obsessive-compulsive disorder，OCD）　62

强制性思维（forced thinking）　13

情感迟钝（dullness，emotional blunting）　19

情感淡漠（apathy）　19

Z